2015年度青海省高等学校教研创新团队
"西方经济学与青海民族地区社会经济发展教研创新团队"建设成果

西方经济学
学习辅导
（微观经济学部分）

莫乃兴 ◎ 主编

中国经济出版社
CHINA ECONOMIC PUBLISHING HOUSE
北京

图书在版编目（CIP）数据

西方经济学学习辅导．微观经济学部分/莫乃兴主编．
北京：中国经济出版社，2017.5
ISBN 978 – 7 – 5136 – 4464 – 8

Ⅰ.①西… Ⅱ.①莫… Ⅲ.①西方经济学—研究生—入学考试—自学参考资料
②微观经济学—研究生—入学考试—自学参考资料 Ⅳ.①F091.3 ②F016

中国版本图书馆 CIP 数据核字（2016）第 268234 号

组稿编辑	葛 晶
责任编辑	丁 楠
责任印制	马小宾
封面设计	久品轩

出版发行　中国经济出版社
印 刷 者　北京艾普海德印刷有限公司
经 销 者　各地新华书店
开　　本　787mm×1092mm　1/16
印　　张　18
字　　数　384 千字
版　　次　2017 年 5 月第 1 版
印　　次　2017 年 5 月第 1 次
定　　价　49.80 元

广告经营许可证　京西工商广字第 8179 号

中国经济出版社 网址www.economyph.com 社址 北京市西城区百万庄北街3号 邮编100037
本版图书如存在印装质量问题，请与本社发行中心联系调换（联系电话：010 – 68330607）

版权所有　盗版必究（举报电话：010 – 68355416　010 – 68319282）
国家版权局反盗版举报中心（举报电话：12390）　服务热线：010 – 88386794

编 委 会

主编：莫乃兴

编委：王 健　曲 波　姚红义
　　　　赵海荣　殷颂葵　石鹏娟
　　　　张 源　孙立霞　刘广明

目 录

第一章 导论 ·· 001
 一、概要及学习目标 ·· 003
 二、知识脉络图 ··· 003
 三、主要概念 ·· 004
 四、重点、难点 ··· 005
 五、疑难解析 ·· 005
 六、案例及思考 ··· 007
 七、练习题 ··· 009

第二章 供求与均衡价格理论 ·· 013
 一、概要及学习目标 ·· 015
 二、知识脉络图 ··· 016
 三、主要概念 ·· 019
 四、重点、难点 ··· 020
 五、疑难解析 ·· 020
 六、案例及思考 ··· 024
 七、练习题 ··· 026

第三章 消费者选择理论 ·· 031
 一、概要及学习目标 ·· 033
 二、知识脉络图 ··· 034
 三、主要概念 ·· 037
 四、重点、难点 ··· 037
 五、疑难解析 ·· 038
 六、案例及思考 ··· 040
 七、练习题 ··· 042

第四章　生产与成本理论 049
　　一、概要及学习目标 051
　　二、知识脉络图 052
　　三、主要概念 055
　　四、重点、难点 056
　　五、疑难解析 057
　　六、案例及思考 059
　　七、练习题 060

第五章　市场结构理论 067
　　一、概要及学习目标 069
　　二、知识脉络图 071
　　三、主要概念 074
　　四、重点、难点 075
　　五、疑难解析 075
　　六、案例及思考 080
　　七、练习题 081

第六章　要素供求理论 087
　　一、概要及学习目标 089
　　二、知识脉络图 090
　　三、主要概念 092
　　四、重点、难点 093
　　五、疑难解析 093
　　六、案例及思考 095
　　七、练习题 097

第七章　一般均衡与福利经济学 103
　　一、概要及学习目标 105
　　二、知识脉络图 106
　　三、主要概念 108
　　四、重点、难点 109
　　五、疑难解析 109
　　六、案例及思考 111
　　七、练习题 113

第八章　市场失灵与微观经济政策 ... 117
　一、概要及学习目标 ... 119
　二、知识脉络图 ... 120
　三、主要概念 ... 122
　四、重点、难点 ... 123
　五、疑难解析 ... 124
　六、案例及思考 ... 126
　七、练习题 ... 129

第九章　考研真题及解答 ... 133
　考研真题及解答（一） ... 135
　考研真题及解答（二） ... 136
　考研真题及解答（三） ... 146
　考研真题及解答（四） ... 166
　考研真题及解答（五） ... 179
　考研真题及解答（六） ... 189
　考研真题及解答（七） ... 191
　考研真题及解答（八） ... 206

第十章　拓展知识 ... 217
　拓展知识一：西方经济学发展史 ... 219
　拓展知识二：古典经济学方法论 ... 230
　拓展知识三：西方经济学三次革命与新古典经济学 ... 240

附录　练习题参考答案 ... 251
　练习题参考答案（一） ... 253
　练习题参考答案（二） ... 255
　练习题参考答案（三） ... 258
　练习题参考答案（四） ... 262
　练习题参考答案（五） ... 266
　练习题参考答案（六） ... 268
　练习题参考答案（七） ... 272
　练习题参考答案（八） ... 275

后记 ... 277

参考文献 ... 278

第一章 导论

- 一、概要及学习目标
- 二、知识脉络图
- 三、主要概念
- 四、重点、难点
- 五、疑难解析
- 六、案例及思考
- 七、练习题

一、概要及学习目标

(一) 概要

欲望是指人们的需要,它是一种缺乏与不满足的感觉以及求得满足的愿望,是一种心理现象,其主要特点是多层次性与无限性。与人类无穷的欲望相比,经济物品的数量、质量和种类总是不足的。

经济学的三个基本问题即生产什么、如何生产和为谁生产。现代西方经济学是研究如何进行选择的一门社会科学,即研究在混合经济条件下,如何将价格机制和政府的作用有机结合,确定生产什么、如何生产和为谁生产,从而确保稀缺资源得到最优配置和充分利用。

经济学的研究方法有微观分析和宏观分析,动态分析、静态分析和比较静态分析,边际分析和均衡分析等。

(二) 本章学习目标

弄清现代西方经济学的研究对象,明确生产可能性曲线和机会成本两个重要概念,熟悉经济学的研究方法。

二、知识脉络图

什么是经济学 { 1. 经济学的起源 { (1) 两类资源:"非经济资源"和"经济资源"
(2) 三大基本经济问题:生产什么,如何生产,为谁生产
(3) 稀缺性和选择:资源的有限性和人类需要的无限性导致稀缺,进而导致选择
(4) 机会成本与生产可能性曲线

```
                      ┌ 2. 什么是经济学：经济学是一门研究如何配置和利用稀缺资源的科学
                      │                  ┌ (1) 含义：以单个经济单位为考察对象，研究其经济行为，
                      │                  │          以及相应的经济变量的单项数值如何决定
                      │                  │ (2) 基本内容：供求与均衡价格理论、消费者选择理论、生
                      │ 3. 微观经济学 ──┤          产与成本理论、市场结构理论、要素供求理
 什么                 │                  │          论、一般均衡与福利经济学、微观经济政策
 是                   │                  │          ┌ ① 解决问题：资源配置
 经 ──────────────────┤                  │          │ ② 研究对象：单个经济单位
 济                   │                  └ (3) 特点 ┤ ③ 中心理论：价格理论
 学                   │                             └ ④ 研究方法：个量分析
                      │                  ┌ (1) 含义：以整个国民经济为考察对象，研究社会总体经济
                      │                  │          问题及相应经济变量总量如何决定及相互关系
                      │                  │ (2) 基本内容：国民收入决定理论、就业与通货膨胀理论、
                      │ 4. 宏观经济学 ──┤          经济周期理论、经济增长理论、宏观经济政
                      │                  │          策
                      │                  │          ┌ ① 解决问题：资源利用
                      │                  │          │ ② 研究对象：整个经济
                      │                  └ (3) 特点 ┤ ③ 中心理论：国民收入决定理论
                      └                             └ ④ 研究方法：总量分析

         ┌            ┌ (1) 实证分析与规范分析
         │            │ (2) 均衡分析
         │ 1. 研究方法┤ (3) 边际分析
 经济学  │            │ (4) 静态分析、比较静态分析和动态分析
 研究 ──┤            └ (5) 总量分析与个量分析
 的      │            ┌ (1) 内生变量
 方法    │ 2. 变量   ┤ (2) 外生变量
         └            └ (3) 参数
```

三、主要概念

1. 机会成本（Opportunity Cost）：把既定资源投入某一特定用途所放弃的其他可能用途中获得的最大收益。

2. 生产可能性曲线（Production-Possibility Frontier）：表示在资源与技术既定的条件下所能生产各种产品的最大数量组合。

3. 微观经济学（Microeconomics）：以单个经济主体为考察出发点，研究单个消费者、单个厂商、单个生产要素所有者的经济行为，并通过单个经济主体行为的叠加，研究单个行业、市场以及整个国民经济状况的变化。微观经济分析又称个量分析。

4. 宏观经济学（Macroeconomics）：以整个国民经济为考察出发点，研究社会就业量、物价水平、经济增长速度、经济周期波动等全局性的问题。宏观经济分析又称总量分析。

5. 静态分析（Static Analysis）：静止孤立地分析经济现象的均衡状态以及达到均衡所需条件。

6. 动态分析（Dynamic Analysis）：对经济变动的实际过程进行分析，分析均衡达到和变动的过程。

7. 实证经济学（Positive Economics）：只客观地研究经济现象本身的内在规律，回答各种经济现象是什么的问题，对事实的命题具有客观性，即可以用经济事实来检验。

8. 规范经济学（Normative Economics）：以价值判断为基础分析经济问题，力求回答应该是什么的问题。涉及是非善恶、应该与否、合理与否的问题。

四、重点、难点

（一）重点

1. 经济学产生的原因；
2. 欲望、稀缺性、生产可能性边界、机会成本和经济学的概念；
3. 微观经济学与宏观经济学，市场经济，实证分析与规范分析。

（二）难点

1. 经济学产生的客观基础；
2. 经济学科理论体系的假设条件；
3. 学习经济学的意义和作用。

五、疑难解析

1. 经济学的产生。资源稀缺性与欲望无限性的矛盾带来人们对资源如何有效配置的选择，这也就是经济学之所以产生的根本原因。理解经济学的产生对现实中人们从事任何活动都必须强调效率和成本有重要的帮助。

2. 经济学的假设前提。每一套理论体系的建立都有一系列的假设前提，经济学亦是如此。学习经济学要理解完全竞争、经济人（理性人）、完全信息等的假设条件，尤其是经济人或理性人假设。其含义主要包括三个方面：

（1）所有经济主体的行为动机和最终目标，都是追求自身利益的最大化：消费者追求满足的最大化，生产者追求利润的最大化。

（2）经济主体在追求私人利益最大化时，能利用所有可以获得的信息以最小的成本追求自身最大的经济利益。他们精于计算，理性从事，不会犯任何错误。故经济人假定常常被叫作理性人假定。

(3) 经济主体追求私人利益最大化的经济行为，在市场机制这只"看不见的手"的指引下，能够极大地增进整个社会的福利，其效果比个人直接追求社会福利最大化时的效果还要好。

"经济人假定"是经济学赖以产生和发展的重要前提。经济学是研究社会如何选择，以便合理配置和充分利用稀缺资源，最大限度地满足人类欲望的科学。资源的稀缺性和选择的必要性从本质上来说，根源于个人最大化自身利益的无限欲望。如果人们都不追求自身利益的最大化，那么，资源的稀缺性和选择的必要性就不复存在，进而也就没有经济学了。

3. 为何要学习经济学，或者说学习经济学有何意义和作用？经济学是一门很有用的学科，对于学习经济学有何意义或者作用主要从以下几点理解：

(1) 了解现实世界中的经济运行机制。在生活中，你可能对这一事情惊奇不已：在没有任何人指挥与计划的情况下，各地的人们在市场上竟能够轻易地买到每天所需要的各种东西。学习经济学可以使我们理解现实的经济是如何运行的，市场经济体制为什么比其他经济体制在资源的配置与利用方面更有效率；并弄懂通货膨胀、财政赤字、汇率变动、失业率上升和政府为什么要干预经济以及为什么这样干预等很多重大经济问题，最终使自己成为一个合格的有头脑的人。

(2) 可以帮助自己做出正确的选择，增加自己的效用。在人的一生中，无论是学习、工作、休闲与娱乐，还是进行政治选举和其他活动，时刻都会遇到经济问题，经常要做出选择（是否考大学、是否好好学习、是否考研究生、是否考公务员、是否结婚、是否要孩子、是否储蓄、是否增加劳动时间等）。经济学本质上是有关选择的科学。学习经济学，可以帮助自己做出更加理性的选择，使自己的收益最大化。例如，对于消费者来说，经济学中的资产组合理论、消费与储蓄的最优选择理论等可以指导他们的选择行为；对于厂商而言，经济学中的成本与收益分析、厂商定价理论、资本与投资理论等可以指导其投资、生产与销售决策。经济学中的机会成本分析比会计学中的成本分析对于企业经理人员的决策更具有指导意义。经济学理论对政府的决策行为同样具有指导作用。政府的许多决策如果能够科学地运用经济学知识，就可以在很大程度上减少决策的盲目性。

(3) 经济学除了有用以外，它本身也是一门充满魅力的科学。经济学介于自然科学与社会科学之间，博大精深，被萨缪尔森称为社会科学的皇后。它运用数学和统计工具，借鉴历史经验，运用缜密的逻辑思维，对各种经济现象和其他社会问题做出理性的解释与预测。越学经济学，人们的兴趣常常会越加浓厚。

(4) 经济学理论是应用经济学等其他研究领域的基础。国际经济学、产业经济学、发展经济学、金融学、财政学、管理学、会计学等研究领域都以经济学理论作为基础。经济学理论甚至被引入法学、政治学、社会学的研究领域中，用于研究人的各种决策行为。

学好经济学,对于更好地学习各种应用经济学与其他社会科学,具有十分重要的促进意义。

马克思的整个世界观不是教义,而是方法。它提供的不是现成的教条,而是进一步研究的出发点和供这种研究使用的方法。①

经济学不是教条,而是一种方法,一种智慧工具,一种思维的方法,它有助于掌握它的人得出正确的结论。②

"一条最重要的理由是:在人的一生(从摇篮到坟墓)中,你永远都无法回避无情的经济学真理。作为一个选民,如果你不懂一点经济学,那么你的意见和建议就很有可能不得要领和令人费解。不学经济学,你就不能完全明白国际贸易、税收政策或者造成经济衰退和高失业率的各种原因。选择终身职业,也许是你一生中要做的最重要的经济决策。你的前途不仅取决于你的能力,而且还取决于全国和各地的经济力量对你的工资的影响。此外,经济学知识还可以帮助你在购买房屋、支付子女教育以及为退休而储蓄等场合做出更明智的选择。诚然,学习经济学并不一定让你变成一个天才;但不学经济学,命运就很可能与你格格不入。毋庸赘言,我们希望你能够发现,除了有用之外,经济学本身还是一个很有魅力的领域。一届接一届的年轻学生们常常惊讶地发现:理解经济学原理,透过现象看本质,竟然是如此开心和刺激!"③

学习经济学,有助于你了解你所生活在其中的世界;可以让你更精明地参与经济;可以让你更好地理解经济政策的潜力与局限性。④

"首先,学习经济学有助于你做出更好的个人决策;其次,学习经济学有助于你理解生活于其间的世界是如何运转的;再次,学习经济学有助于你理解政府政策的优与劣;最后,学习经济学可以改进你的思考方式。"⑤

六、案例及思考

案例1-1:水权交易与水资源的配置

我国面临着严峻的缺水形势。如何有效利用市场机制,优化配置水资源,是一个迫切需要研究的问题。2000年11月24日,浙江省东阳市和义乌市签订了有偿转让用水权的协议,义乌市拿出2亿元向东阳市购买横锦水库5 000万立方米水资源的永久使用权。

东阳—义乌水权交易之所以能够达成,根本上在于供给和需求的市场力量。义乌市人均水资源仅1 132立方米,加之自有水库蓄水不足和水污染,水源不足成为经济和社会

---

① 马克思恩格斯选集(第四卷)[M]. 人民出版社,1995:742.
② 彼德·格罗奈维根. 政治经济学与经济学[A]. 新帕尔格雷夫经济学大辞典(第三卷)[M]. 经济科学出版社,1992:970.
③ 保罗·萨缪尔森. 经济学(第19版)中译本[M]. 萧琛主译. 商务印书馆,2013:3.
④ N. 格里高利·曼昆. 经济学原理·微观经济学分册(第6版)中译本[M]. 梁小民等译. 北京大学出版社,2012.
⑤ 张维迎. 为什么要学习经济学[J]. 市场经济导报,2000(2):64.

发展的瓶颈。据预测，当义乌城市人口达到 50 万时，城市用水缺口 5 200 万~6 200 万立方米。在各种备选的水源规划方案中，从毗邻东阳市的横锦水库引水，具有"投资省、周期短、水质好"的特点，是满足用水需求的最优方案。横锦水库 1.4 亿立方米的蓄水库容，除能满足东阳市城市用水和农业灌溉用水外，每年汛期还要弃水 3 000 万立方米。同时，从 1998 年开始的灌区设施配套建设，让横锦水库新增城镇供水能力 5 300 万立方米。此外，从境内梓溪流域引水入横锦水库，又能新增供水 5 000 万立方米。因此，东阳市有能力将一部分横锦水库的水提供给义乌市使用，将水资源转化为经济效益。

该水权交易至少有三大重要意义：

一是打破了行政手段垄断水权分配的传统。我国水权分配长期以来被行政垄断，表现为"指令用水，行政划拨"。在流域管理中，流域各地区用水通常是由上级行政分配，解决干旱季节用水或水事纠纷也主要采取行政手段。在跨区域或跨流域调水中，调水工程一般由中央或上级行政部门主导实施，对区域之间的水资源实行行政划拨。在市场经济条件下，无论是流域内上下游水事管理，还是跨流域调水，运用行政手段的协调难度越来越大，协调利益冲突的有效性越来越差。在东阳—义乌水权交易中，由于利用行政协调速度慢、不可靠，加之自身经济实力很强，义乌市选择了直接向东阳市买水，运用市场机制获得用水权，突破了采用行政手段进行水权分配的传统。

二是标志着我国水权市场的正式诞生。水资源的所有权属于国家，因此水权的初始分配必须通过政府机构。但是水权的再分配并不必然通过行政手段，如果通过市场进行，就会形成水权交易市场（简称水权市场）。同样，水商品的分配如果通过市场来进行，就会形成水商品市场。在自来水市场中，虽然水价还没有完全实现市场定价，但市场机制已经大量引入。而纯净水和矿泉水市场则完全实现了市场化，如桶装的纯净水每吨约 500~600 元，价格完全由供求决定。缺水给企业带来巨大商机，并因此推动水商品市场迅速发展壮大。与此同时，水资源使用权的流转却完全通过行政划拨，水权市场还是一片空白，同水商品市场形成巨大反差。东阳—义乌水权交易打破了水权市场的空白，率先以平等、自愿的协商方式达成交易，第一次形成一个跨城市的水权流转市场。

三是证明了市场机制是水资源配置的有效手段。东阳和义乌运用市场机制交易水权，双方的利益都得到了增加。东阳通过节水工程和新的开源工程得到的丰余水，其每立方米的成本尚不足 1 元钱，转让给义乌后却得到每立方米 4 元钱的收益；而义乌购买 1 立方米水权虽然付出 4 元钱的代价，但如果自己建水库获得每立方米水至少要花 6 元。东阳和义乌的水权交易，将促使买卖双方都更加节约用水和保护水资源，市场起到了优化资源配置的作用。如果双方通过行政手段解决问题，势必会增加两市矛盾，甚至可能发展成为水事纠纷，市场机制实质上还起到协调地方利益冲突的作用。

摘编自：胡鞍钢，施祖麟，王亚华. 从东阳—义乌水权交易看我国水分配体制改革 [J]. 经济研究参考，2002（20）：20-25.

请结合案例 1-1 思考以下问题：

（1）通过该案例，是否可以理解资源稀缺的含义？

(2) 通过该案例，理解"市场"一词的含义。在该案例中具有市场的所有特征吗？

(3) 为什么会发生东阳—义乌水权交易？是需求还是供给，还是什么力量在其中起作用？

(4) 这个事例是否说明，水权的再分配并不必然通过行政手段，市场配置会更有效率？

案例1-2：房地产市场的调控之殇

自1998年房改以来，我国商品房价格一路走高，大量投资者蜂拥而至，房地产业成为名副其实的"吸金池"，上演了一幕幕造富神话。而与此同时，不少中低收入者不得不"蜗居"在狭小的出租房内，而年轻人则开始了"裸婚时代"……

房价收入比是指房屋总价与居民家庭收入的比值。世界银行和联合国人居中心均认为，房价收入比的合理值为4～6；有研究认为根据我国实际情况，房价收入比的合理区间为6～7。然而，有关研究报告指出，2015年剔除可售型保障性住房后，全国35个大中型城市房价收入比均值达到了10.2，尤其是深圳市高达27.7。于是，拥有一套自己的住房，已经成为许多中低收入者遥不可及的梦想。

为了抑制房价过快增长，自2003年以来国务院几乎每年都会出台相关楼市调控政策，除个别年份出台租费优惠及减免等救市政策外，大多为限制性的调控政策，然而却无法实现政策预期目标，反而陷入了"越调越高"的怪圈。

摘编自：邓先娥，王磊，唐云山. 经济学基础［M］. 人民邮电出版社，2013.

请结合案例1-2思考以下问题：

(1) 房地产市场上有哪些市场主体？它们的行为会如何影响房地产市场价格？

(2) 为何政府的调控政策会达不到预期目标？

七、练习题

（一）单项选择题

1. "资源是稀缺的"是指（　　）。
   A. 资源是不可再生的　　　　　　B. 资源必须留给下一代
   C. 资源终将被耗尽　　　　　　　D. 相对于需求而言，资源总是不足的
2. 现有资源不能充分满足人的欲望这一事实被称为（　　）。
   A. 机会成本　　B. 稀缺性　　C. 规范经济学　　D. 生产什么的问题
3. 下列属于实证表述的是（　　）。
   A. 通货膨胀对经济发展有利　　　B. 通货膨胀对经济发展不利
   C. 只有控制货币量才能抑制通货膨胀　　D. 治理通货膨胀比减少失业更重要
4. 研究单个家庭和企业决策的经济学称为（　　）。
   A. 宏观经济学　　B. 微观经济学　　C. 实证经济学　　D. 规范经济学

5. 下列命题中不是实证经济学命题的是（　　）。
   A. 1982 年 8 月美联储把贴现率降到 10%
   B. 2003 年某国失业率超过 4%
   C. 联邦所得税对中等收入家庭是不公平的
   D. 社会保险税的课税依据现已超过 3 万美元

6. 当经济学家说人们是理性的，是指（　　）。
   A. 人们不会做出错误的判断
   B. 人们总会从自己的角度做出最好的决策
   C. 人们根据完全的信息而行事
   D. 人们不会为自己所做出的任何决策而后悔

7. 微观经济学的基本假设前提是（　　）。
   A. 完全信息的假设   B. 完全竞争的假设
   C. 合乎理性的人的假设   D. 边际效用递减的假设

8. 微观经济学所要论证的根本思想或目的是（　　）。
   A. 一般均衡论
   B. "看不见的手"的原理
   C. 经济可以实现有效率的资源配置
   D. 完全竞争市场下可以实现帕累托最优

9. 经济物品是指（　　）。
   A. 数量有限，要花费代价才能得到的物品
   B. 有用的物品
   C. 奢侈品
   D. 数量无限，不用付出代价就能得到的物品

10. 对某个汽车生产企业来说，下列哪一变量是外生变量（　　）。
    A. 汽车的年产量   B. 生产线的技术水平
    C. 企业的人力资本管理   D. 消费者收入增加

11. 经济学可以定义为（　　）。
    A. 政府对市场制度的干预   B. 企业赚取利润的活动
    C. 研究稀缺资源如何有效配置的问题   D. 个人的生财之道

12. 一个经济体系必须做出的基本选择是（　　）。
    A. 生产什么，生产多少   B. 如何生产
    C. 为谁生产   D. 以上都包括

13. 在市场经济体制中，价格不发挥下列哪一功能（　　）。
    A. 激励功能   B. 权威功能
    C. 收入再分配功能   D. 信息传递功能

14. 下列哪个陈述不属于实证主义陈述（　　）。

　　A. 1990年的海湾危机引起石油价格上升，并导致了汽油消费量的下降

　　B. 穷人应该不纳税

　　C. 美国经济比俄罗斯经济增长得更快

　　D. "让一部分人先富起来"政策，拉大了中国居民收入的贫富差距

15. 微观经济学的中心问题是（　　）。

　　A. 价格问题　　B. 就业问题　　C. 收入问题　　D. 消费问题

（二）判断题

1. 稀缺性仅仅是市场经济中存在的问题。（　　）
2. 在一个由行政命令来协调经济活动的社会经济中，生产什么、如何生产和为谁生产的决策是价格调节的结果。（　　）
3. "所得税税率提高会引起总税收减少"，这是一个实证表述的例子。（　　）
4. 微观经济学是研究整体经济的。（　　）
5. 人们的收入差距大一点好还是小一点好"的命题属于实证经济学问题。（　　）
6. 如果社会不存在资源的稀缺性，也就不会产生经济学。（　　）
7. 资源的稀缺性决定了资源可以得到充分利用，不会出现资源浪费现象。（　　）
8. 微观经济学的基本假设是市场失灵。（　　）
9. 是否以一定的价值判断为依据是实证经济学与规范经济学的重要区别之一。（　　）
10. 价格分析是微观经济学分析的核心。（　　）
11. 微观经济学的研究对象是包括单个消费者、单个生产者、单个市场在内的个体经济单位。（　　）
12. 稀缺资源的有效配置要求生产的产品越多越好。（　　）
13. 规范方法就是抓住主要的因素，建立抽象的理论结构，赋予经常发生的经济现象一种理论上的意义，以此概括复杂的经济现象。（　　）
14. 微观经济学认为，通过竞争性市场制度的安排，可以将人们的利己之心引导到资源配置的最优状态。（　　）

（三）简答题

1. 西方经济学的研究对象是什么？
2. 微观经济学与宏观经济学有什么区别？
3. 为什么稀缺性是产生经济学的根源？
4. 什么是理性人假设？
5. 实证分析与规范分析的区别是什么？
6. 简述西方经济学的发展历程。

第二章 供求与均衡价格理论

- 一、概要及学习目标
- 二、知识脉络图
- 三、主要概念
- 四、重点、难点
- 五、疑难解析
- 六、案例及思考
- 七、练习题

一、概要及学习目标

（一）概要

需求反映了商品需求量与该商品价格之间的一种关系。需求和需求量所指商品数量，是消费者希望购买的商品数量，是一种有效的需求。需求和需求量均为流量。

影响需求的主要因素：①商品的自身价格；②消费者的收入水平；③相关商品的价格；④消费者的偏好；⑤消费者对未来价格的预期。依据需求规律，假定其他条件不变，需求量与价格之间呈反方向变动。需求量的变动，表现为点在需求曲线上的移动。需求的变动，表现为需求曲线位置的移动。

供给反映了商品供给量与该商品价格之间的一种关系。影响供给的因素：①商品自身的价格；②生产成本；③生产的技术水平；④相关商品的价格；⑤生产者对未来价格的预期。依据供给规律，假定其他条件不变，供给量与价格之间呈同方向变动。供给量的变动表现为点在供给曲线上的移动，供给的变动表现为供给曲线位置的移动。

均衡价格和均衡数量与需求同方向变动；均衡价格与供给反方向变动，均衡数量与供给同方向变动。

政府干预价格将使价格功能减弱，如果干预严重甚至会使价格的功能完全丧失。西方国家对价格干预的方式是支持价格和限制价格。

物理学意义中，弹性指物体对外界力量的反应程度。经济学中的弹性指一经济变量（因变量）对另一经济变量（自变量）的变动所做出的反应程度或灵敏程度。需求价格弹性的分类：①需求富有弹性；②需求缺乏弹性；③单位需求弹性；④需求完全弹性；⑤需求完全无弹性。

需求的价格弹性与厂商的销售收入之间的关系：①需求富有弹性时，销售收入与价格反方向变动；②需求缺乏弹性时，销售收入与价格同方向变动；③需求单位弹性时，销售总收入不受价格变动的影响；④完全弹性时，在既定价格下，销售收入可通过增加销售量而无限增加；⑤完全无弹性时，销售收入同比例于价格的下降而减少；同比例于价格的上涨而增加。

需求收入弹性的分类：①收入富有弹性；②收入单位弹性；③收入缺乏弹性；④收入无弹性；⑤收入负弹性。

(二) 学习目标

明确需求和需求量，影响需求的因素以及需求规律；明确供给和供给量，影响供给的因素以及供给规律。弄清均衡价格的决定因素，掌握均衡价格和均衡数量的变动，熟悉支持价格和限制价格。掌握各种弹性的定义、计算及分类，弄清影响需求价格弹性的因素，明确需求的价格弹性与厂商的销售收入之间的关系。

二、知识脉络图

需求、需求量与需求曲线
1. 需求：消费者在一定时期内，在各种可能的价格水平上愿意而且能够购买的该商品的数量（购买欲望和购买能力的统一）
2. 影响需求的因素：①商品价格；②相关商品价格；③收入；④偏好；⑤预期；⑥人口及结构
3. 需求函数
   (1) 需求量函数
       ①定义：以价格为自变量（其他因素不变）、需求量为因变量的函数
       ②表达形式：需求表、需求方程、需求曲线
       ③需求定理：其他条件不变，需求量与其价格呈反方向变化
       ④需求量的变动：其他因素不变，因价格变动而引起的需求量的变动（需求曲线的点移动）
   (2) 需求的函数
       ①定义：假定商品自身价格固定，其他因素（如偏好）变动，即以价格以外的因素（如偏好）为自变量，以需求量为因变量的函数
       ②表达形式：$Q_d = f(P)$
       ③需求的变动：自身价格不变，因价格以外因素（如偏好）变动而引起的需求量的变动（需求曲线的线移动）

- 供给、供给量与供给曲线
  - 1. 供给：厂商在某一特定时期内，愿意而且能够供应的商品量（供给意愿、供给能力）
  - 2. 影响供给的因素：①商品价格；②要素价格；③技术水平；④相关品价格；⑤预期
  - 3. 供给函数
    - (1) 供给量函数
      - ①定义：以价格为自变量（其他因素不变）、供给量为因变量的函数
      - ②表达形式：供给表、供给方程、供给曲线
      - ③供给定理：其他条件不变，供给量与其价格呈同方向变化
      - ④供给量的变动：其他因素不变，因价格变动而引起的供给量的变动（供给曲线的点移动）
    - (2) 供给的函数
      - ①定义：假定商品自身价格固定，其他因素（如技术）变动，即以价格以外的因素（如技术）为自变量，以供给量为因变量的函数
      - ②表达形式：$Q_S = f(P)$
      - ③供给的变动：自身价格不变，因价格以外因素（如偏好）变动而引起的需求量的变动（供给曲线的移动）

- 均衡产量与均衡价格
  - 1. 含义：一种商品需求与供给相等时的价格，这时该商品的需求价格与供给价格相等，称为均衡价格
  - 2. 形成：均衡价格表现为商品市场上需求和供给这两种相反的力量共同作用的结果，它是在市场的供求力量的自发调节下形成的
  - 3. 供求定理
    - (1) 假定供给不变、需求变动，则均衡价格、均衡数量与需求发生同方向变动
    - (2) 假定需求不变、供给变动，则均衡数量与供给发生同方向变动，均衡价格与供给发生反方向变动

弹性理论
├─ 1. 需求价格弹性
│   ├─ (1) 含义：某种商品的需求量对于其价格变动的反应程度
│   ├─ (2) 弹性系数：E_d = 需求量变动的百分比/价格变动的百分比
│   ├─ (3) 计算
│   │   ├─ ①点弹性：$E_d = (-dQ/dP) \cdot (P/Q)$
│   │   └─ ②弧弹性：$E_d = (-\Delta Q/\Delta P) \cdot [(P_1+P_2)/(Q_1+Q_2)]$
│   ├─ (4) 五种弹性：$E_d = 0$；$E_d > 1$；$E_d < 1$；$E_d = 1$；$E_d = \infty$
│   ├─ (5) 影响因素
│   │   ├─ ①商品的可替代性
│   │   ├─ ②商品用途的广泛性
│   │   ├─ ③商品对生活的重要程度
│   │   ├─ ④商品消费支出占总支出的比重
│   │   └─ ⑤调整需求量的时间
│   └─ (6) 需求价格弹性与总收益
│   ├─ ①富有弹性商品：价格下降收益增加；价格上升收益减少
│   └─ ②缺乏弹性商品：价格下降收益减少；价格上升收益增加
├─ 2. 供给价格弹性
│   ├─ (1) 含义：某种商品的供给量对于其价格变动的反应程度
│   ├─ (2) 弹性系数：E_s = 供给量变动的百分比/价格变动的百分比
│   ├─ (3) 计算
│   │   ├─ ①点弹性：$E_s = (dQ/dP) \cdot (P/Q)$
│   │   └─ ②弧弹性：$E_s = (\Delta Q/\Delta P) \cdot [(P_1+P_2)/(Q_1+Q_2)]$
│   ├─ (4) 五种弹性：$E_s = 0$；$E_s > 1$；$E_s < 1$；$E_s = 1$；$E_s = \infty$
│   └─ (5) 影响因素
│   ├─ ①生产规模及规模变动的难易程度
│   ├─ ②预期
│   ├─ ③生产周期长短
│   ├─ ④成本的变化
│   └─ ⑤其他
└─ 3. 需求收入弹性
    ├─ (1) 含义：指一种商品的需求量对消费者收入变动的反应程度
    ├─ (2) 弹性系数：E_m = 需求量变动的百分比/收入变动的百分比
    ├─ (3) 计算
    │   ├─ ①点弹性：$E_m = (dQ/dM) \cdot (M/Q)$
    │   └─ ②弧弹性：$E_m = (\Delta Q/\Delta M) \cdot [(M_1+M_2)/(Q_1+Q_2)]$
    └─ (4) 分类
        ├─ ①$E_m > 0$，正常品 { $E_m > 1$，奢侈品；$E_m < 1$，必需品 }
        └─ ②$E_m < 0$，劣等品

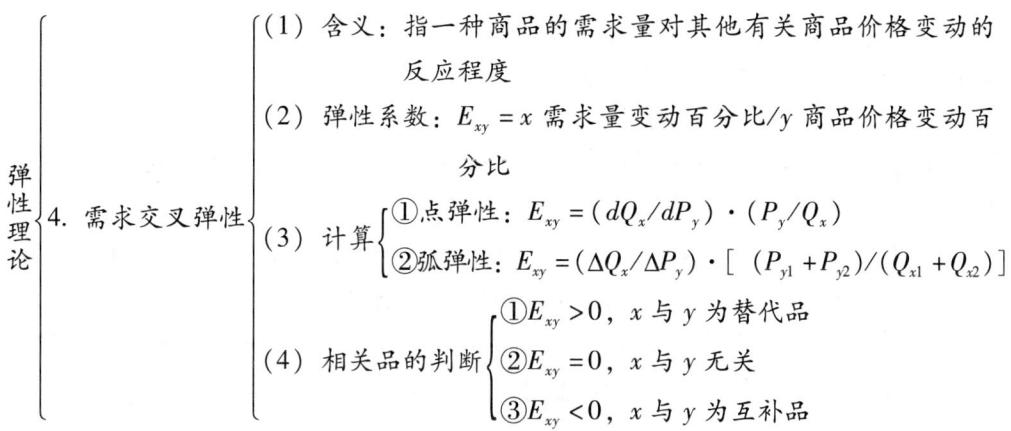

三、主要概念

1. 需求量（Quantity Demanded）：需求量是消费者在某一特定价格下希望并且能够购买的某种商品的数量。

2. 需求（Demand）：需求是消费者在各个可能的价格下希望并且能够购买的某种商品的数量，它反映了商品需求量与该商品价格之间的一种关系。

3. 需求量的变动（Change in Quantity Demanded）：是指在其他影响需求因素不变的条件下，由于商品自身价格的变动所引起的需求数量的变动。

4. 需求的变动（Change in Demand）：是指除商品自身价格之外的其他因素的变动所导致的市场需求数量的变动。

5. 供给量（Quantity Supplied）：是生产者在某一特定价格下希望并且能够提供出售的某种商品或劳务的数量。

6. 供给（Supply）：是生产者在各个可能的价格下希望并且能够提供出售的某种商品或劳务的数量，它反映了商品供给量与该商品价格之间的一种关系。

7. 供给量的变动（Change in Quantity Supplied）：是指商品的供给数量随其自身的价格变动而变动。

8. 供给的变动（Change in Supply）：是指除商品自身价格之外的其他因素的变动所导致的市场供给数量的变动。

9. 均衡价格（Equilibrium Price）：是指某种商品的市场需求量和市场供给量相等时的价格。

10. 均衡数量（Equilibrium Quantity）：在均衡价格水平下的相等的供求数量被称为均衡数量。

11. 支持价格（Support Price）：又称价格下限，是政府为了扶植某种商品的生产而规定的这种商品的最低价格。

12. 限制价格（Ceiling Price）：又称价格上限，是政府为了限制某种商品价格上升而规定的这种商品的最高价格。

13. 需求价格弹性（Price Elasticity of Demand）：在其他条件不变的情况下，当商品的价格发生变动时，需求量也会发生变动，需求量的相对变动对于该商品价格的相对变动的反应程度，称作需求价格弹性。

14. 需求收入弹性（Income Elasticity of Demand）：表示消费者对某种商品的需求量的相对变动对于消费者收入的相对变动的反应程度。

15. 需求交叉弹性（Cross-Elasticity of Demand）：表示在一定时期内一种商品的需求量的相对变动对于它的相关商品的价格的相对变动的反应程度。

16. 供给价格弹性（Price Elasticity of Supply）：表示在一定时期内一种商品的供给量的相对变动对于该商品的价格的相对变动的反应程度。

四、重点、难点

（一）重点

1. 需求和供给的经济学概念，需求曲线和供给曲线；
2. 需求法则（规律）和供给法则（规律）；
3. 均衡的经济学含义，需求和供给的变动对均衡的影响，最高限价和支持价格；
4. 以需求价格弹性为主的弹性定量计算及其运用。

（二）难点

1. 需求变动和需求量的变动，供给变动和供给量的变动；
2. 价格限制对均衡的影响；
3. 以需求价格弹性为主的弹性定量计算及其运用；
4. 蛛网模型。

五、疑难解析

1. 需求变动和需求量变动。需求量的变动是指其他因素不变，商品本身的价格变化引起需求曲线上点的移动。需求的变动是指商品本身的价格不变，其他因素变化引起需求曲线的移动。需求变动和需求量的变动含义不同，关键在于假设前提的不一样，如图 2-1 所示。供给变动和供给量的变动分析方法与需求变动和需求量的变动一样。

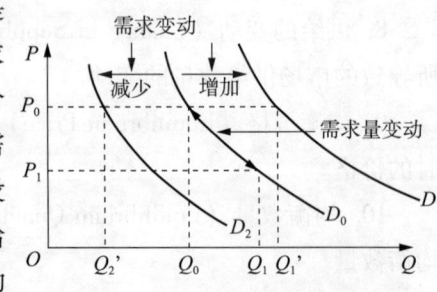

图 2-1　需求变动和需求量的变动

2. 价格限制。完全竞争市场中价格自发地调节经济，如果通过某种外在非经济强制力（如来自政府的行政或立法规定）来限制或人为决定价格,就形成了对市场中价格的限制或干预。表现形式主要有最低限价和最高限价两种。

最低限价,也叫支持价格,是指市场外在的非经济强制力决定的,位于市场均衡价格之上的商品价格。支持价格要高于均衡价格。由于支持价格高于均衡价格,导致供给大于需求。

支持价格是政府为了扶持某一行业的生产而规定的该行业产品高于均衡价格的最低价格,见图2-2。当价格被限定在高于均衡价格水平时,对于供给者而言,高价格意味着高利润,生产者就会从中得到更多的好处,并且相应的供给量也多,从而起到鼓励生产的作用;而对于消费者来说,高价格则意味着高支出,从而迫使消费者减少对该商品的消费,进而起到抑制需求的作用。支持价格对经济发展和稳定有着积极意义,特别是对农业更是如此。在农业生产中,支持价格可以稳定农业生

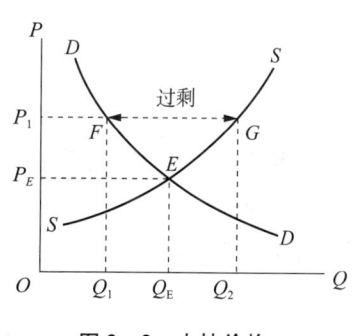

图2-2 支持价格

产和农民收入,减少经济波动对农业的冲击。在具体运用中,农产品支持价格一般采取缓冲库存法,即政府或代理机构按照某一平价购买农产品,建立库存或用于出口。有时政府对该商品的生产实行产量限制,规定将生产的数量控制在某一水平,使供求平衡。不过,支持价格也有副作用,例如使得价格机制的作用难以发挥,同时也使得政府财政负担加重(收购过剩农产品)。

最高限价是指市场外在的非经济强制力决定的,低于市场均衡价格的商品价格。限制价格要低于均衡价格。由于限制价格低于市场均衡价格,导致需求大于供给。

最高限价是政府为限制某些重要产品的价格上涨而对这些产品规定的最高价格,见图2-3。最高限价往往在战争或自然灾害时期加以使用,有些国家对某些生活必需品也长期采取限制价格政策。为此,政府通过立法或行政命令强行把价格规定在均衡价格水平以下。把价格限制在低于均衡价格的水平上则可以起到鼓励需求一方同时限制供给一方的作用。这时,需求超过供给。为了使限制价格有效,政府往往采用各种形式的配给制,如排队等候和配给券等。限制价格有利于社会稳定,但

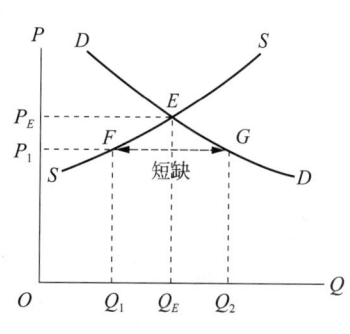

图2-3 限制价格

有许多弊端。它不利于刺激生产,造成长期短缺,带来价格扭曲,浪费现象;可能会出现黑市,使得社会风气败坏。

3. 弹性及其计算。弹性是借用物理学中的一个概念,强调的是作用力之下的反作用力。弹性的概念在许多领域都得到了广泛的运用。在定量计算中一般借用数学中的函数概念,即在具有函数关系的诸变量中,度量因变量的变动对于自变量变动的敏感程度。理解弹性的含义关键是要掌握函数关系中的自变量和因变量。某个自变量变动

引起的因变量的变动就称之为该自变量的弹性。如价格变动引起的需求量变动称之为需求价格弹性，收入变动引起的需求量变动称之为需求收入弹性，相关商品价格变动引起的考察对象（商品）需求量变动称之为需求交叉价格弹性，等等。

以需求价格弹性为例，该指标含义为度量某商品价格变动对于需求量变动的敏感程度，其弹性系数定义为需求量变动的百分比除以价格变动的百分比。见下面的公式。

$$E_d = -\frac{\frac{\Delta Q}{Q}}{\frac{\Delta P}{P}}$$

需求价格弹性在计算的时候有两种方法，一是弧弹性，二是点弹性。

弧弹性：根据需求曲线上两点的相应价格、数量而得到，含义为两点之间这一段区间的弹性。计算弧弹性时通常用中点公式。点弹性是弧弹性中两端点无限接近的极限值，计算时用微分来表示。

另外要注意的是，在线性需求曲线上不同位置的点弹性值大小不一样。在同一条线性需求曲线上，位置越高点弹性系数值就越大，位置越低点弹性系数值就越小。如图2-4所示。

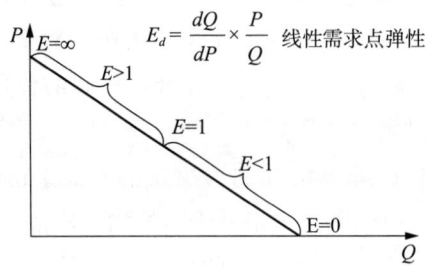

图2-4 同一需求曲线上弹性值的变化

4. 蛛网模型。蛛网模型引进时间变化的因素，通过对属于不同时期的需求量、供给量和价格之间的相互作用的考察，用动态分析的方法论述某些商品的产量和价格在偏离均衡状态以后的实际波动过程及其结果，是一个动态模型。农产品、畜牧产品这类生产周期较长的商品均衡经常出现这种动态变化。

以农产品价格蛛网模型分析为例，利用图解法来说明价格和产量波动的三种情况（见图2-5）

第一种情况：相对于价格轴的需求曲线斜率的绝对值大于供给曲线斜率的绝对值。当市场由于受到干扰偏离原有的均衡状态以后，实际价格和实际产量会围绕均衡水平上下波动，但波动的幅度越来越小，最后会回复到原来的均衡点。

假定在第一期由于某种外在原因的干扰，如恶劣的气候条件，实际产量由均衡水平Q_e减少为Q_1。根据需求曲线，消费者愿意支付P_1的价格购买全部的产量Q_1，于是，实际价格上升为P_1。根据第一期的较高的价格水平P_1，按照供给曲线，生产者将第二期的产量增加为Q_2。

在第二期，生产者为了出售全部的产量 Q_2，接受消费者所愿意支付的价格 P_2，于是，实际价格下降为 P_2。根据第二期的较低的价格水平，生产者将第三期的产量减少为 Q_3。

在第三期，消费者愿意支付 P_3 的价格购买全部产量 Q_3，于是，实际价格又上升为 P_3。根据第三期的较高的价格水平，生产者又将第四期的产量增加为 Q_4。

如此循环下去，如图 2-5（a）所示，实际产量和实际价格的波动幅度越来越小，最后恢复到均衡点 E 所代表的水平。

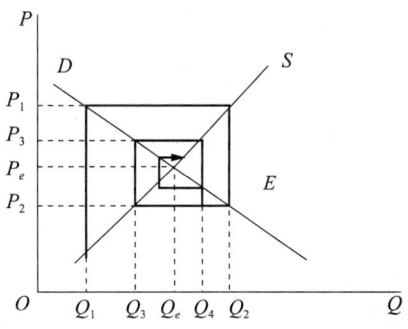

图 2-5（a） 收敛型蛛网

从图中可以看到，只有当相对于价格轴的需求曲线斜率的绝对值大于供给曲线斜率的绝对值时，即相对于价格轴而言（注：如果依据横轴，即数量轴判断，则情形正如相反），需求曲线比供给曲线较为陡峭时，才能得到蛛网稳定的结果，所以，供求曲线的上述关系是蛛网模型趋于稳定的条件，相应的蛛网被称为"收敛型蛛网"。第二种情况：相对于价格轴，需求曲线斜率的绝对值小于供给曲线斜率的绝对值。这种情况见图 2-5（b）。

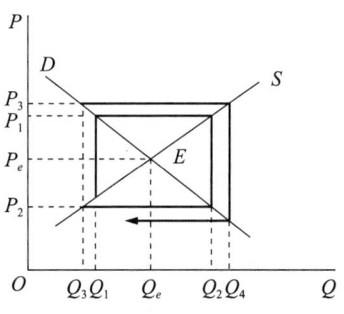

图 2-5（b） 发散型蛛网

当市场由于受到外力的干扰偏离原有的均衡状态后，实际价格和实际产量上下波动的幅度会越来越大，偏离均衡点越来越远，相应的蛛网被称为"发散型蛛网"。

第三种情况：供给曲线斜率的绝对值等于需求曲线斜率的绝对值。当市场由于受到外力的干扰偏离原有的均衡状态以后，实际产量和实际价格始终按同一幅度围绕均衡点上下波动，既不进一步偏离均衡点，也不逐步趋向均衡点，相应的蛛网被称为"封闭型蛛网"。这种情况见图2-5（c）。

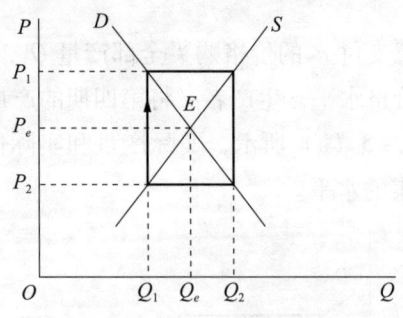

图2-5（c）　封闭型蛛网

六、案例及思考

案例2-1：不期而遇的"就业难"与"用工荒"？

近年来，我国高等教育经历了"大跃进"式的发展，应届大学毕业生数量从2005年的338万人一路飙升至2016年的770余万人，先后有了"史上最难就业季""史上更难就业季"和"史上最最难就业季"等调侃。然而专业技能教育一直以来都严重不足，进而出现了"要么求职者看不上企业，要么求职者无法满足企业需求"的矛盾局面。

相关地区劳动力市场发布的数据显示，2016年春节过后，北京市用工缺口达到66%，广州市节后缺工人数也达到18.91万之多，有的企业甚至打出"面试报销路费、两天就能入职、20天探亲假、早起还有牛奶喝"的口号。但即便是这么诱人的条件，还是招不到工人。

市场经济讲的是供给与需求的关系。"用工荒"与"就业难"同时出现的尴尬局面就是因为劳动力供给无法满足生产需求。在此背景下，经常出现部分高学历毕业生不断降低薪水期望值以求一份工作、职校毕业生薪水不逊高管、本科生职校回炉、新读书无用论等博人眼球的新闻报道。

新常态下，如何通过教育领域的供给侧结构性改革，在专业设置、课程体系、培养方式等方面有效对接市场需求，恐怕已经成为教育主管部门和高校亟待解决的关键问题。

请结合案例2-1思考以下问题：

（1）"就业难"和"用工荒"并存的原因是什么？

（2）如何在满足人民群众高等教育需求的基础上体现高等教育的市场价值？

案例2-2："打败"交通拥堵

所有的大城市都存在交通拥堵问题,许多地方政府都试图减少进入拥挤市中心的汽车数量。如果我们把开车到市中心看成是一种消费行为,那么我们就可以用需求的经济学来分析应对交通拥挤问题的对策。

地方政府通常采取的办法是降低替代品价格。许多大城市对公共汽车和有轨交通给予补贴以期望人们放弃开车出行。如北京市在举办奥运会前后给予公共交通巨额财政补贴,地铁价格降至2元,路面公交车全线实行"1元起步、刷卡4折、学生票2折"的低票价方案。另一种措施就是提高互补品的价格。比如美国的几个城市对收费车库征收重税,既能提高政府收入,又能减少开车进城的人数。还有如青海省西宁市为缓解市内交通拥堵,对市区157个路段的4 056个临时停车点由原来的免费停车改成分别实施"5元/次、3元/次、2元/次"的收费制度。

但是很少有城市愿意采用政治上有争议的直接措施:通过提高开车的"价格"来缓解交通拥堵。所以当2003年伦敦开始对所有在上班时间进入城市的轿车征收5英镑(大约76元人民币)"拥堵费"的时候,引起了一阵轰动。伦敦市政府在街头安装了自动相机来拍摄车牌号。人们要么提前支付"拥堵费",要么在进城当日的午夜之前付费。如果不付费而又被抓住了的话,每次罚款100英镑(大约1 520元人民币)。

正如意料中的那样,这项新政策的结果是符合需求定律的:根据2003年8月的新闻报道,由于征收"拥堵费"的缘故,伦敦市中心的交通量下降了32%,而且车速也提高了1/3。

摘编自:保罗·克鲁格曼,罗宾·韦尔斯. 微观经济学[M]. 中国人民大学出版社,2012.

请结合案例2-2思考以下问题:

(1) 当前大多数城市缓解交通拥堵的举措有哪些?这些举措会有怎样的效果和影响?

(2) 你如何评价通过提高开车价格来缓解交通拥堵?这种办法对我国大中城市缓解交通拥堵有何启示?

案例2-3 汽油价格与小型节能汽车的需求

1973年爆发了世界第一次石油危机,美国原油价格上涨了4倍,最高达到每桶近12美元;1979年的第二次石油危机,又使得石油价格上涨了2倍,最高达到每桶37美元。众所周知,石油是汽油的生产原料,石油危机使得汽油价格大幅上涨。在此影响下,美国汽车销售量急剧下降,25万产业工人失业,福特、克莱斯勒等大汽车公司面临生存危机,汽车业遭受重创,由此陷入萧条。

然而,能源危机感使得日本汽车厂商在节能方面不断探索,日本小轿车开始大行其道,出口量骤增。丰田、日产等公司迅速成为世界级的汽车厂商。1980年,日本汽车总产量达到1 104万辆,超过美国成为世界上最大的汽车生产出口国。

石油价格翻倍上涨,而公司和住宅之间的距离却不可能缩短,人们在放弃自己的大中型旧车选择购置新车时就会选择较小型的节能车,这样每加仑汽油就可以多跑一段距离。于是小型节能汽车的销售量持续攀升,而大中型汽车的市场竞争力明显下降。

摘编自:邓先娥,王磊,唐云山.经济学基础[M].人民邮电出版社,2013.

请结合案例2-3思考以下问题:
(1) 汽车与汽油间有何关系?
(2) 小型节能汽车与大中型汽车间有何关系?
(3) 汽油价格上涨,大中型汽车需求将如何变化?小型节能汽车需求又会如何变化?

案例2-4:日本地震与中国的"盐荒"

2011年3月11日,日本东北部海域发生里氏9.0级地震并引发海啸。地震造成日本福冈第一核电站1-4号机组发生核泄漏事故,地震引发的海啸影响到太平洋沿岸的大部分地区。在碘盐可以防辐射和海盐受到核污染不能食用等议论影响下,人们预期食盐价格将会上涨,很多地方出现"小超市断货、大中型超市排队抢购"的现象,大有食盐顷刻间售罄的架势。即便在产盐大省的青海省,省会城市西宁也出现了原价1.5元每包的食盐涨至5元每包,甚至更高的价格。更具戏剧性的是,据武汉晚报报道,一位在武汉的兰州籍男子竟一次性抢购食盐达6.5吨。那么,6.5吨食盐是什么概念呢?如果按照我国居民膳食指南提倡的每人每日食盐量应少于6克的标准,这意味着一个人至少需要食用2968年。

食盐是人们日常生活的必需品,且无其他替代品。为保障食盐安全,我国对食盐实行国家垄断专营和政府定价。因此,在政府严查盐价、严打哄抬物价和囤积居奇等价格违法行为下,一场波及全国的"盐荒"迅速得以解决。

摘编自:邓先娥,王磊,唐云山.经济学基础[M].人民邮电出版社,2013.

请结合案例2-4思考以下问题:
(1) 预期如何影响商品需求?
(2) 食盐涨价预期判断失误在哪里?

七、练习题

(一) 单项选择题

1. 需求曲线是一条向( )倾斜的曲线。
   A. 右下方　　　B. 右上方　　　C. 左下方　　　D. 左上方
2. 供给曲线是一条向( )倾斜的曲线。
   A. 右下方　　　B. 右上方　　　C. 左下方　　　D. 左上方

3. 下列哪种情况不可能引起玉米的需求曲线移动（　　）。
   A. 消费者收入增加　　　　　　　　B. 玉米价格上升
   C. 大豆供给量锐减　　　　　　　　D. 大豆价格上升
4. 已知某商品的需求函数和供给函数分别为：$Q_D = 14 - 3P$，$Q_S = 2 + 6P$，该商品的均衡价格是（　　）。
   A. 4/3　　　　　B. 4/5　　　　　C. 2/5　　　　　D. 5/2
5. 当咖啡的价格急剧上升时，对茶叶的需求量将（　　）。
   A. 减少　　　　　　　　　　　　　B. 增加
   C. 保持不变　　　　　　　　　　　D. 无法判断
6. 某商品价格下降导致其互补品的（　　）。
   A. 需求曲线向左移动　　　　　　　B. 需求曲线向右移动
   C. 供给曲线向右移动　　　　　　　D. 价格上升
7. 下列商品中，需求价格弹性最大的是（　　）。
   A. 服装　　　　　B. 化妆品　　　　C. 金银首饰　　　　D. 食盐
8. 需求量的变动是指（　　）。
   A. 由于价格不变引起的需求量的变动
   B. 非价格因素引起的需求量的变动
   C. 同一条需求曲线上点的移动
   D. 需求曲线的移动
9. 某一时期，电冰箱的供给曲线向右移动的原因可能是（　　）。
   A. 电冰箱的价格下降
   B. 生产者对电冰箱的预期价格上升
   C. 生产冰箱的要素成本上升
   D. 消费者的收入上升
10. 某消费者的收入上升20%，其对某商品的需求量上升5%，则商品的需求收入弹性（　　）。
    A. 大于1　　　　　　　　　　　　B. 小于1
    C. 等于1　　　　　　　　　　　　D. 等于0
11. 某日内，X商品的替代品价格上升和互补品价格上升，分别引起X商品的需求变动量为50单位和80单位，则在它们共同作用下，该日X商品的需求数量（　　）。
    A. 增加30单位　　　　　　　　　　B. 减少30单位
    C. 增加130单位　　　　　　　　　D. 减少130单位
12. 若供给曲线上每一点的点弹性都等于1，则供给曲线只能是一条（　　）。
    A. 过原点的45°线　　　　　　　　B. 过原点的直线
    C. 平行于横轴的直线　　　　　　　D. 垂直于横轴的直线
13. 一种物品需求价格弹性的大小取决于（　　）。

A. 替代品的可获得性 B. 互补品的价格
C. 收入 D. 以上都正确

14. 一般情况下，商品的需求量与其价格呈反方向变动，这是因为（　　）。
   A. 收入效应发生作用
   B. 替代效应发生作用
   C. 收入效应与替代效应同时发生作用
   D. 上述答案均不正确

15. 在两种替代品之间，其中一种商品价格上升，会使另一种商品的均衡价格（供给不变）（　　）。
   A. 上升　　　　B. 下降　　　　C. 不变　　　　D. 不确定

16. 在两种互补品之间，其中一种商品价格上升，会使另一种商品价格（　　）。
   A. 上升　　　　B. 下降　　　　C. 不变　　　　D. 不确定

17. 当两种商品中一种商品的价格发生变动时，这两种商品的需求量都同时增加或减少，则这两种商品的需求交叉价格弹性为（　　）。
   A. 正值　　　　B. 负值　　　　C. 0　　　　D. 1

18. 如果两种商品是互补关系，则一种商品的需求量与另一种商品的价格之间是（　　）。
   A. 反方向变动关系 B. 同方向变动关系
   C. 没有关系 D. 难以确定

（二）判断题

1. 均衡价格就是供给量等于需求量时的价格。（　　）
2. 对任何商品而言，价格下降，需求量都会增加。（　　）
3. 如果一般性商品的价格高于均衡价格，那该价格一定会下跌并向均衡价格靠拢。（　　）
4. X 商品的价格下降导致 Y 商品的需求数量上升，说明两种商品是替代品。（　　）
5. 垂直的需求曲线说明消费者对该种商品的需求数量为零。（　　）
6. 当某种商品的价格上升时，其互补商品的需求将上升。（　　）
7. 若某商品的需求价格弹 $E_d = 0.6$，卖者提高价格肯定增加销售收入。（　　）
8. 需求缺乏弹性的商品的价格与销售收入呈同方向变动关系。（　　）
9. 需求的变动是指商品本身价格变动所引起的该商品的需求数量的变动。（　　）
10. 当消费者的收入发生变化时，会引起需求曲线的移动。（　　）
11. $E_d > 1$ 的商品，降低价格会增加厂商的销售收入。（　　）
12. 若某商品的 $E_d < 1$，表明当该商品价格下降 20% 时，该商品需求量减少小于 20%。（　　）
13. 卖者提高价格肯定会增加销售收入。（　　）
14. 在几何图形上，供给量的变动表现为商品的价格—供给量组合点沿着同一条既定的供给曲线运动。（　　）

15. 在几何图形上，需求的变动表现为商品的价格—需求量组合点沿着同一条既定的需求曲线运动。（　　）
16. 某商品的可替代品越多，相近程度越高，则该商品需求弹性往往就越大。（　　）
17. 商品用途越广，需求价格弹性就可能越大。（　　）
18. 任何情况下商品的需求量与价格都是反方向变化的。（　　）
19. 当对农产品的需求缺乏弹性时，粮食丰收，粮价下跌，农民收入反而会减少。（　　）
20. 如果两种商品具有替代关系，则相应的需求交叉价格弹性系数为负。（　　）

（三）计算题

1. 已知某一时期内某商品的需求函数为 $Q = 50 - 5P$，供给函数为 $Q = -10 + 5P$。
   （1）求均衡价格 P 和均衡数量 Q。
   （2）假定供给函数不变，由于消费者收入水平提高，需求函数变为 $Q = 60 - 5P$。求出相应的均衡价格 P 和均衡数量 Q。
   （3）假定需求函数不变，由于生产技术水平提高，供给函数变为 $Q = -5 + 5P$。求出相应的均衡价格 P 和均衡数量 Q。

2. 假定需求函数为 $Q = MP^{-N}$，其中 M 表示收入，P 表示商品价格，N（$N > 0$）为常数。求：需求的价格点弹性和需求的收入点弹性。

3. 假定某市场上 A、B 两厂商是生产同种有差异的产品的竞争者；该市场对 A 厂商的需求曲线为 $P_A = 200 - Q_A$，对 B 厂商的需求曲线为 $P_B = 300 - 0.5Q_B$；两厂商目前的销售情况分别为：$Q_A = 50$，$Q_B = 100$。
   （1）A、B 两厂商的需求的价格弹性分别为多少？
   （2）如果 B 厂商降价后，使得 B 厂商的需求量增加为 $Q_B = 160$，同时使竞争对手 A 厂商的需求量减少为 $Q_A = 40$。那么，A 厂商的需求的交叉价格弹性 E_{AB} 是多少？
   （3）如果 B 厂商追求销售收入的最大化，那么，你认为 B 厂商的降价是一个正确的行为选择吗？

4. 假定某消费者的需求的价格弹性 $E_d = 1.3$，需求的收入弹性 $E_M = 2.2$。
   （1）在其他条件不变的情况下，求商品价格下降2%对需求数量的影响。
   （2）在其他条件不变的情况下，求消费者收入提高5%对需求数量的影响。

5. 设汽油的需求价格弹性为 -0.15，其价格现为每加仑1.25美元，试问汽油价格上涨多少才能使其消费量减少10%？

（四）简答题

1. 什么是需求？影响需求的因素有哪些？
2. 什么是供给？影响供给的因素有哪些？
3. 需求量的变动与需求的变动有何不同？
4. 供给量的变动与供给的变动有何不同？
5. 什么是均衡价格？它是如何形成的？

6. 什么是供求定理？
7. 运用供求定理说明"谷贱伤农"的道理何在？
8. 影响需求价格弹性的因素主要有哪些？
9. 一厂商对其产品采取降价行动进行促销，结果收入反而减少。请问该厂商的产品具有什么性质，为什么？
10. 需求的价格弹性和厂商的销售收入之间有何关系？

第三章 消费者选择理论

- 一、概要及学习目标
- 二、知识脉络图
- 三、主要概念
- 四、重点、难点
- 五、疑难解析
- 六、案例及思考
- 七、练习题

一、概要及学习目标

(一) 概要

边际效用递减规律：随着对某商品消费量的增加，人们从该商品连续增加的每个消费单位中所得到的效用增量即边际效用是递减的。消费者均衡的条件是，当消费者消费多种商品时，应该使自己所购买的最后一单位各种商品的边际效用与价格之比相等。或者说，消费者应使自己花费在各种商品购买上的最后一元钱所带来的边际效用相等。

无差异曲线的特点：①无差异曲线的斜率为负；②离原点越远的无差异曲线代表的效用水平越高，离原点越近的无差异曲线代表的效用水平越低；③在同一个平面上可以有无数条无差异曲线；④同一消费平面中的任何两条无差异曲线不能相交；⑤无差异曲线向右下方倾斜且凸向原点。

边际替代率递减规律：在维持效用水平不变的前提下，随着一种商品消费数量的增加，消费者为得到每一单位的这种商品而愿意放弃的另一种商品的消费数量是递减的。消费者均衡的条件是预算线的斜率等于无差异曲线的斜率。

商品价格变化引起对其需求量的变化，称为价格效应，可以分解为收入效应和替代效应。①正常物品的价格效应使需求量与价格呈反方向变动，正常物品的需求曲线向右下方倾斜。②一般低档物品的替代效应使需求量与价格反方向变动，收入效应使需求量与价格呈正方向变动。由于替代效应大于收入效应，价格效应的结果仍使需求量与价格反方向变动。③吉芬物品的替代效应使需求量与价格呈反方向变动，收入效应使需求量与价格呈同方向变动。收入效应的作用很大，以至超过了替代效应的作用，从而使得总效应与价格呈同向变动。

消费者面对风险的态度可分为三类：①风险规避者（风险厌恶型）；②风险中立者（风险中性型）；③风险爱好者（风险喜好型）。

（二）本章学习目标

明确什么是效用、总效用和边际效用，弄清总效用与边际效用之间的关系，熟悉边际效用递减规律、边际替代率递减规律，掌握基数效用论和序数效用论的消费者均衡，熟悉价格变化和收入变化对消费者均衡的影响，了解消费者面对风险的态度及其决策。

二、知识脉络图

效用论概述
- 1. 效用
  - （1）含义：是指消费者从消费物品或劳务中所获得的满足程度，并且这种满足程度纯粹是一种消费者的主观心理感觉
  - （2）两种效用理论
    - ① 基数效用论：就是用基数数值来度量的心理满足程度，基数可加总求和
    - ② 序数效用论：是指人们消费某种商品所得到的，并用序数来度量的心理满足程度
- 2. 效用函数
  - （1）含义：以消费者在同一时间消费物品（劳务）的数量为自变量，效用为因变量的函数
  - （2）总效用（TU）函数：指消费者在一定时间内从一定数量的商品的消费中所得到的效用量的总和，$TU = f(Q)$
  - （3）边际效用（MU）函数：指消费者在一定时间内增加一单位商品的消费所得到的效用量的增量，$MU = \triangle TU(Q)/\triangle Q$ 或 $MU = dTU(Q)/dQ$
  - （4）TU 与 MU 关系
    - ① $MU > 0$ 时，TU 增加
    - ② $MU < 0$ 时，TU 下降
    - ③ $MU = 0$ 时，TU 最大
  - （5）边际效用递减规律
    - ① 含义：在一定时间内，随着消费者在同一时间内消费同一物品（劳务）数量的增加，他从每一个新增单位物品（劳务）中所获得的效用增量逐渐变小
    - ② 产生原因：生理、心理原因；一种物品（劳务）用途的多样性

效用论概述 { 2. 效用函数 { (6) 消费者剩余 {
① 含义：指消费者在购买一定数量的某种商品时愿意支付的最高总价格和实际支付的总价格之间的差额
② 消费者剩余是消费者的主观心理评价，用来度量和分析社会福利问题
③ 计算公式：$CS = \int_0^{Q_0} f(Q)dQ - P_0 Q_0$

效用最大化与消费者选择 {

1. 消费者均衡（边际分析） {
   (1) 消费者均衡：指消费者购物要达到的目标，收入一定，总效用最大
   (2) 货币的边际效用：$dU_M/dM = \lambda$（常数）
   (3) 条件：消费者用全部收入所购买的各种物品（劳务）所带来的边际效用与为购买这些物品所支付的价格比例相等，或者说每一单位货币所得到的边际效用都相等，$\begin{cases} MU_X/P_X = MU_Y/P_Y = \lambda \\ P_X Q_X + P_Y Q_Y = M \end{cases}$

2. 消费者均衡（无差异曲线分析） {
   (1) 无差异曲线 {
      ① 含义：无差异曲线是表示能给消费者带来同等效用的两种商品的不同组合的曲线
      ② 特征 { 斜率为负；不能相交；凸向原点
   (2) 边际替代率：是指为了保持同等的效用水平，消费者要增加一单位 X 物品就必须放弃一定数量的 Y 物品，这二者之比率，即 X 对 Y 的边际替代率 =（Y 的减少量）/（X 的增加量），$MRS_{XY} = -\Delta Y/\Delta X = MU_X/MU_Y$
   (3) 消费预算线 {
      ① 含义：是一条表明在消费者收入与商品价格既定的条件下，消费者所能购买到两种商品数量最大组合的线
      ② 预算线方程：$P_X Q_X + P_Y Q_Y = M$
      ③ 斜率：$-P_X/P_Y$
   (4) 消费者均衡条件 {
      ① 预算线和无差异曲线的切点
      ② $\begin{cases} \dfrac{MU_X}{P_X} = \dfrac{MU_Y}{P_Y} \\ P_X \cdot Q_X + P_Y \cdot Q_Y = M \end{cases}$

价格和收入变化对消费者均衡的影响
- 1. 需求曲线的推导：由消费者的"价格—消费曲线"可以推导出消费者的需求曲线
- 2. 恩格尔曲线
  - (1) 定义：表示消费者在每一收入水平对某种商品的需求量
  - (2) 恩格尔曲线的推导：由消费者的"收入—消费曲线"可以推导出消费者的恩格尔曲线
- 3. 收入效应、替代效应和总效应
  - (1) 收入效应（IE）：由商品的价格变动所引起的实际收入变动，进而由实际收入水平变化所引起的商品需求量的变动
  - (2) 替代效应（SE）：由商品的价格变动所引起的商品相对价格变动，进而由商品的相对价格变动所引起的商品需求量的变动
  - (3) 总效应（TE）：总效应 = 替代效应 + 收入效应
- 4. 不同商品的收入效应、替代效应与总效应

商品类别	价格变动方向	SE	IE	SE 与 IE 绝对值相比	TE	需求曲线形状
正常品	↓	+	+		+	↘
	↑	−	−		−	
劣质品	↓	+	−	|SE| > |IE|	+	↘
	↑	−	+		−	
吉芬品	↓	+	−	|SE| < |IE|	−	↗
	↑	−	+		+	

不确定性与消费者选择
- 1. 不确定性与风险
  - (1) 不确定性：是指经济行为者在事先不能准确知道自己的某个决策的结果，或者说，经济行为者的一个决策的可能结果不止一种
  - (2) 风险：消费者在知道自己某种行为决策各种可能的结果发生的概率时的不确定性
  - (3) 概率：概率反映了某后果发生的可能性的大小
- 2. 期望值与方差
  - (1) 期望值：$E(X) = \sum_{i=1}^{n} \pi_i x_i = \pi_1 x_1 + \pi_2 x_2 + \cdots + \pi_n x_n$
  - (2) 方差：$\sigma^2 = \sum_{i=1}^{n} [x_i - E(x)^2] \pi_i$
- 3. 风险预期偏好与期望效用函数
  - (1) 风险偏好态度：①风险爱好型 ②风险规避型 ③风险中立型
  - (2) 期望效用：$EU = PU(X_1) + (1-P)U(X_2)$
  - (3) 期望效用函数：$EU = \sum_{i=1}^{n} \pi_i V(x_i)$

三、主要概念

1. 效用（Utility）：消费者从商品消费中得到的满足程度。

2. 总效用（Total Utility）：指人们从商品的消费中得到的总的满足程度。

3. 边际效用（Marginal Utility）：每增加一个单位的商品消费量所增加的满足程度。

4. 无差异曲线（Indifference Curves）：表示消费者偏好相同的两种商品的不同数量的各种组合的点的轨迹。

5. 商品的边际替代率（Marginal Rate of Substitution of Commodities）：效用水平不变，消费者增加一单位某种商品的消费量所需要放弃的另一种商品的消费量，被称为商品的边际替代率。

6. 预算线（Budget Line）：在收入与商品价格既定的条件下，消费者所能购买到的两种商品的最大数量组合。

7. 价格—消费曲线（Price-Consumption Curve）：在消费者偏好、收入以及其他商品价格不变的条件下，某种商品价格变动引起的消费者均衡点移动的轨迹。

8. 收入—消费曲线（Income-Consumption Curve）：商品价格不变时，消费者的每一收入水平所对应的两种商品最佳购买组合点形成的轨迹

9. 恩格尔曲线（Engel Curve）：反映的是所购买的一种商品的均衡数量与消费者收入水平之间的关系。

10. 收入效应（Income Effect）：因价格变化而带来的实际收入的变化，导致需求量的变化。

11. 替代效应（Substitution Effect）：商品价格变动引起其相对价格的变动，进而引起其需求量的变动。

12. 消费者剩余（Consumer Surplus）：消费者愿意支付的价格与实际支付的价格之间的差额。或者消费者消费某种商品所获得的总效用与为此花费的货币的总效用的差额。

四、重点、难点

（一）重点

1. 效用，基数效用与序数效用；

2. 边际效用的概念，边际效用递减规律，基数效用论下的消费者均衡；

3. 无差异曲线及其特点，边际替代率及其递减规律，预算约束线，序数效用论下的消费者均衡；

4. 价格和收入变化对消费者均衡的影响，恩格尔曲线，恩格尔系数；

5. 价格效应、替代效应与收入效应。

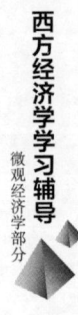

(二) 难点

1. 边际效用递减规律与边际替代率递减规律；
2. 无差异曲线及其特点；
3. 消费者均衡条件；
4. 价格效应、替代效应与收入效应。

五、疑难解析

1. 边际效用递减规律。边际效用递减规律是基数效用论的基本假定，是指在一定时期内，在其他商品或劳务的消费数量保持不变的条件下，随着消费者对某种商品或劳务消费量的增加，消费者从该商品或劳务连续增加的每一消费单位中所得到的效用增量（即边际效用）是递减的。原因在于追加消费的商品或劳务对消费者的刺激和重要性逐渐下降。基数效用论下分析消费者均衡时假定效用大小可以用基数加以衡量，并且是递减的。理解边际效用递减规律要注意前提条件，即"一定时间内""其他商品消费数量保持不变"和"对某种商品消费量的连续增加"。

边际替代率递减规律是序数效用论的基本假定，是指随着某种商品和服务的消费量增加，为了保持总效用不变，消费者愿意放弃的其他商品和服务的数量越来越少，也即这种商品能够替代的其他商品的数量越来越少。

边际替代率递减规律与边际效用递减规律之间联系紧密，边际效用递减规律暗含了边际替代率递减规律。

2. 无差异曲线及其特点。无差异曲线是指可以给消费者带来相同满足程度的两种商品的不同数量组合描绘出来的轨迹。在一条无差异曲线上，商品的不同数量组合对消费者而言是无差异的。特点：①任意两条无差异曲线都不会相交；②无差异曲线有无数条，每一条代表着一个特定的效用等级，并且离原点越远，所代表的效用等级就越高；③无差异曲线向右下方倾斜；④无差异曲线凸向原点。

无差异曲线是分析序数效用论下消费者均衡的重要工具。

3. 消费者均衡条件。基数效用论下消费者均衡的条件是：消费者在选择商品时，会以货币的边际效用 λ 为标准来衡量增加商品消费的边际效用 MU，以便获得最大满足。若 $MU/P > \lambda$，消费者就选择消费商品；若 $MU/P < \lambda$，消费者则选择消费货币（即不消费）。因此，消费者效用最大化的条件是 $MU/p = \lambda$。它表示，为了获得最大效用，消费者购买任意一种商品时，每单位货币购买各种商品所带来的边际效用都相同，恰好等于一单位货币的边际效用。

如果商品的价格发生变动（比如提高），那么消费者选择的该商品的消费数量也会随之变动（减少）。基数效用论下消费者均衡也解释了价格与消费者的需求量之间呈反方向变动，即消费者的需求曲线向右下方倾斜的原因。

序数效用论下消费者均衡的条件。把无差异曲线与消费可能线合在一个图上，在收入既定的情况下，消费可能线必定与无数条无差异曲线中的一条相切在这个切点上，这样就实现了消费者均衡——效用最大化。当消费者消费两种商品的边际效用之比（边际代替率）等于它们的价格之比时，即 $MRS_{1,2} = MU_1/MU_2 = P_1/P_2$ 时，说明在其他条件不变的情况下，消费者在既定的收入约束条件下，就实现了消费者均衡——效用最大化。

基数效用论下消费者均衡的条件和序数效用论下消费者均衡的条件实际上得到的结论是一样的，即每单位货币支出的边际效用都等于货币的边际效用时，处于均衡状态。

边际效用反映了消费者心理对商品的主观评价，而商品的价格对于消费者来说是客观事实。消费者均衡时即消费者在有限收入条件下实现效用最大化，边际效用之比等于价格之比，实际上就是消费者的主观偏好与商品价格客观约束的相统一。

4. 价格效应、替代效应与收入效应。一种商品价格的变化会引起该商品的需求量的变化，这种变化称为价格效应。价格效应可以被分解为替代效应和收入效应。

替代效应是指因商品的价格变动引起的商品相对价格的变动，使得消费者在保持原有效用水平不变的条件下用较便宜的商品代替较昂贵的商品而对商品需求量产生的影响。

收入效应是指在收入不变的条件下，由商品的价格变动引起消费者实际收入水平变动，消费者改变商品消费数量而对所有商品需求量所产生的影响，也就是说消费者会增加所有商品的消费数量（包括价格下降的商品在内），这被称为收入效应。

理解替代效应时要注意，消费者在保持原有效用水平不变的条件下只是用较便宜的商品代替较昂贵的商品，从而增加相对便宜的商品的消费量。它单纯考察消费者对降价商品需求量的增加。顺序地再分析收入效应时，要将原有效用水平不变的条件去掉，即将由于某种商品价格的下降导致消费者收入的增加从而总效用也会增加的结果再还原回去，也就是考察消费者由于实际收入的增加会增加所有商品的消费数量。

价格效应为替代效应和收入效应之和。

劣等品和吉芬商品的替代效应与收入效应关键是消费者的无差异曲线较特殊的形状。一般讲，沿着效用的增加方向，消费者无差异曲线更倾斜于其偏好的产品，吉芬商品表现更明显。如图 3-1 所示，消费者更偏好纵轴标示的 Y 产品。

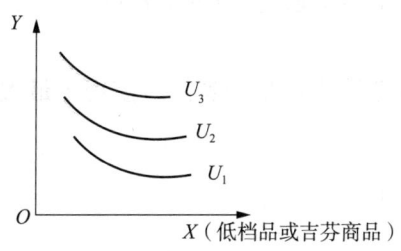

图 3-1　劣等品或吉芬商品的无差异曲线

5. 为什么在市场均衡状态下，买者和卖者都获得最大的满足，同时社会福利最大

当需求和供给相等时，市场处于均衡状态，所以均衡点即为需求曲线和供给曲线的交点。根据定义，需求曲线具有以下两种含义：①表示在各种可能的价格下，消费者愿意而且能够购买的商品数量；②表示对于各种数量的商品，消费者愿意支付的最高价格。愿意支付的最高价格与实际支付的价格所导致的支出差额，就是消费者剩余。

供给曲线也有两种含义：①表示在各种可能的价格水平下，相应的生产者愿意而且能够提供的商品数量；②表示对于各种数量的商品，生产者愿意接受的最低价格。愿意接受的最低价格与实际接受的价格所导致的收入额之差，就是生产者剩余。

因此，只有在需求曲线和供给曲线相交之处，商品的需求者和供给者才能同时获得最大满足。

根据需求曲线和供给曲线的第一种含义，均衡状态只能处于需求曲线上或者供给曲线上（见图 3-2）。当市场处于 E 时，消费者剩余为需求曲线以下，EP^* 以上的面积，即图中 $\triangle EPP^*$ 部分；生产者剩余为供给曲线以上，EP^* 以下的面积，也即 $\triangle EOP^*$ 部分。此时，社会总剩余为 E 点左侧需求曲线和供给曲线之间的面积，也即 $\triangle EPP^*$ 和 $\triangle EOP^*$ 两部分之和。

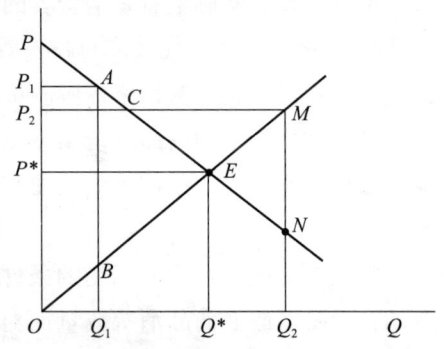

图 3-2 市场均衡

若市场处于需求曲线上的 A 点，即相应的价格为 P_1，而数量为 Q_1，则消费者剩余为需求曲线以下、P_1A 以上的面积，生产者剩余为供给曲线以上、P_1A 以下的面积，此时，社会总剩余为 AB 左侧需求曲线和供给曲线之间的面积。显然，该面积比 E 点所处状态下的社会总剩余少了一块面积 $\triangle ABE$。同理，任何位于 E 点左侧的状态，其社会总剩余皆小于 E 点的社会总剩余。

若市场处于供给曲线上的 M 点，即相应的价格为 P_2，数量为 Q_2，则消费者剩余为需求曲线以下、P_2C 以上的部分即 $\triangle CPP_2$，减去 P_2C 以下、需求曲线以上即 $\triangle CMN$ 之后的面积。生产者剩余为 P_2M 以下供给曲线以上的部分。此时，社会总剩余为 E 点左侧需求曲线和供给曲线之间的面积，减去 $\triangle EMN$ 之后的面积。显然，该面积比 E 点所处状态下的社会总剩余小 $\triangle EMN$。同理，任何位于 E 点右侧的状态，其社会总剩余皆小于 E 点的社会总剩余。

因此，在 E 点上，不仅消费者和生产者同时获得了最大满足，而且社会总剩余最大，E 点为均衡状态点。

六、案例及思考

案例 3-1：从春晚看边际效应递减规律

从 20 世纪 80 年代初开始，我国老百姓在过春节的年夜饭中增添了一项诱人的内容，那就是春节联欢晚会。1983年首届春节联欢晚会的出台，在当时娱乐事业尚不发达的我国引起了极大的轰动。晚会的节目成为全国老百姓在街头巷尾和茶余饭后津津乐道的题材。

晚会年复一年地办下来了，人力物力投入越来越大，技术效果越来越先进，场面设计越来越宏大，节目种类也越来越丰富。但不知从哪一年起，人们对春节联欢晚会的评价却越来越差了，原先的赞美之词变成了一片骂声，春节联欢晚会成了一道众口难调的大菜，晚会也陷入了"年年办，年年骂；年年骂，年年办"的怪圈。

春晚本不该代人受过，问题其实与边际效用递减规律有关。在其他条件不变的前提下，当一个人在消费某种物品时，随着消费量的增加，他（她）从中得到的效用是越来越少的，这种普遍存在的现象被视为一种规律。边际效用递减规律虽然是一种主观感受，但在其背后也有生理学的基础：反复接受某种刺激，反应神经就会越来越迟钝。第一届春节联欢晚会让我们欢呼雀跃，但举办次数多了，由于刺激反应弱化，尽管节目本身的质量在整体提升，但人们对晚会节目的感觉却越来越差了。

摘编自：李仁君. 吃苹果与看晚会 [N]. 海南日报，2002-09-25.

请结合案例3-1思考以下问题：
(1) 为什么春晚会演变为人们吐槽的对象？
(2) 你认为案例中应用边际效用递减规律来解读春晚的演变是否合适？如果不合适，请指出存在的问题。

案例3-2：阶梯式水价与电价

数据显示，我国人均水资源占有量约为2 173立方米，相当于世界平均水平的1/4，位列世界第121位，是联合国认定的水资源紧缺国家。2002年，国务院相关部委下发了《关于进一步推进城市供水价格改革工作的通知》，规定全国各省辖市以上城市在2003年底以前对城市居民生活用水实行阶梯式计量水价。2014年国家发改委、住房城乡建设部出台《关于加快建立完善城镇居民用水阶梯价格制度的指导意见》，要求2015年底前设市城市全面实行居民阶梯水价。所谓阶梯水价，是在合理核定居民用水及各类企业营业用水基本用量的基础上，对定量以内的用水实行低价，超过基本用水量的部分实行超量累进加价；对公共服务用水实行低价，对合理工业生产用水实行中价，对营运用水实行高价。

继实行阶梯水价之后，国家发改委《关于居民生活用电试行阶梯电价的指导意见》提出，2012年上半年，我国开始推行居民阶梯电价。所谓居民阶梯电价是指按照用户消费的电量分段定价，用电价格随着用电量增加呈阶梯状逐级递增的一种电价定价制度。同年7月1日，青海省开始试行居民生活用电阶梯电价，电价如下：第一档用电量为每户每月0~150度，电价为0.377 1元/度；第二档用电量为每户每月151~230度，电价为0.427 1元/度；第三档用电量为每户每月超过230度的电量，电价为0.677 1元/度。其中第一档电量的用户覆盖率达到95.6%。由于第一档电价在原来居民生活

用电价格的基础上下降了0.05元，因此，实行阶梯电价后，青海省80%的居民尤其是农牧区居民的基本生活用电电费支出均有所下降。

阶梯水价和电价的实行，建立了"多用者多付费"的阶梯价格机制，不仅有效增强了人们的节约用水用电意识，避免水、电资源的浪费，提高社会用水、用电效率，而且有力地助推了"资源节约型、环境友好型社会"的建设。

请结合案例3-2思考以下问题：
(1) 阶梯水价、电价制度设计所依据的经济学理论是什么？
(2) 实行阶梯水价、电价对消费者剩余有何影响？
(3) 阶梯水价、电价对水资源和电资源配置有何影响？

案例3-3：时间分配与最优选择

青海大学财经学院一位大一的学生即将参加四门功课的期末考试，假定他能够用来复习功课的时间只有8小时，且每门功课占用的复习时间和相应的成绩如下表所示：

	0	1	2	3	4	5	6
微观经济学	30	44	65	75	83	88	90
VB	40	52	62	70	77	83	88
微积分	70	80	88	90	91	92	93
线性代数	50	66	76	81	84	86	87

有分析表明为了能够实现四门课的成绩总分最高，该学生复习微观经济学、VB、微积分和线性代数应分别用3小时、2小时、1小时和2小时。

请结合案例3-3思考以下问题：
(1) 该学生如此分配时间来复习功课能否实现总成绩最高？请阐明相应理由。
(2) 你能从中得到什么启发？

七、练习题

(一) 单项选择题

1. 效用达到最大时（　　）。
   A. 边际效用最大　　B. 边际效用为零　　C. 边际效用为正　　D. 边际效用为负

2. 以下（　　）项指的是边际效用。
   A. 张某吃了第二个面包，满足程度从10个效用单位增加到了15个效用单位，增加了5个效用单位
   B. 张某吃了两个面包，共获得满足15个效用单位
   C. 张某吃了四个面包后不想再吃了
   D. 张某吃了两个面包，平均每个面包带给张某的满足程度为7.5个效用单位

3. 若某消费者消费了两个单位某物品之后，得知边际效用为零，则此时（   ）。
    A. 消费者获得了最大平均效用
    B. 消费者获得的总效用最大
    C. 消费者获得的总效用最小
    D. 消费者所获得的总效用为负

4. 消费者只准备买两种商品 X 和 Y，X 的价格为 10，Y 的价格为 2。若张某买了 7 个单位 X 和 3 个单位 Y，所获得的边际效用值分别为 30 个单位和 20 个单位，则（   ）。
    A. 张某获得了最大效用
    B. 张某应当增加 X 的购买，减少 Y 的购买
    C. 张某应当增加 Y 的购买，减少 X 的购买
    D. 张某想要获得最大效用，需要借钱

5. 对于效用函数来说，下列哪一项不是必要的假定（   ）。
    A. 消费者对要消费的商品能排出偏好顺序
    B. 如果消费者在 X 商品和 Y 商品中更偏好 X 商品，在 Y 商品和 Z 商品中更偏好 Y 商品，那么，他在 X 商品和 Z 商品中就一定更偏好 X 商品
    C. 消费者对某一种商品消费得越多，他所得到的效用就越大
    D. 消费者的偏好一定是连续的

6. 某消费者消费更多的某种商品时，（   ）。
    A. 消费者获得的总效用递增
    B. 消费者获得的总效用递减
    C. 消费者获得的边际效用递增
    D. 消费者获得的边际效用递减

7. 某个消费者的无差异曲线群包含（   ）。
    A. 少数几条无差异曲线
    B. 许多但数量有限的无差异曲线
    C. 无数条无差异曲线
    D. 不能确定

8. 无差异曲线的位置高低取决于（   ）。
    A. 消费者的偏好
    B. 消费者的收入
    C. 商品的价格
    D. 消费两种商品的数量组合

9. 同一条无差异曲线上的不同点表示（   ）。
    A. 效用水平不同，但所消费的两种商品组合比例相同
    B. 效用水平相同，但所消费的两种商品组合比例不同
    C. 效用水平不同，两种商品的组合比例也不相同
    D. 效用水平相同，两种商品的组合比例也相同

10. 假定货币的边际效用不变，已知一元钱的边际效用为 9 个单位，一支钢笔的边际效用为 36 个单位，则消费者愿意用（   ）来购买这支钢笔。
    A. 12 元　　　　B. 4 元　　　　C. 36 元　　　　D. 3 元

11. 无差异曲线上任一点斜率的绝对值代表了（　　）。
    A. 消费者为了提高效用而获得的商品数量
    B. 两种商品的价格比率
    C. 消费者花在各种商品上的货币总值
    D. 两种商品的交换比率

12. 下列关于无差异曲线的说法哪一项是不正确的？（　　）
    A. 无差异曲线上的每一点代表了两种商品不同数量的组合
    B. 同一无差异曲线上的任一点所代表的偏好水平都相同
    C. 无差异曲线斜率为负且凸向原点
    D. 有无数条无差异曲线且可以相交

13. 下列关于无差异曲线的描述，哪一种说法是错误的？（　　）
    A. 消费者的无差异曲线是向下倾斜的
    B. 没有无差异曲线会相交
    C. 无差异曲线离原点愈远，所代表的效用就愈高
    D. 无差异曲线凹向原点

14. 预算线反映了（　　）。
    A. 消费者的收入约束　　　　　　B. 消费者的偏好
    C. 消费者人数　　　　　　　　　D. 货币的购买行为

15. 商品 x 和 y 的价格按相同的比例上升，而收入不变，预算线（　　）。
    A. 向左下方平行移动　　　　　　B. 向右上方平行移动
    C. 不变动　　　　　　　　　　　D. 向左下方或右上方平行移动

16. 当消费者处于均衡时，（　　）。
    A. 每种商品的替代效应等于收入效应
    B. 每种商品的总效用相等
    C. 每单位货币购买不同商品所增加的满足程度相等
    D. 所购买商品的边际效用相等

17. 如果消费者取得的货币效用大于所购入商品的效用，则他会（　　）。
    A. 继续购买　　　　　　　　　　B. 停止购买
    C. 退掉已购入的商品　　　　　　D. 大量购买

18. 在消费者均衡点以上的无差异曲线的斜率（　　）。
    A. 大于预算线的斜率　　　　　　B. 小于预算线的斜率
    C. 等于预算线的斜率　　　　　　D. 都有可能

19. 预算线的位置和斜率取决于（　　）。
    A. 消费者的收入　　　　　　　　B. 消费者的收入和商品的价格
    C. 消费者的偏好　　　　　　　　D. 消费者剩余

20. 预算线向右上方平行移动的原因是（　　）。

A. 商品 X 价格下降了 B. 商品 Y 价格下降

C. 消费者收入增加 D. 商品 X 和 Y 的价格按同样比例上升

21. 假设横轴为 x，纵横为 y，预算线绕着它与横轴的交点向右移动的原因是（　　）。

    A. 商品 X 价格下降 B. 商品 Y 价格下降

    C. 消费者收入增加 D. 消费者的收入减少

22. 假设横轴为 x，纵横为 y，预算线绕着它与纵轴的交点向上移动的原因是（　　）。

    A. 商品 X 价格上升 B. 商品 X 价格下降

    C. 商品 Y 价格上升 D. 商品 Y 价格下降

23. 假定其他条件不变，如果某种商品的价格下降，根据效用最大化原则，消费者会（　　）这种商品的购买。

    A. 增加 B. 减少 C. 不改变 D. 增加或减少

24. 假定 x 和 y 的价格不变，当 $MRS_{xy} > P_x/P_y$ 时，消费者为达到最大满足，他将（　　）。

    A. 增购 x，减少 y B. 减少 x，增购 y

    C. 同时增购 x，y D. 同时减少 x，y

25. 消费者剩余是（　　）。

    A. 消费过剩的商品

    B. 消费者得到的总效用

    C. 支出的货币总效用

    D. 消费者愿意对某物品所支付的价格与他实际支付的价格的差额

26. 消费者剩余是消费者的（　　）。

    A. 实际所得 B. 主观感受

    C. 没有购买的部分 D. 消费剩余部分

27. 当商品价格不变，而消费者收入变动时，连接消费者诸均衡点的曲线称为（　　）。

    A. 需求曲线 B. 价格—消费曲线

    C. 收入—消费曲线 D. 恩格尔曲线

28. 恩格尔曲线从（　　）导出。

    A. 价格—消费曲线 B. 需求曲线

    C. 收入—消费曲线 D. 无差异曲线

29. 需求曲线从（　　）导出。

    A. 价格—消费曲线 B. 收入—消费曲线

    C. 无差异曲线 D. 预算线

30. 当只有消费者的收入变化时，连接消费者各均衡点的轨迹称作（　　）。

    A. 需求曲线 B. 价格—消费曲线

    C. 恩格尔曲线 D. 收入—消费曲线

31. 当 x 商品的价格下降时，替代效应 $X_1 X^* = +4$，收入效应 $X^* X_2 = -3$，则商品是（　　）。

A. 一般低档商品　　B. 正常商品　　C. 吉芬商品　　D. 独立商品

32. 在下列情况中，何种情形会使预算线在保持斜率不变的条件下向右移动（　　）。

A. x 的价格上涨 10% 而 y 的价格下降 10%

B. x 和 y 的价格都上涨 10% 而货币收入下降 5%

C. x 和 y 的价格都下降 15% 而货币收入下降 10%

D. x 和 y 的价格都上涨 10% 而货币收入上涨 5%

33. 若商品需求量增加的比例小于收入增加的比例，则是（　　）。

A. 奢侈品　　B. 必需品　　C. 劣等品　　D. 吉芬物品

34. 消费者剩余是指消费者从商品的消费中得到的（　　）

A. 满足程度　　　　　　　　　　B. 边际效用

C. 满足程度超过他实际支出的价格部分　　D. 满足程度小于他实际支出的价格部分

35. 收入—消费曲线与恩格尔曲线（　　）

A. 所表达的经济意义相同　　　　B. 所表达的经济意义不相同

C. 是同一条曲线　　　　　　　　D. 是两条没有任何关系的曲线

（二）判断题

1. 消费者的不同偏好决定了对同一种商品效用大小的不同评价。（　　）
2. 基数效用论采用的是无差异曲线分析法。（　　）
3. 基数效用论采用的是边际效用分析法。（　　）
4. 边际效用（MU）是指每增加一单位商品所增加的满足程度。（　　）
5. 当边际效用为正值时，总效用曲线呈下降趋势。（　　）
6. 边际效用为 0 时，总效用达到最大。（　　）
7. 随着对某商品消费量的增加，人们从该商品连续增加的每个消费单位中得到的满足程度逐渐上升。（　　）
8. 消费者均衡状态下，消费者既不想再增加，也不想再减少任何商品购买数量。（　　）
9. 实现效用最大化是指消费者花费在任何一种商品上最后一元钱所带来的边际效用都最大。（　　）
10. 消费者在购买商品时一定要使所购买的各种商品的边际效用与其价格之比都相等。（　　）
11. 如果消费者购买商品的货币边际效用不相等，那么会增加对货币边际效用小的商品的购买。（　　）
12. 人们购买商品时所愿意支付的价格与其边际效用同方向变动。（　　）
13. 消费者剩余是消费者的主观心理评价。（　　）
14. 消费者剩余是消费者愿意支付的价格与实际支付价格之和。（　　）
15. 无差异曲线是用来表示 X_1、X_2 两种商品不同组合，却给消费者带来效用完全相同的一条曲线。（　　）
16. 在一条无差异曲线上，增加一种商品的消费数量，必须减少另一种商品的消费数

量。（　　）
17. 离原点越近的无差异曲线代表的消费者的满足程度越高，效用也越高。（　　）
18. 同一平面上有无数条无差异曲线，不能相交。（　　）
19. 消费两种商品，效用不变，一商品量连续增加，所需放弃的另一商品量递增。（　　）
20. 预算线是指收入与商品价格既定，消费者所能购买到的两种商品最大数量的组合线。（　　）
21. 预算线的斜率是两种商品的价格之比。（　　）
22. 如果商品价格不变，消费者收入增加，预算线会向左下方平行移动。（　　）
23. 如果消费者收入既定，有一种商品价格上升，则预算线会沿该商品坐标轴向外移动。（　　）
24. 预算线与无差异曲线的切点处实现了消费者均衡——效用最大化。（　　）
25. 预算线与无差异曲线的切点处，无差异曲线和预算线的斜率相等。（　　）
26. 效用最大化的均衡条件是预算约束下，MRS 等于两商品价格比。（　　）
27. 价格—消费曲线是在消费者偏好、收入以及其他商品价格不变的条件下，商品价格变动引起的消费者均衡点移动的轨迹。（　　）
28. 单个消费者的需求曲线是通过收入—消费曲线推导出来的。（　　）
29. 价格—消费曲线是消费者偏好和价格不变前提下，收入变动引起效用最大化的均衡点的轨迹。（　　）
30. 商品价格变化引起的收入效应会引起效用水平变化，即无差异曲线的移动。（　　）
31. 替代效应是指价格变动引起实际收入变动，导致需求量的变动。（　　）
32. 商品价格变化引起的替代效应不会引起无差异曲线的移动。（　　）
33. 正常物品替代效应和收入效应均与价格呈反向变动。（　　）
34. 一般低档物品的替代效应小于收入效应。（　　）
35. 吉芬物品的收入效应大于替代效应。（　　）

（三）计算题

1. 设效用函数为 $U = X_1^{\frac{1}{2}} X_2^{\frac{1}{2}}$，两种商品价格分别是 $P_1 = 4$（元），$P_2 = 5$（元），消费者收入为 1 000 元，试求消费者的最优选择。
2. 假设某消费者花费 100 元钱购买以下商品，每元货币边际效用为 1 个单位，各种商品的价格如下，试求他用 100 元钱分别购买哪些商品、各购买多少。

商品种类	单价（元）	边际效用					最大效用原则 $MU/P = 1$	消费数量	货币支出（元）
		1	2	3	4	5			
大米	2	6	5	4	3	2			
猪肉	15	20	15	10	5	0			
梨	5	7	5	3	1	0			
衬衣	50	50	40	20	0				
龙虾	80	80	70	65	60	55			

3. 已知某人的生产函数 $U=xy$，他打算购买 x 和 y 两种商品，当其每月收入为 120 元，$P_x=2$（元），$P_y=4$（元）时，试问：
   (1) 为获得最大效用，他应该如何选择 x 和 y 的组合？
   (2) 货币的边际效用是多少？总效用是多少？
   (3) 假设 x 的价格提高 44%，y 的价格不变，他必须增加多少收入才能保持原有的效用水平？
4. 已知一台冰箱的价格为 3 000 元，一次旅游的价格为 4 500 元，在某消费者关于这两种商品的效用最大化的均衡点上，一次旅游对一台冰箱的边际替代率 MRS 是多少？
5. 若消费者张某的收入为 270 元，他在商品 X 和 Y 的无差异曲线上的斜率为 $dY/dX=-20/Y$ 的点上实现均衡。已知商品 X 和商品 Y 的价格分别为 $P_X=2$，$P_Y=5$，那么此时张某将消费 X 和 Y 各多少？

（四）简答题
1. 怎么理解效用与效用论？
2. 描述总效用 TU 与边际效用 MU 的关系？
3. 什么是边际效用递减规律？
4. 什么是消费者均衡？其实现条件有哪些？
5. 序数效用论关于消费者偏好的三个假定？
6. 怎么理解无差异曲线及其特征？
7. 什么是边际替代率？边际替代率为什么呈现递减趋势？

（五）讨论题
1. 试述基数效用论和序数效用论有何区别？
2. 消费者剩余是如何形成的？
3. 在中国北方许多大城市，由于水资源不足，造成居民用水紧张，请根据边际效用递减原理，设计一种方案供政府来缓解或消除这个问题，并回答与这种方案有关的下列问题：
   (1) 对消费者剩余有何影响？
   (2) 对生产资源的配置有何有利影响？
   (3) 对于城市居民的收入分配有何影响？能否有什么补救的办法？
4. 假设某消费者用一定收入购买 x 和 y 两种商品，当商品价格下降时，该消费者对商品消费的替代效应的绝对值大于收入效应的绝对值，试指出下列命题中正确的命题和不正确的命题，并说明理由。
   (1) x 是正常商品。
   (2) x 是劣质商品。
   (3) y 是正常商品。
   (4) y 是劣质商品。
5. 用替代效应和收入效应分析说明，如果牛肉的价格下降，对它的需求量必然会增加。

第四章 生产与成本理论

- 一、概要及学习目标
- 二、知识脉络图
- 三、主要概念
- 四、重点、难点
- 五、疑难解析
- 六、案例及思考
- 七、练习题

一、概要及学习目标

(一) 概要

遵循微观经济学中理性人的假定，我们一般认为厂商的目标就是追求利润最大化。生产过程是可以调整的，但有的要素调整起来很容易，有的则需要很长时间。经济分析据此将生产分为短期和长期，短期与长期的区别在于生产规模是否变化。

边际产量是总产量曲线的斜率，边际产量的最高点是总产量曲线的拐点，当边际产量等于零时，总产量最大。平均产量是总产量曲线上任意一点与原点连线的斜率，当连线与总产量曲线相切时，平均产量达到最大。当边际产量大于平均产量时，平均产量曲线上升，当边际产量小于平均产量时，平均产量曲线下降，边际产量曲线自上而下穿过平均产量曲线的最高点。

边际报酬递减规律：在一定的技术条件下，若其他投入不变，只是不断增加某一变动投入要素的数量，该要素的边际产量最终会逐步减少。

等产量曲线的特点：①等产量曲线是一条向右下方倾斜的曲线，其斜率是负的；②等产量曲线凸向原点；③在同一个平面上可以有无数条等产量曲线，离原点越远代表产量水平越高，高位等产量曲线的生产要素组合量大；④同一平面上的任意两条等产量曲线不能相交。

生产者均衡——生产要素的最优组合：假定技术条件和两种资源的价格都不变，如果总产量已定，成本最低的组合方式利润最大；如果总成本已定，产量最高的组合方式利润最大。资源最佳投入组合点就是等产量曲线与等成本线相切的切点。

有关成本的定义辨析：会计成本与机会成本、显性成本与隐性成本、私人成本与社会成本、正常利润与经济利润。在短期内，一部分投入是可变的，另一部分投入是固定的。由此可以引申出短期总成本（STC），总固定成本（TFC），总可变成本（TVC），短期平均成本（SAC），平均固定成本（AFC），平均可变成本（AVC）和短期边际成本（SMC）七个概念。短期边际成本曲线与平均可变成本曲线相交于平均可变成本曲线的最低点，短期边际成本曲线与短期平均成本曲线相交于短期平均成本曲线的最低点。

在技术水平和要素价格不变的条件下,长期中所有投入要素的数量都能调整,不存在固定成本与可变成本之分,所以长期中只涉及长期总成本(LTC)、长期平均成本(LAC)和长期边际成本(LMC)。①长期总成本曲线是无数条短期总成本曲线的包络线,其中每一点都是长期总成本曲线和一条短期总成本曲线的切点,代表着在每一产量下由最优生产规模所带来的最小总成本。②长期平均成本曲线是无数条短期平均成本曲线的包络线。在长期平均成本曲线的下降段,长期平均成本曲线相切于所有相应的短期平均成本曲线最低点的左边;在长期平均成本曲线的上升段,长期平均成本曲线相切于所有相应的短期平均成本曲线最低点的右边;在长期平均成本曲线的最低点,长期平均成本曲线相切于相应的短期平均成本曲线的最低点。③在每一产量水平上,都存在一个长期边际成本曲线和相应的代表最优生产规模的短期边际成本曲线的交点;在长期平均成本曲线的最低点,有 LMC = SMC = LAC = SAC。

(二)学习目标

区分长期和短期,不变投入与可变投入,明确总产量、平均产量和边际产量及其之间的关系,明确边际报酬递减规律,掌握短期可变投入要素的合理区间。熟悉等产量曲线及其特点,熟悉边际技术替代率及其递减规律,熟悉预算线,掌握生产要素的最优组合。弄清各种成本的概念,掌握各种短期成本与长期成本的变动规律及其之间的关系。

二、知识脉络图

生产函数概述
- 1. 生产函数的含义:以投入的生产要素(L, K, …)为自变量,以产品(劳务)数量为因变量的一种函数。$Q = f(L, K, …)$ 中 L 代表劳动;K 代表资本
- 2. 技术系数
  - (1) 含义:指在生产一定的产品(劳务)时各种投入要素(L, K, …)之间的配合比例
  - (2) 类型
    - ①固定技术系数(配合比例不变)
    - ②可变技术系数(配合比例可变)
- 3. 生产函数的种类(按要素是否可以全部变动)
  - (1) 短期生产函数
  - (2) 长期生产函数

短期生产函数与长期生产函数

1. 短期生产函数
   - (1) 含义：在相对短的时期中，仅 L 可以变化，其他要素投入量不能变化的生产函数。$Q=f(L)$
   - (2) 种类
     - ① 总产量（TP）函数：以 L 为自变量，以 TP 为因变量的生产函数
     - ② 平均产量（AP）函数：以 L 为自变量，以 AP 为因变量的生产函数
     - ③ 边际产量（MP）函数：以 L 为自变量，以 MP 为因变量的生产函数
   - (3) TP/AP/MP 的关系
     - ① TP 与 MP：$\begin{cases} TP = \sum MP \\ MP = (\triangle TP)/(\triangle L) \end{cases}$
     - ② TP 与 AP：$\begin{cases} TP = AP/L \\ AP = TP/L \end{cases}$
     - ③ AP 与 MP：$\begin{cases} MP > AP \text{ 时，} AP \text{ 上升} \\ MP < AP \text{ 时，} AP \text{ 下降} \end{cases}$
   - (4) 边际产量递减规律
     - ① 含义：在一定技术水平条件下，若其他生产要素不变，连续地增加某种生产要素的投入量，在达到某一点之后，总产量的增加会递减，即产出增加的比例小于投入增加的比例
     - ② 条件
       - 至少有一种要素投入不变
       - 技术水平不变
       - 连续投入的要素是同质的
   - (5) 合理投入区域
     - ① 三区域的划分：Ⅰ区域；Ⅱ区域；Ⅲ区域
     - ② Ⅱ区域为合理投入区域

2. 长期生产函数
   - (1) 含义：在相对长的时期中，一切生产要素（即自变量 $L, K, \cdots$）都是可以调整变化的生产函数。$Q=f(L,K)$
   - (2) 种类
     - ① 两种生产要素的最佳组合
       - i 等产量曲线：$Q^0 = f(L, K)$
       - ii 边际技术替代率：$MRTS_{LK} = \dfrac{\Delta K}{\Delta L} = \dfrac{MP_L}{MP_K}$
       - iii 边际技术替代率递减规律
       - iv 等成本曲线：$C = wL + rK$；斜率为 $-w/r$
       - v 最佳组合条件：等产量线与等成本线切点
         $\begin{cases} \dfrac{MP_L}{w} = \dfrac{MP_K}{r} \\ w \cdot L + r \cdot K = C \end{cases}$
     - ② 规模报酬
       - i 规模报酬变动的含义：生产要素按相同的比例变动所引起的产出的变动称为规模报酬的变动
       - ii 规模报酬变动的三种情况
         - 规模报酬递增 $f(\lambda L, \lambda K) > \lambda f(L, K)$，$\lambda > 1$
         - 规模报酬不变 $f(\lambda L, \lambda K) = \lambda f(L, K)$，$\lambda > 1$
         - 规模报酬递减 $f(\lambda L, \lambda K) < \lambda f(L, K)$，$\lambda > 1$

成本概述
- 1. 成本的含义：是指厂商为提供一定量的某种产品或服务所实际花费的生产要素的价值，等于投入的各种要素量与其价格的乘积的总和
- 2. 各种成本的含义
  - （1）显成本（会计成本）：是指厂商在生产要素市场上购买或租用的生产要素的实际支出
  - （2）隐成本（内含成本）：是指厂商自己所拥有的且被用于该企业生产过程的那些生产要素的总价格
  - （3）机会成本：是指生产者所放弃的使用相同的生产要素在其他生产用途中所能得到的最高收入
  - （4）经济成本：企业生产中的显性成本与隐性成本之和，也称私人成本
  - （5）外在成本：由于企业的生产行为而引起的整个社会利益的损失
  - （6）社会成本：从整个社会的角度来考察的进行生产的代价
  - （7）沉没成本：已经发生而又无法回收的成本
  - （8）可回收成本：已经发生但可以回收的成本
- 3. 短期成本
  - （1）短期总成本 STC = 固定成本(FC) + 可变成本(VC)
  - （2）短期平均成本 SAC = 平均固定成本(AFC) + 平均可变成本(AVC)
  - （3）短期边际成本 $SMC = \Delta TC/\Delta Q = \Delta VC/\Delta Q$
- 4. 长期成本
  - （1）长期总成本 LTC
  - （2）长期平均成本 $LAC = LTC/Q$
  - （密）长期边际成本 $LMC = \Delta LTC/\Delta Q$

成本函数
- 1. 成本函数的含义：以产量（Q）为自变量，以成本（C）为因变量的函数，函数式：$C = f(Q)$
- 2. 成本函数的种类
  - （1）短期成本函数
    - ① $STC(Q) = f(Q) + b$；$VC = VC(Q)$
    - ② $AFC(Q) = FC/Q$；$AVC(Q) = VC(Q)/Q$
    - $AC(Q) = STC(Q)/Q = AFC(Q) + AVC(Q)$
    - ③ $MC(Q) = \Delta STC(Q)/\Delta Q$
  - （2）长期成本函数
    - ① $LTC(Q) = f(Q)$
    - ② $LAC(Q) = LTC(Q)/Q$
    - ③ $LMC(Q) = \Delta LTC(Q)/\Delta Q$
- 3. 成本函数之间的关系
  - （1）MC 函数与 TC 函数
  - （2）AC 函数与 TC 函数
  - （3）SMC 函数与 SAC 函数
    - $SMC > SAC$ 时，SAC 下降
    - $SMC > SAC$ 时，SAC 上升
    - $SMC = SAC$ 时，SAC 最小
  - （4）LMC 函数与 LAC 函数
    - $LMC > LAC$ 时，LAC 下降
    - $LMC > LAC$ 时，LAC 上升
    - $LMC = LAC$ 时，LAC 最小
  - （5）STC 函数与 LTC 函数：TAC 是 STC 的包络线
  - （6）SAC 函数与 LAC 函数：LAC 是 SAC 的包络线
  - （7）SMC 函数与 LMC 函数
- 4. 成本函数与生产函数的关系
  - （1）AP 与 AVC 的关系：$AVC = WL/Q = W/(Q/L) = W/AP_L$
  - （2）MP 和 MC 的关系：$MC = dTC/dQ = W \cdot (dL/dQ) = W/MP_L$

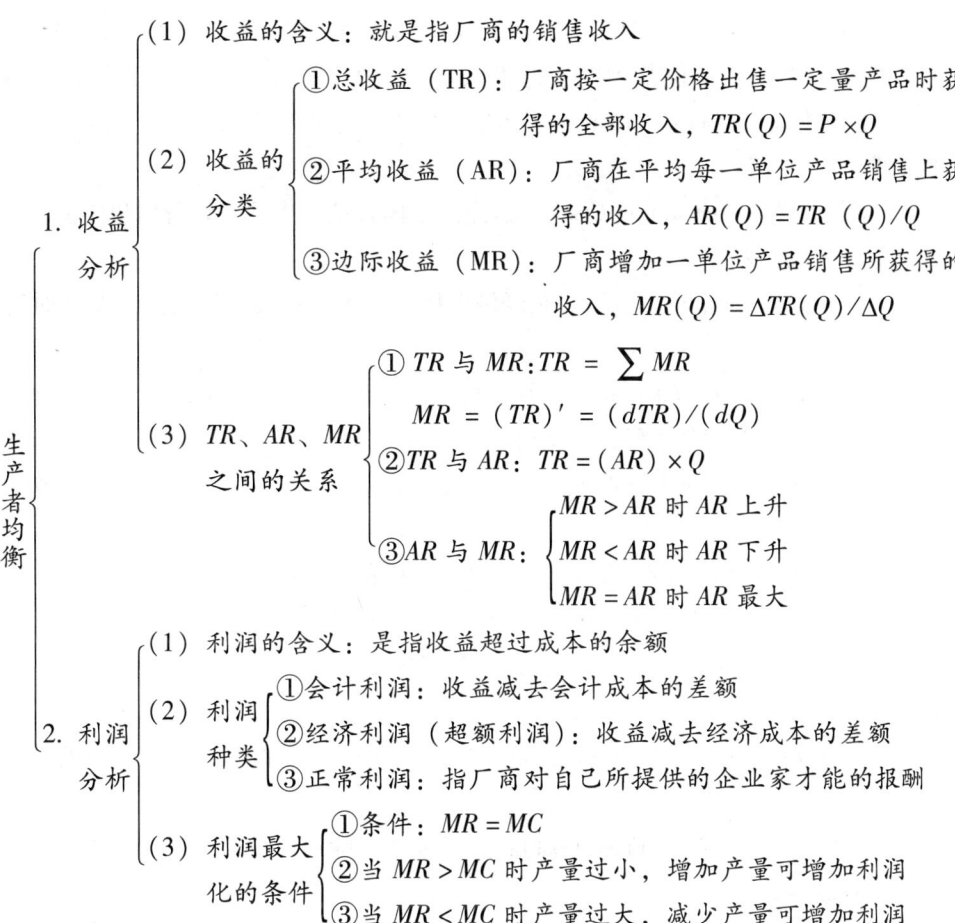

三、主要概念

1. 短期（Short Run）：是指厂商只能对部分生产要素进行调整的时期，在此期间内，至少有一种投入的数量不变而其他投入的数量可以变动。

2. 长期（Long Run）：是指厂商能对全部生产要素进行调整的时期，在此期间内，一切投入的数量都可以变动。

3. 不变投入（Fixed Input）：在短期内投入量不随产出量的变动而变动的要素。

4. 可变投入（Variable Input）：在短期内投入量随着产出量的变动而变动的要素。

5. 生产函数（Product Function）：表示投入与产出之间的技术关系，它是在一定的技术条件下，任何一组特定生产要素投入所能产生的最大产量。

6. 总产量（Total Product）：投入一定量的某种生产要素所生产出来的全部产量。

7. 平均产量（Average Product）：平均每单位某种生产要素所生产出来的产量。

8. 边际产量（Marginal Product）：增加一单位某种生产要素所增加的产量。

9. 等产量曲线（Isoquant）：表示在一定技术条件下，生产既定产品产量所需投入的生产要素的各种可能组合点的轨迹。

10. 边际技术替代率（Marginal Rate of Technical Substitution））：在保持产量不变的前提下，增加一单位某种要素的投入量而必须减少的另一种要素的投入量。

11. 等成本线（Isocost Curve）：表示所需成本相等的两种要素投入量的全部组合方式的曲线。

12. 会计成本（Accounting Cost）：是经济个体直接发生的一切费用和代价，在会计账目上可以体现出来。

13. 显性成本（Explicit Cost）：是经济个体在市场上购买和租用生产要素时直接支付的费用。

14. 隐性成本（Implicit Cost）：指厂商自己所拥有的且被用于该企业生产过程的生产要素的总价格。不在会计账目上反映。

15. 正常利润（Normal Profit）：是企业自有要素投入的报酬，通常是指企业家才能的回报，应该算隐性成本，是成本的组成部分，不可能为负。

16. 经济利润（Economic Profit）：也称超额利润（Excess Profit），是企业的总收益和总成本之差，与正常利润无关，可能为正、为负或为零。

17. 短期成本（Short Run Cost）：只能对部分要素进行调整，而不能对全部要素进行调整的时期内所发生的成本为短期成本。

18. 长期成本（Long Run Cost）：对一切要素均可调整的时期内发生的成本称为长期成本。

19. 总固定成本（Total Fixed Cost）：在短期内不随产量变化而变化的成本，即不变投入带来的成本。

20. 总可变成本（Total Variable Cost）：在短期内随产量变化而变化的成本，即可变投入带来的成本。

21. 长期总成本（Long Run Total Cost）：指厂商在长期中在各种产量水平上通过改变生产规模所能达到的最低总成本。

22. 长期平均成本（Long Run Average Cost）：指厂商在长期中按产量平均计算的最低总成本。

23. 长期边际成本（Long Run Marginal Cost）：指厂商在长期中增加一单位产量所引起的最低总成本的增加量。

四、重点、难点

（一）重点

1. 生产函数概念及其表达式；
2. 生产的短期与长期划分；
3. 短期生产函数，总产量、边际产量和平均产量的含义及相互关系，边际生产力递减规律与生产函数的三个阶段划分；

4. 长期生产函数，等产量曲线及其特点，边际技术替代率与边际技术替代率递减规律，规模报酬及其三种情况；

5. 成本、机会成本、显性成本与隐形成本，经济利润；

6. 等成本线，生产者均衡，利润最大化与扩展线；

7. 各种短期成本含义、曲线特征、函数表达式及其相互关系，短期成本与短期产量之间的关系；

8. 各种长期成本含义、曲线特征、函数表达式及其相互关系。

（二）难点

1. 生产的短期与长期划分；
2. 长期生产函数的产量曲面与等产量曲线；
3. 显性成本、隐形成本与经济利润。

五、疑难解析

1. 生产的短期与长期划分。所谓短期，指的是至少有一种生产要素的数量是固定不变的时期。在短期中，根据要素的可变性，我们把所有投入要素分为两大类：固定投入和可变投入。固定投入是指一定时期内，其数量不随产量的变动而变动的要素。如机器设备、产房。可变投入是指在一定时期内，其数量随产量的变动而变的要素，如劳动、原材料、易耗品等。为了方便分析，一般短期生产函数我们只考虑一种可变投入或要素（劳动 L）使用时的情况，所以，短期生产函数可以表达为：$Q=f(L)$。

所谓长期则是指全部生产要素的数量都可以变动的时期。同样，一般长期生产函数我们只考虑两种生产要素或投入（劳动 L 和资本 K）使用时的情况，所以，长期生产函数可以表达为：$Q=f(L, K)$。

长期和短期并不是一段具体的时期，而是以能否变动全部生产要素投入数量作为划分标准。对不同行业来说，"短期"的实际时间长短可以有很大的差异。例如：要想改变汽车厂的生产设备数量需要 1 年的时间，而增加一家快餐店，并对其进行全新装修则只需要几个月。

2. 长期生产函数的产量曲面、等产量线与等产量曲线。在长期生产中，所有的生产要素都是可变的，在生产理论中，为了方便分析，通常以两种可变要素的生产函数来研究长期生产问题，即生产函数为 $Q=f(L, K)$。两种可变投入下，如何使要素投入量达到最优组合，即生产一定产量时的成本最小，或使用一定成本时的产量最大。

生产函数 $Q=f(L, K)$ 为两个自变量，其图形展示应为三维空间中的类型，这里要用到产量曲面和等产量线。产量曲面是指利用两种要素投入生产，在两种要素的所有投入组合下得到的不同产出数量点的集合，实际上是一个三维空间曲面。等产量线含义：表示两种生产要素 L、K 的不同数量的组合可以带来相等产量的一条曲线。线上任何一点，L、K 组合不同，但产量却相同。实际上是在三维空间中用不同高度（产量

Q,如 Q_1、Q_2、Q_3)的平面去截产量曲面得到的截线(图中加粗实曲线)。如图 4-1 所示。垂直方向为产量 Q,底平面向右为劳动 L 投入,向左为资本 K 的投入。等产量线在 L 与 K 构成的底平面的投影(图中加粗虚线)就是等产量曲线,即我们要用到的曲线。

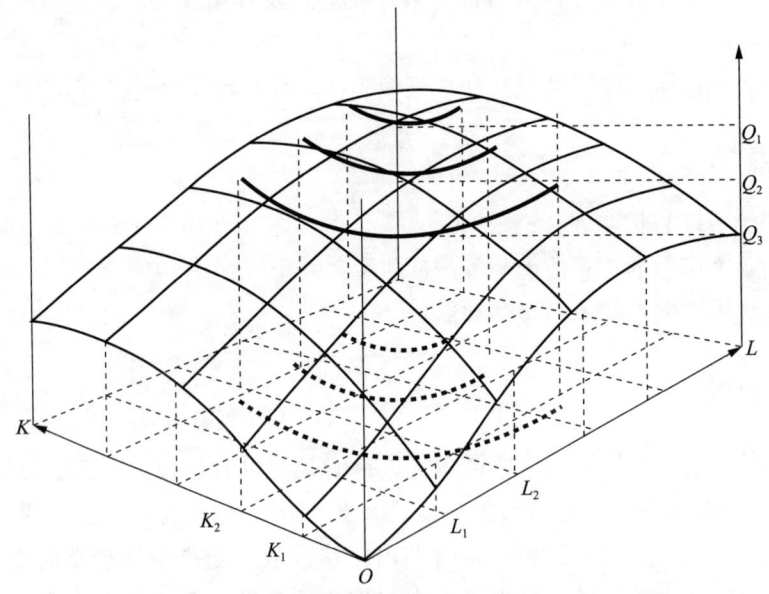

图 4-1 产量曲面、等产量线与等产量曲线

等产量线表明了企业生产决策中的灵活性:它能通过劳动与资本的替代来获得相同的产出。对于企业经理而言,理解这一点很重要。比如:一家快餐店最近缺少年轻、低薪的雇员,那么老板就可以通过实现自动化,增加沙拉自助机或引进更高级的烹调设备来进行弥补,也可以招聘一些年纪大的员工来代替,以达到成本最小,利润最大。

等产量曲线性质:①处在较高位置上即离原点较远的等产量线总是代表较大的产出;②同一等产量曲线图上的任意两条等产量曲线不能相交;③等产量曲线凸向原点,向右下方倾斜,其斜率为负。这表明:实现同样产量,增加一种要素,必须减少另一种。

3. 显性成本、隐形成本与经济利润。显性成本指厂商在生产要素市场上购买或租用所需要的生产要素的实际支出。隐性成本指厂商为了使用自己提供的那一部分生产要素而应当支付的作为报酬的费用,在形式上没有实际支付。其实就是厂商自有生产要素的机会成本。

经济学中的利润与会计利润不一样,在会计上起支配作用的是显性成本,会计成本=显成本,而经济学中的成本概念应当包括显性成本和隐性成本,相应的经济利润=总收入-总成本,总成本=显成本+隐成本=会计成本+机会成本,或经济利润=会计利润-机会成本。

正常利润:厂商对自己提供的相当于机会成本的自有生产要素的报酬。

六、案例及思考

案例4-1：电商与实体店的竞争

伴随着社会信息化进程的加快，特别是互联网的高速发展，电子商务在我国快速兴起并呈现蓬勃发展之势。近几年中国电子商务交易规模一直保持较快增速，每年以人民币2万亿元左右的增幅增长，到2015年电子商务交易规模达到了16.2万亿元，年均增长速度约为同期国内生产总值的2~3倍，日益成为拉动国民经济增长的重要动力和引擎。

迅猛发展的电子商务在改变社会生活方式和企业生产经营模式的同时也给实体店造成了巨大的冲击，很多实体店在低利润、零利润甚至负利润的困境下如履薄冰，时刻面临倒闭关门的危机。

然而，同样网络条件发达甚至更优的欧美冲击发达国家，实体商店依然能够免遭电子商务影响，不会出现国内实体店铺因电子商务冲击而萧条的情形，比如，在美国亚马逊无法撼动沃尔玛的统治地位，在日本电商几乎没有生存的空间。

结合案例4-1思考以下问题：
(1) 相对于实体店，电子商务有何特点和优势？
(2) 电商会取代实体店吗？如果不能，实体店的发展前景又在哪里？

案例4-2：农民的理性选择

统计数据显示，2004—2015年我国粮食生产实现了"十二连增"，创造了中国乃至世界粮食史上的奇迹。但是，我们却不得不面对日益严重的农村土地抛荒问题以及部分地区出现农民买粮吃的现象。土地抛荒可能不利于国家粮食安全，但是对农民来说却有可能是当前约束条件下的理性选择。

首先，当前种粮成本过高，农民收益偏低。在国家取消农业税和给予农业补贴后，农民负担减轻，农业生产收益提高。然而，在种子以及化肥、农药等价格持续上涨后，支持农业发展的政策效应被部分抵消，导致农业生产单位成本上升。与此同时，由于农副产品尤其是粮食销售不畅，价格上涨缓慢甚至出现下跌的情形，令农民收入增长困难。

其次，农业边际报酬较低。随着市场经济的发展和城镇化的快速推进，有不少农民到城市以打工为生，其打工收入也比农民种田普遍高出许多。比如，一个农村劳动力选择进城务工，月收入至少能达到2 000元左右，如果有技术的话月收入甚至能达到四五千元左右，而种植一亩水稻需要24个工作日，收益仅为800元左右。比较之下，农民对土地的态度就会由依恋到抛弃，进而走上弃农经商或弃农打工之路。

结合案例4-2思考以下问题：
(1) 农民种地的成本有哪些？

（2）如何改变农业生产方式既能降低农业生产成本，又能增加农民收入？

案例4-3：亏本的买卖还做吗？

在现实生活中，人们经常会看到一些厂商没有利润甚至是亏损，但依然在维持经营，如某些保龄球馆在淡季推出优惠套餐——打保龄球的价格甚至低于成本，这又是为什么呢？

从经济学角度来看，在短期中保龄球经营成本包括固定成本和可变成本。保龄球馆的场地、设备、管理人员工资是短期中无法改变的固定成本。保龄球馆营业所支出的成本，如电费、服务员工资等，在不营业的情况下这种成本不存在，而在营业量增加的情况下该成本会增加，此为保龄球馆营业的可变成本。保龄球馆在决定是否继续营业时，考虑的主要是可变成本。当打保龄球的价格高于平均可变成本时，保龄球馆仍然会继续营业，因为它除了可以收回可变成本外，还可以弥补部分固定成本；如果不经营，损失的则是全部固定成本。

有些行业如旅游、饭店、游乐场所等，经营的固定成本高而可变成本低，只要服务价格仍然高于平均可变成本，继续经营就要比不经营有利，至少可以弥补可变成本甚至还有部分固定成本，以实现损失最小化。

结合案例4-3思考以下问题：
（1）从短期来看，厂商亏本经营的底线是什么？
（2）从长期来看，亏本的买卖还做吗？

七、练习题

（一）单项选择题

1. 边际收益递减规律发生作用的前提是（　　）。
   A. 存在技术进步   B. 生产技术水平不变
   C. 只有一种可变要素的生产   D. B 与 C
2. 当边际产量小于平均产量时，（　　）。
   A. 平均产量不变   B. 平均产量减少
   C. 平均产量增加   D. 平均产量达到最高点
3. 当劳动的总产量达到最高点时，（　　）。
   A. 劳动的平均产量最大   B. 劳动的平均产量为零
   C. 劳动的过际产量为正   D. 劳动的边际产量为零
4. 下列说法中错误的一种说法是（　　）。
   A. 只要总产量减少，边际产量一定是负数
   B. 只要边际产量减少，总产量一定也减少

C. 随着某种生产要素投入量的增加，边际产量和平均产量增加到一定程度将趋于下降

D. 边际产量曲线一定在平均产量曲线的最高点与之相交

5. 等产量曲线是指在这条曲线上的各点代表（　　）。
   A. 为生产同等产量，投入要素的各种组合比例是不能变化的
   B. 为生产同等产量，投入要素的价格是不变的
   C. 不管投入的各种要素量如何，效用总是相等的
   D. 投入要素的各种组合所能生产的产量都是相等的

6. 如果等成本线与等产量线没有交点，那么要生产等产量曲线所表示的产量，应该（　　）。
   A. 增加投入　　　　　　　　　　B. 保持原投入不变
   C. 减少投入　　　　　　　　　　D. 上述均不正确

7. 等成本曲线围绕着它与纵轴的交点逆时针移动表明（　　）。
   A. 生产要素 Y 的价格上升了　　　B. 生产要素 X 的价格上升了
   C. 生产要素 X 的价格下降了　　　D. 生产要素 Y 的价格下降了

8. 关于生产函数 $Q=f(L,\bar{K})$，随着一种可变要素的连续性投入，生产者生产合理区间（　　）。
   A. 开始于 MP_L 开始递减处，终止于 MP_L 为零处
   B. 开始于 MP_L 曲线和 AP_L 曲线的相交处，终止于 AP_L 曲线和水平轴的相交处
   C. 开始于 AP_L 的最高点，终止于 MP_L 为零处
   D. 上述说法都对

9. 在维持产量水平不变的条件下，如果企业增加两单位的劳动投入量就可以减少四单位的资本投入量，则有（　　）。
   A. $MRTS_{LK}=2$，且 $MP_K/MP_L=2$　　B. $MRTS_{LK}=1/2$，且 $MP_K/MP_L=2$
   C. $MRTS_{LK}=2$，且 $MP_K/MP_L=1/2$　　D. $MRTS_{LK}=1/2$，且 $MP_K/MP_L=1/2$

10. 在以横轴表示劳动数量和纵轴表示资本数量的平面坐标中所绘出的等成本线的斜率为（　　）。
    A. $\frac{\omega}{\gamma}$　　　B. $-\frac{\omega}{\gamma}$　　　C. $\frac{\gamma}{\omega}$　　　D. $-\frac{\gamma}{\omega}$

11. 等成本曲线向外平行移动说明（　　）。
    A. 成本增加了　　　　　　　　　B. 生产要素的价格上升了
    C. 产量提高了　　　　　　　　　D. 以上都不对

12. 对于生产函数 $Q=f(L,K)$ 和成本方程 $C=\omega L+\gamma K$ 而言，在最优的生产要素组合点上应该有（　　）。
    A. $MRTS_{LK}=\frac{\omega}{\gamma}$　　　　　　B. 等产量曲线和等成本线相切

C. $\dfrac{MP_L}{\omega} = \dfrac{MP_K}{\gamma}$ D. 上述说法都对

13. 生产要素（投入）和产出水平的关系称为（　　）。
    A. 生产函数　　　　　　　　　　B. 生产可能性曲线
    C. 总成本曲线　　　　　　　　　D. 平均成本曲线

14. 下列说法中正确的是（　　）。
    A. 生产要素的边际技术替代率递减是规模报酬递减规律造成的
    B. 生产要素的边际技术替代率递减是边际报酬递减规律造成的
    C. 规模报酬递减是边际报酬规律造成的
    D. 边际报酬递减是规模报酬递减造成的

15. 规模报酬递减是在下列哪种情况下发生的？（　　）
    A. 按比例连续增加各种生产要素
    B. 不按比例连续增加各种生产要素
    C. 连续地投入某种生产要素而保持其他要素不变
    D. 上述都正确

16. 经济学中短期与长期的划分取决于（　　）。
    A. 时间长短　　　　　　　　　　B. 可否调整产量
    C. 可否调整产品价格　　　　　　D. 可否调整生产规模

17. 等产量曲线（　　）。
    A. 说明为了生产一个给定的产量两种投入要素各种可能的组合
    B. 除非得到所有要素的价格，否则不能画出这条曲线
    C. 表明了投入与产出的关系
    D. 表明了无论投入的数量如何变化，产出量都是一定的

18. 等产量曲线（　　）。
    A. 凸向原点　　　B. 不能相交　　　C. 负向倾斜　　　D. 上述说法都对

（二）判断题

1. 一年以内的时间是短期，一年以上的时间可视为长期。（　　）
2. 生产要素的边际技术替代率递减是规模报酬递减造成的。（　　）
3. 在任何一种产品的短期生产中，随着一种可变要素投入量的增加，边际产量最终会呈现递减的特征。（　　）
4. 只要边际产量为正，总产量总是增加的。（　　）
5. 边际技术替代率等于两要素的边际产量之比。（　　）
6. 等成本线的斜率即为两种生产要素的价格之比。（　　）
7. 任何生产函数都以一定时期内的生产技术水平作为前提条件，一旦生产技术水平发生变化，原有的生产函数就会发生变化，从而形成新的生产函数。（　　）
8. 微观经济学的生产理论分为短期生产理论和长期生产理论。相应地，无论是短期还

是长期，生产要素投入都可以分为不变要素投入和可变要素投入。（ ）
9. 连接总产量曲线上任何一点和坐标原点的线段的斜率都可以表示为该点上的劳动的平均产量的值。（ ）
10. 在一种可变投入生产函数条件下，可变要素合理投入区域应在 MP > AP 的第一阶段。（ ）
11. 能提供相同效用的不同商品数量组合的点的连线即为等产量曲线。（ ）
12. 边际报酬递减规律决定 MP 曲线呈现先上升后下降的走势。（ ）
13. 机会成本是指实际发生的成本。（ ）
14. 会计成本等于经济成本。（ ）

（三）计算题

1. 已知某厂商的生产函数为 $Q = L^{\frac{3}{8}} K^{\frac{5}{8}}$，又有 $PL = 3$（元），$PK = 5$（元）。求：
   （1）产量 $Q = 10$ 时的最低成本支出和使用的 L 与 K 的数量。
   （2）产量 $Q = 25$ 时的最低成本支出和使用的 L 与 K 的数量。
   （3）总成本为 160 元时厂商均衡的 Q，L 与 K 的值。

2. 某企业生产一种产品，劳动为唯一可变要素，固定成本既定。短期生产函数为 $Q = -0.1L^3 + 6L^2 + 12L$，求：
   （1）劳动的平均产量函数和边际产量函数。
   （2）企业雇用工人的合理范围是多少？
   （3）若已知劳动的价格为 $W = 480$，产品 Q 的价格为 40，则当利润最大时，企业生产多少件产品 Q？

3. 已知短期生产函数 $Q = 2KL - 0.5L^2 - 0.5K^2$，且 $K = 10$。
   （1）写出在短期生产中该厂商关于劳动的 TP、AP、MP 函数。
   （2）分别计算当 TP、AP、MP 各自达到最大值时的劳动投入量。
   （3）何时 $MP = AP$？

4. 某企业以变动要素 L 生产产品，已知短期生产函数为 $Q = 12L + 6L^2 - 0.1L^3$，试计算：
   （1）AP_L 最大时，需雇用多少工人？
   （2）MP_L 最大时，需雇用多少工人？

5. 假设某产品的边际成本函数为 $MC = 3Q^2 - 8Q + 100$，当生产 5 单位产品时，总成本为 595。试求总成本函数、平均成本函数和可变成本函数。

（四）简答题

1. 一个企业主在考虑再雇用一个工人时在劳动的边际产量和平均产量中更关注哪一个？
2. 分析判断"生产函数具有规模报酬不变的特征，那么，要素在生产上的边际技术替代率不变"。
3. 论述规模收益变动规律及其成因。

4. 试运用生产理论说明理性的厂商如何组织生产。

(五) 讨论题

阅读以下材料，联系实际情况，运用所学理论进行评析。

经济学上有一句话：天下没有免费的午餐。这句话的意思是说要想得到什么就必须付出一定的其他东西。应该说，天下没有免费的午餐可以解释许多行为和现象，但是尚不存在金科玉律，任何概括都有例外。本文所说的赠报行为或许便是一例。

每年的12月，各大报刊都做了大量的广告，以期留住老客户，吸引新客户。2016年的元旦伊始，笔者到收发室拿报纸，看到这样一则通知，本地的一家晚报向各个班赠送一个月的报纸。笔者当初没有注意，商家总要赠送一些使用品嘛，报社的这种行为当然也是可以理解的。不过令人奇怪的是，一个月以后，这种赠送行为仍然在进行，笔者就有了疑惑。

从订报者如一个班来说，在元旦这几天如果要订一份报纸的话，那么就会选择用较少的钱来订阅较多的报纸，也可以称之为追求阅读福利的最大化。那么，被赠阅的这个班就会订阅其他报纸，其阅读福利肯定会比订阅那份赠阅的报纸要多。报社的赠阅行为岂不是相当非理性？其直接后果是驱逐了其中一部分本来会订阅该报纸的客户，大部分报刊是不会赠阅的。

但从成本收益的角度来分析，报社的这种赠阅行为却可能是符合成本收益的。从短期分析看，报社的成本不一定会因为赠报而增加，办过报纸的人应该很清楚，报纸是存在规模经济的典型产品，发行量达到一定数量，报社所花的成本才能最低。况且报纸这种产品，其产品的边际成本是很低的。对报社来讲，如果今年的订阅量比上一年增加，那么报社应该增加印数；如果今年的订阅量比上一年有少量降低，那么报社可以按上一年的订阅量印刷。因为减少要素的投入来达到减少产量的做法可能会导致成本的提高，因为报社原有的工作人员、运作程序等就需要进行调整；而把多余的报纸送出去，报社形成的生产要素可以不去调整，所以这种赠送根本就不会增加成本。况且在受赠的客户中，有一部分会订阅该报刊，因为他们可以用11个月的钱来看12个月的报纸。这对报社来说，也会增加这后来订阅该报刊的小部分收益。更为重要的是，报社的这种赠阅行为犹如公益行为，扩大了该报刊的知名度，这也是一种收益，而且比金钱的收益更加重要。

从长期分析看，一份报纸是可以形成偏好的，读者基本上不会因为报社的赠阅行为而改变对该报的偏好程度。事实上，一个读者既然可以在文化支出上订一份报刊，那么他也不会因为可能享受那点赠阅而改变偏好，所以他们基本上不会在乎这种赠阅行为。即使读者对那点赠阅有心，他也不可能获得该额外阅读福利，因为报社处于信息有利的一面，读者既不知道在哪一年要进行订阅，也不知道报社在哪一年要进行赠阅，更不知道赠阅的对象是谁。在笔者看来，学校的班级受赠的概率较高，但学校的班级也不会这样去总结规律，或者说等到总结规律时已经毕业了。因此，赠阅行为的信息和主动权掌握在报社手中，报社不会因为赠报而减少客户。从长期分析来看，报社的长期赠阅仍然可以理解,不知道这份报纸还会不会继续赠阅下去,这有待于实践来检验。

从以上的分析中可以看出,赠报的行为表面上是驱逐订阅客户的,但实质上符合成本收益的分析,报社这一生产者是追求利润最大化的。对受赠的客户来说,他们因为报社追求利润最大化的行为而享受到了"免费的午餐"。

案例来源:吕明晓. 赠报的免费午餐 [N]. 经济学消息报. 2002-05-31 (2).

第五章 市场结构理论

- 一、概要及学习目标
- 二、知识脉络图
- 三、主要概念
- 四、重点、难点
- 五、疑难解析
- 六、案例及思考
- 七、练习题

一、概要及学习目标

（一）概要

市场按竞争程度的强弱划分为四种基本类型，①完全竞争市场；②垄断竞争市场；③寡头垄断市场；④完全垄断市场。

完全竞争市场的特征：①市场上有无数的买者和卖者；②产品同质；③厂商自由进出一个行业；④信息充分交流。完全竞争市场的需求曲线通常是一条向右下方倾斜的曲线，说明在完全竞争市场上，产品价格与需求量之间存在反向变化关系。完全竞争厂商所面临的需求曲线是一条由既定的市场均衡价格决定的水平线。完全竞争厂商的总收益曲线（TR）是一条从原点出发的射线；完全竞争厂商的平均收益曲线（AR）、边际收益曲线（MR）与需求曲线（d）三线合一（即 $MR=AR=P$）。

当边际收益等于边际成本时厂商将实现利润最大或者亏损最小。完全竞争厂商短期均衡的条件：$MR=SMC$，且 $AR=MR=P$。完全竞争厂商的长期均衡：$MR=LMC=SMC=LAC=SAC$。完全竞争市场的优点：①完全竞争将导致尽可能低的价格和尽可能高的产量；②长期中厂商在平均成本最低点生产，资源得到最有效利用；③长期中厂商只能获得正常利润；④存在社会平均利润率——正常利润率。

完全垄断市场的条件：①唯一性；②不可替代性；③不可进入性。完全垄断市场形成的原因：①规模经济（自然垄断）；②原料控制；③政府特许；④专利发明。完全垄断市场的需求曲线与完全垄断厂商的需求曲线是同一条曲线，垄断厂商的需求曲线是一条向右下方倾斜的曲线，意味着厂商可以通过销售数量的调整来影响价格。完全垄断厂商的收益曲线的特征：①平均收益曲线与需求曲线是同一条曲线，在每一销售量上，$AR=P$；②边际收益曲线总是低于平均收益曲线，边际收益曲线在横轴上的截距是平均收益曲线在横轴上的截距的一半；③当 $MR>0$ 时，TR 上升；当 $MR<0$ 时，TR 下降；当 $MR=0$ 时，TR 达到最大。

垄断厂商的短期均衡：$MR=SMC$，$AR=P>MR$。垄断厂商长期均衡的条件为：$MR=LMC=SMC$。垄断厂商以不同的价格销售同一种产品就是价格歧视。实施价格歧

视必须具备两个条件：一是消费者的不同偏好能够区分；二是市场能够分割。价格歧视可以分为一级、二级和三级价格歧视。垄断与竞争的比较：①垄断价格大于竞争价格；②垄断产量低于竞争产量；③垄断者越实行完全价格歧视，其产量就越接近完全竞争时的产量。

垄断竞争市场是更接近于现实的一种市场结构，介于完全竞争和完全垄断两个理论极端之间，更偏向于竞争，垄断竞争市场有以下特点：①产品之间有差别和较高的替代性；②厂商数量较多；③厂商进入该产品市场比较容易。由于垄断竞争厂商的产品存在差异，厂商的涨价行为并不会赶走其所有的消费者，其降价也只能吸引部分"墙头草"似的顾客。此外厂商的降价行为还有可能引起其他厂商的报复，所以垄断竞争厂商面临着两条向右下方倾斜的需求曲线。

垄断竞争厂商的短期均衡，$MR = SMC$，垄断竞争厂商在短期中可能存在超额利润，也可能亏损。垄断竞争厂商的长期均衡：$MR = LMC = SMC$，$AR = LAC = SAC$。垄断竞争的效率问题：①垄断竞争均衡产量的平均成本高于平均成本的最低点，即没有达到有效规模，存在多余的生产能力；②垄断竞争提供了产品的多样化，使消费者有更多的选择；③垄断竞争有利于鼓励创新；④非价格竞争的好处与代价。

寡头垄断市场的特征：①数量有限；②相互依存；③进出困难。寡头垄断市场价格和产量决定的特点：①厂商行为具有不确定性，价格和产量难以确定；②价格和产量一旦确定之后就具有相对稳定性；③厂商之间容易形成勾结。

下表是各种类型市场的基本特征以及经济效率的比较情况：

市场类型	完全竞争	垄断竞争	寡头垄断	完全垄断
现实存在	极少	常见	较常见	少见
典型行业	农业	轻工业、服务业	某些重工业	公用事业
厂商数量	很多	较多	较少	一个
产品特性	同质	异质	同质或异质	同质
进出产业	容易	较易	不易	不能
市场价格	接受者	影响者	寻求者	制定者
需求曲线	水平	略斜	较斜或很斜	最斜
均衡价格	最低	较低	高于完全竞争 低于完全垄断	最高
超额利润	无	无	有	有
规模经济	缺乏	存在	存在	存在
技术进步	较快	最快	较快或较慢	较慢
经济效率	最高	较高	较低或很低	最低

寡头垄断企业在作决策时，必须考虑竞争对手的可能反应。需要用博弈论来扩展我们对厂商的决策分析。竞争者都是理性的，他们都各自追求利润最大化。但在最大化效用或利润时，人们需要合作，也一定存在冲突；人们的行为互相影响。博弈的基

本要素：①参与人；②策略；③支付（或收益）函数。

（二）学习目标

弄清市场类型的划分及特征，弄清完全竞争市场的特征、需求曲线及厂商的需求曲线、收益曲线，掌握利润最大化的原则，掌握完全竞争厂商的短期均衡和长期均衡。明确完全垄断市场的条件、形成的原因、需求曲线、收益曲线，掌握完全垄断厂商的短期均衡、长期均衡和价格歧视。熟悉垄断竞争市场的特点、垄断竞争厂商的需求曲线及厂商的短期和长期均衡。明确寡头垄断市场的特征以及其价格和产量决定的特点，了解古诺模型和斯威齐模型。明确博弈论研究的问题及博弈的基本要素。

二、知识脉络图

市场结构及其分类

1. 市场、厂商、行业
   - （1）市场：市场是物品买卖双方相互作用并得以决定其交易价格和交易数量的一种组织形式或制度安排
   - （2）厂商：指各种所有制类型和公司治理结构的企业或生产经营机构
   - （3）行业：是指制造或提供同一或类似产品或劳务的厂商的集合

2. 市场结构及其划分的依据
   - （1）市场结构：是指按照市场竞争程度划分的不同市场组织形式
   - （2）划分依据
     - ①市场上厂商的数目
     - ②厂商所生产的产品的差异程度
     - ③单个厂商对市场价格的控制程度
     - ④厂商进入或退出一个行业的难易程度

3. 市场结构的类型及特征（见下表）

市场类型	厂商数目	产品差异程度	价格控制程度	进出一个行业的难易程度
完全竞争	无数	同质	没有	很容易
垄断竞争	很多	有差异	有一些	比较容易
寡头垄断	几个	有差异或无差异	相当程度	比较困难
完全垄断	唯一	无相近替代品	很大程度但经常受管制	几乎不可能

完全竞争市场

1. 什么是完全竞争：完全竞争市场是一种竞争不受任何阻碍的市场类型或结构
2. 完全竞争应具备的条件
   - （1）该产品在市场上有大量买主和卖主，他们是价格的接受者
   - （2）产品同质
   - （3）投入要素可以自由流动
   - （4）信息是完全的
3. 完全竞争厂商的需求曲线，是一条由既定市场价格水平出发的水平线
4. 完全竞争厂商的 AR 曲线、MR 曲线及需求曲线，三条线重叠为同一条由既定市场价格水平出发的水平线（$MR = AR = P$）

完全竞争市场

5. 完全竞争下的厂商均衡
   - (1) 短期均衡
     - ① 均衡条件：$MR = SMC$，其中 $MR = AR = P$
     - ② 收支相抵条件：$MR = SMC = SAC$
     - ③ 停止营业条件：$MR = SMC = AVC$
   - (2) 长期均衡：均衡条件为 $MR = LMC = SMC = LAC = SAC$
     其中 $MR = AR = P$

6. 完全竞争下的供给曲线
   - (1) 厂商的短期供给曲线：$SMC \geq AVC$ 曲线最低点的部分
   - (2) 行业的短期供给曲线：行业内所有厂商的短期供给曲线的水平加总
   - (3) 行业的长期供给曲线
     - ① 成本不变行业的长期供给曲线为水平线
     - ② 成本递增行业的长期供给曲线为向右上方倾斜
     - ③ 成本递减行业的长期供给曲线为向右下方倾斜

7. 生产者剩余：$PS = P_0 Q_0 - \int_0^{Q_0} f(Q) dQ$ 或 $PS = P_0 Q_0 - \int_0^{Q_0} SMC(Q) dQ$

垄断市场

1. 什么是垄断市场：垄断市场是指整个行业中只有唯一的一个厂商的市场组织

2. 垄断市场的条件（原因）
   - (1) 资源垄断
   - (2) 独享专利权
   - (3) 政府特许经营
   - (4) 自然垄断

3. 完全竞争厂商的需求曲线：市场需求曲线就是垄断厂商面临的需求曲线，是一条向右下方倾斜的曲线

4. 完全竞争厂商的 AR 曲线、MR 曲线及需求曲线：
   - AR 线与需求曲线重叠，为同一条向右下方倾斜的曲线
   - MR 曲线位于 AR 曲线的左下，且 MR 曲线也向右下倾斜
   - $AR = P > MR$

5. 垄断厂商的均衡
   - (1) 短期均衡
     - ① 均衡条件：$MR = SMC$，其中 $AR = P > MR$
     - ② 收支相抵条件：$MR = SMC$；$P = SAC$
     - ③ 停止营业条件：$MR = SMC$；$P = AVC$
   - (2) 长期均衡：均衡条件为 $MR = LMC = SMC$

6. 垄断厂商的供给曲线：不存在具有规律性的厂商和行业短期和长期供给曲线

7. 价格歧视
   - (1) 含义：以不同价格销售同一种商品
   - (2) 实现价格歧视的基本条件
     - ① 消费者具有不同偏好，且可以区分
     - ② 不同偏好的消费者群体可以相互隔离
   - (3) 价格歧视的种类
     - ① 一级价格歧视
     - ② 二级价格歧视
     - ③ 三级价格歧视

8. 对垄断企业的政府干预
   - (1) 制定"反托拉斯"的有关法律
   - (2) 对垄断厂商实行价格管制

垄断竞争市场

1. 什么是垄断竞争市场：所谓垄断竞争的市场类型是指介于完全竞争和完全垄断之间，而又偏向于竞争的一种市场类型，在垄断竞争市场类型下，竞争现象较为普遍，但又有垄断现象存在

2. 垄断竞争市场的条件
   - (1) 生产集团中存在大量的企业
   - (2) 企业生产同种异质产品，产品间具有较高的替代性
   - (3) 每个厂商规模较小，生产要素进入或退出生产集团比较容易

3. 垄断竞争厂商的需求曲线
   - (1) d 需求曲线（主观需求曲线）：集团中某厂商变动价格，其他厂商均不改变价格时，该厂商的产品价格和销售量直接的关系
   - (2) D 需求曲线（实际需求曲线）：集团中某厂商变动价格，其他厂商也以相同方式改变价格时，该厂商的产品价格和销售量直接的关系

4. 垄断竞争厂商的 AR 曲线、MR 曲线及需求曲线：
   - AR 线与需求曲线重叠，为同一条向右下方倾斜的曲线
   - MR 曲线位于 AR 曲线的左下，且 MR 曲线也向右下倾斜
   - $AR = P > MR$

5. 垄断竞争厂商的均衡
   - (1) 短期均衡
     - ① 均衡条件：$MR = SMC$，其中 $AR = P > MR$
     - ② 收支相抵条件：$MR = SMC$；$P = SAC$
     - ③ 停止营业条件：$MR = SMC$；$P = AVC$
   - (2) 长期均衡：均衡条件为 $MR = LMC = SMC$；$AR = LAC = SMC$

6. 垄断竞争厂商的供给曲线：不存在具有规律性的厂商和行业的短期和长期供给曲线

7. 非价格竞争
   - (1) 广告竞争
   - (2) 质量竞争（改进产品品质、精心设计商标和包装、改进售后服务等）

寡头垄断市场

1. 什么是寡头垄断市场：指少数几家厂商垄断了某一行业的市场，控制了这一行业的供给，其产量在该行业总供给中占有很大比重的市场组织

2. 寡头垄断市场形成的原因
   - (1) 产品生产具有规模经济的特点，几家厂商可以实现最好的经济效益
   - (2) 产品生产投入要素被几家厂商所控制
   - (3) 政府的扶植和支持

3. 寡头垄断种类
   - (1) 按产品特征：纯粹寡头（如钢铁、水泥等）和差别寡头（如汽车、电视机等）
   - (2) 按厂商行动方式：独立行动寡头和勾结行为寡头

4. 寡头垄断的特征
   - (1) 厂商数极少，新的厂商加入该行业非常困难
   - (2) 产品既可同质，也可存在差别，厂商之间同样存在剧烈竞争
   - (3) 厂商之间互相依存（策略互动）
   - (4) 厂商行为具有不确定性

5. 寡头垄断的厂商均衡模型
   - (1) 独立行动：古诺模型、斯威齐模型
   - (2) 相互勾结：公开勾结、暗中默契

第五章 市场结构理论

博弈论初步
┣ 1. 博弈论：是研究在策略性环境中如何进行策略性决策和采取策略性行动的科学
┣ 2. 博弈的三个基本要素
┃   ┣ (1) 参与人：是指博弈中选择行动以最大化自身利益（效用，利润等）的决策主体（如个人、厂商、国家）
┃   ┣ (2) 参与人策略：是指参与人选择行动的规则，它告诉参与人在什么时候选择什么行动。或者说，策略是指每个人在决定采取什么行动时，必须考虑其他人对这种行动会做出什么反应的状况
┃   ┗ (3) 参与人支付：是指在所有参与人都选择了各自的策略且博弈已经完成之后，参与人所得到的结果
┣ 3. 博弈分类
┃   ┣ (1) 根据参与人的数量：二人博弈；多人博弈
┃   ┣ (2) 根据参与人拥有的策略数量：有限博弈；无限博弈
┃   ┣ (3) 根据参与人的支付：零和博弈；非零和博弈
┃   ┣ (4) 根据参与人能否达成有约束力的协议：合作博弈；非合作博弈
┃   ┣ (5) 根据参与人对其他参与人的了解程度：完全信息博弈；不完全信息博弈
┃   ┗ (6) 根据参与人在策略的事实上是否具有同时性：静态博弈；动态博弈
┗ 4. 完全信息静态博弈
    ┣ (1) 占优策略均衡
    ┃   ┣ ① 占优策略：不论其他参与人选择什么策略，最优策略是唯一的，这样的最优策略被称为"占优策略"
    ┃   ┣ ② 占优策略均衡：在博弈中，如果所有的参与人都有占优策略存在，那么博弈将在所有参与人的战优策略的基础上达到均衡，这种均衡称为占优策略均衡
    ┃   ┗ ③ 囚徒两难：体现了个人理性与团体理性的冲突
    ┗ (2) 纳什均衡：指的是参与人的这样一种策略组合，在该策略组合上，任何参与人单独改变策略都不会得到好处

三、主要概念

1. 市场（Market）：商品或劳务买卖的场所或领域。

2. 厂商（Firm）：为市场提供商品和劳务的独立经营单位。

3. 行业（Industry）：制造或提供同一或类似产品的厂商的集合。

4. 价格歧视（Price Discrimination）：垄断厂商以不同的价格销售同一种产品就是价格歧视。

5. 一级价格歧视（First – Degree Price Discrimination）：如果垄断厂商对每一单位商品都按消费者愿意支付的最高价格出售，将所有的消费者剩余转为厂商的收益，这就是一级价格歧视，也叫完全价格歧视。

6. 二级价格歧视（Second – Degree Price Discrimination）：二级价格歧视是针对不同的数量段收取不同的价格。

7. 三级价格歧视（Third – Degree Price Discrimination）：如果垄断厂商将顾客分成不同的市场（或消费群）并收取不同的价格，就是三级价格歧视。

四、重点、难点

（一）重点

1. 完全竞争市场的特点，完全竞争市场的需求和收益曲线，完全竞争市场的短期均衡与长期均衡。
2. 垄断市场的特点、形成原因，垄断市场的需求和收益曲线，垄断市场的短期与长期均衡，垄断厂商的价格歧视。
3. 垄断竞争厂商的短期均衡和长期均衡，重要的寡占市场模型——古诺模型、价格领导模型。
4. 不同市场结构的经济效率评价。
5. 囚徒困境，纳什均衡。

（二）难点

1. 完全竞争厂商的平均收益曲线、边际收益曲线和需求曲线（三线合一）。
2. 生产者剩余及其计算。
3. 对完全竞争市场理论意义的理解。
4. 垄断厂商的需求曲线与边际收益曲线关系。
5. 垄断竞争厂商的主观需求曲线与实际需求曲线及其均衡的实现。
6. 完全竞争市场与垄断市场的效率比较。

五、疑难解析

1. 完全竞争厂商的三线合一。在完全竞争市场上，因为厂商是既定价格的接受者，所以，完全竞争厂商的需求曲线是一条从既定的市场价格水平出发的水平线。在每一个销售量上，厂商的销售价格不变，于是，必有厂商的平均收益与边际收益且等于市场价格。即有 $AR = MR = P$。所以，厂商的平均

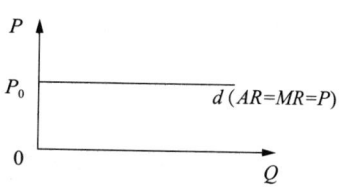

图 5 – 1 完全竞争厂商的三线合一

收益 AR 与边际收益 MR 和需求曲线 d 三条线重合。它们都可以用同一条由既定价格水平出发的水平线来表示。如图 5-1 所示。

2. 生产者剩余及其计算。生产者剩余是指厂商出售一定产量实际得到的收入和他愿意得到的最低收入之间的差额。产品的供给曲线测度在可能提供的各个产量水平上厂商愿意索取的最低价格。因此，正如把需求曲线与价格线围成的面积叫作消费者剩余一样，供给曲线与价格线围成的面积叫作生产者剩余。如图 5-2 所示。

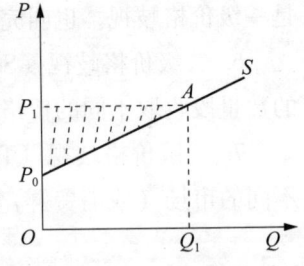

图 5-2　生产者剩余

在图 5-2 中，S 为供给曲线。如果当时的价格为 OP_1，产量为 OQ_1，则生产者剩余就等于三角形 P_0P_1A 的面积。

生产者剩余的计算。在短期内，厂商出售一定产量所愿意得到的最低收入等于总变动成本。因此，生产者剩余等于厂商的总收益与其总变动成本的差，或等于利润加总固定成本。如果用 PS 表示生产者剩余，则有：$PS = TR - TVC = \pi + TFC$。上式中的 TR 表示总收益，等于产量与价格的乘积。TVC 表示总变动成本，随产量的变动而变动。π 表示利润，等于总收益与总成本的差。TFC 表示总固定成本，即在短期不随产量变动而变动的成本。总变动成本与总固定成本的和就是总成本。

厂商的短期供给曲线就是位于平均变动成本最低点以上的短期边际成本曲线。而短期边际成本曲线下面的面积就是生产一定产量所需的总变动成本。即：

$$\int_0^{Q_0} SMC(Q) dQ = TVC(Q)$$

其中，$SMC(Q)$ 为厂商的短期边际成本曲线。因此，生产者剩余就是短期边际成本曲线与价格线围成的面积，即：

$$PS = P_0Q_0 - TVC(Q) = P_0Q_0 - \int_0^{Q_0} SMC(Q) dQ = P_0Q_0 - \int_0^{Q_0} P(Q) dQ$$

其中，$P(Q)$ 为反供给函数或反供给曲线。根据上面的推导，可以用三种方式表示生产者剩余。如图 5-3 所示。

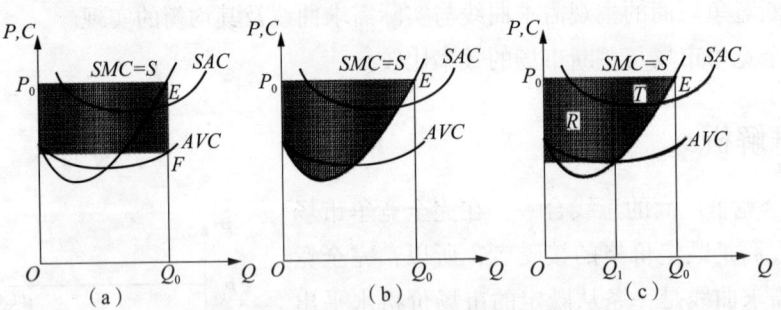

图 5-3　生产者剩余的三种表示方法

在图 5-3 中，产品的价格为 OP_0，产量为 OQ_0。短期边际成本曲线 SMC 穿过短期平均成本曲线 SAC 和平均变动成本曲线 AVC 的最低点。平均变动成本曲线 AVC 最低点以上的短期边际成本曲线就是厂商的短期供给曲线。阴影面积就是生产者剩余。

类似的分析对于行业（市场）的生产者剩余也是适用的。我们可以用市场价格线以下和市场供给曲线以上围成的面积来表示市场的生产者剩余。生产者剩余和消费者剩余这两个概念常常被结合在一起使用，它们被广泛运用于有关经济效率和社会福利问题的分析之中。

3. 完全竞争市场理论的意义。完全竞争市场的要求是十分苛刻的，几乎没有或很少有一种行业能够完全满足这些条件。尽管如此，完全竞争还是各种市场结构的理论基础，能够充分说明市场机制的资源配置中的作用。现实市场对这些假设的某种偏离，并不严重影响完全竞争模型所得出的结论。完全竞争市场的理论意义主要包括：①根据完全竞争市场必须满足的条件，假设可以获得一些有关这种市场上的需求和价格决定等方面的非常有意义的信息。如果上述条件都得到满足，那么必然产生的结果是：市场价格完全由整个行业的供求关系（即市场机制）决定，但对个别的市场参与者来说，可能的价格只有一个，那就是市场价格。②完全竞争市场理论为经济学比较分析实际部门的特征提供了标准，这一理论分析模式说明了非完全竞争市场中各个变量之间的关系，为认清实际情况提供了极其有用的基本思想、理论和分析工具。③完全竞争市场在纯理论形式上是一切可能的市场中最完美的。从长期来看，厂商给社会提供的是尽可能低的价格和尽可能高的产量。商品价格等于生产商品的平均成本和边际成本，因而消费者只需支付最低价格；在长期中不存在经济利润，所有厂商都运营于平均成本最低点，资源得到最充分配置。具体来说，完全竞争厂商实现均衡具有以下两个方面的优势：一是资源配置最优化。均衡点价格等于边际成本，意味着对产品价值的评价等于该产品的机会成本。如果出现价格高于边际成本的情形，则意味着对产品价值的评价大于该产品的机会成本，产品生产资源配置不足，反之，如果出现价格低于边际成本的情形，意味着对产品价值的评价小于该产品的机会成本，产品生产资源配置过度。所以，当价格等于边际成本时，资源配置最优。二是净社会福利最大化。简单来说，当价格高于均衡价格时，边际收益大于边际成本，意味着只要扩大产量就可以增加总收益，就会增加社会福利；反之，减少产量会增加总收益。在均衡点上，价格、边际收益与边际成本相等时，实现净社会福利最大化。只有完全竞争市场中，均衡点达到生产者剩余与消费者剩余最大化，净社会福利才能最大化。

价格管制包括最高限价和最低限价以及政府的税收对整个社会福利（总剩余）会带来一定的影响，也就是总剩余（生产者剩余与消费者剩余）都会减少，即带来了无谓的损失。

4. 垄断厂商的需求曲线与边际收益曲线关系。在垄断市场上，垄断厂商的需求曲线向右下方倾斜，平均收益曲线也向右下方倾斜，且 $AR=P$，平均收益曲线与需求曲线重叠。如图 5-4 所示，当需求曲线 d 为向右下方倾斜的直线时，MR 曲线也是向右下方倾斜的直线，d 曲线和 MR 曲线在纵轴上的截距是相等的。MR 曲线在横轴上的截

距是 d 曲线在横轴上的截距的一半,即 MR 曲线平分由纵轴到需求曲线 d 之间的任何一条水平线(如 $AB = BC$,$OF = FG$)。在 MR 下降的时候它总在平均收益的下方,因此 $MR < AR$,MR 在 AR 的左下方。$MR < AR$ 的原因:平均量下降,边际量总是小于平均量。所以,在商品价格即平均收益 AR 不断下降的同时,必有 $MR < AR$。

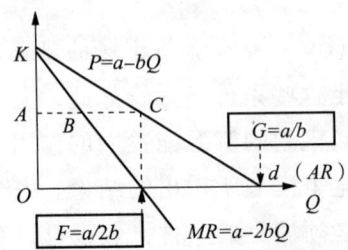

图 5-4　垄断厂商的需求曲线与边际收益曲线

5. 垄断竞争厂商的主观需求曲线与实际需求曲线及其均衡的实现。在垄断竞争市场上,由于产品差异,厂商可以在一定程度上控制自己产品的价格,即通过改变生产产品的数量来影响商品的价格,所以,垄断竞争厂商面临一条向右下方倾斜的需求曲线。但在该市场上,代表性的垄断竞争厂商有两条需求曲线。第一条是厂商的市场份额曲线,即在所有厂商同样改变价格时代表性厂商所面临的需求曲线,用 D 表示。而另一条需求曲线 d 表示垄断竞争厂商改变其自身产品的价格,当其他厂商都保持价格不变时,该厂商的产品价格和数量之间的关系。较之需求曲线 D,厂商"自身"的需求曲线 d 更为平坦,从而二者相交。在 D 与 d 相交时,垄断竞争厂商选择的价格与市场价格一致,从而表明垄断竞争市场的供求均衡。

垄断竞争厂商将会依照上述收益曲线来决定最优的产量和价格。在短期中,垄断竞争厂商只能在给定的生产规模下,通过对产量和价格的调整,来实现 $MR = SMC$ 的利润最大化原则。而且,在其短期均衡产量水平中,一定应该有 d 需求曲线和 D 需求曲线的交点,以表示垄断竞争厂商主观预期的产量与市场对他的实际需求相吻合,这便意味着市场处于供求相等的均衡状态。

垄断竞争厂商在短期均衡时,其利润可能大于、小于或等于零;在亏损时,也需要通过比较 AR 与 AVC 的大小来决定是否生产。这些决定的基本原则与其他市场结构下的厂商是相同的。在此,以图 5-5 着重分析短期均衡的调整过程,以突出单个厂商主观所预期的产量如何向实际的需求量逐步接近,并同时逐步达到 $MR = SMC$ 的要求。

在图 5-5 中,其代表性垄断竞争厂商开始处于 A 点的位置。A 点所对应的产量和价格不符合利润最大化的均衡点 E_B 所要求的产量和价格。于是,该厂商便独自沿着主观的 d_1 需求曲线由 A 点向 B 点调整,降低价格和增加产量。但由于行业内所有的厂商都和代表性厂商一样采取了相同的调整行为,所以,该代表性厂商实际上由 A 点出发沿着 D 需求曲线运动到了 C 点,同时,d_1 曲线也平行移动至过 C 点的 d_2 需求曲线的位

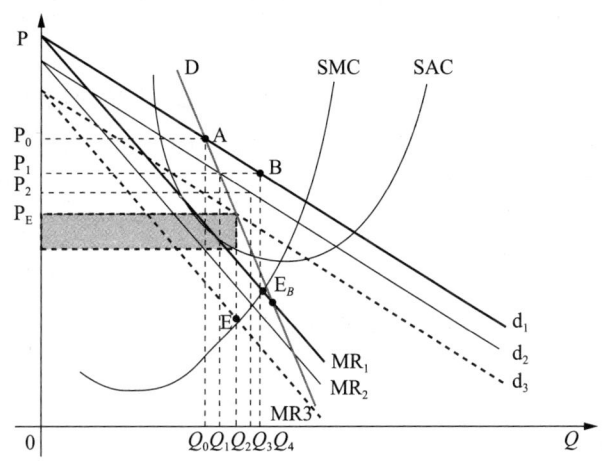

图5–5 垄断竞争厂商的短期均衡过程

置。与开始时处于 A 点的位置相类似,当该代表性厂商处于 C 点的位置时,他又发现 C 点对应的产量和价格不是利润最大化的新的均衡点 E_D 所要求的 D 点的产量与价格,于是,该厂商便又一次独自沿着主观的 d_2 需求曲线向 D 点调整,但行业内全体厂商的相同调整行为又使得该代表性厂商事实上由 C 点出发沿着 D 曲线运动,同时,d_2 曲线也将平行移动——如此重复,在这样一个不断调整的过程中,厂商为了实现利润最大化而独立调整时所预期的产量将最终与实际的市场需求量相一致,最终实现短期均衡,如图中 E 点所示。

所以,垄断竞争厂商短期均衡的条件是 $MR = SMC$,且在其利润最大化的均衡产量上必定存在 D 曲线和 d 曲线的一个交点。

6. 完全竞争市场与垄断市场的效率比较。经济效率是指利用经济资源的有效性。高的经济效率表示对资源的充分利用或能以最有效的方式进行生产,低的经济效率表示对资源的利用不充分或没有以最有效的方式进行生产。不同市场结构下的经济效率是不相同的,市场结构的类型直接影响经济效率的高低。西方经济学家通过对不同市场条件下的厂商的长期均衡状态的分析得出结论:完全竞争市场的经济效率最高,垄断市场最低。

在完全竞争市场条件下,厂商的需求曲线是一条水平线,而且,厂商的长期利润为零。所以,在完全竞争厂商的长期均衡时,水平的需求曲线相切于 LAC 曲线的最低点,产品的均衡价格最低,生产成本最低,产品的均衡产量最高。

在垄断市场上,厂商在长期内获得利润,所以,在垄断厂商的长期均衡时,向右下方倾斜的、相对陡峭的需求曲线与 LAC 曲线相切,价格大于生产的平均成本,产品的均衡产量低,企业存在多余的生产能力。设想,垄断厂商若肯放弃一些利润,价格就可以下降一些,产量就可以增加一些。

从另一个角度看,一个行业在长期均衡时是否实现了价格等于长期边际成本即 $P = LMC$,也是判断该行业是否实现了有效的资源配置的一个条件。商品的价格 P 通常看成是商品的边际社会价值，商品的长期边际成本 LMC 通常被看成是商品的边际社会成本。当 $P=LMC$ 时，商品的边际社会价值等于商品的边际社会成本，表示资源在该行业得到了最有效的配置。若不是这样，当 $P>LMC$ 时，商品的边际社会价值大于商品的边际社会成本，表示相对于该商品的需求而言，该商品的供给是不足的，应该把更多的资源转移到该商品的生产中来，以使这种商品的供给增加，价格下降，最后使该商品的边际社会价值等于商品的边际社会成本，这样，社会的境况就会变得好一些。

在完全竞争市场，在厂商的长期均衡点上有 $P=LMC$，表示资源在该行业得到了有效配置。在垄断市场，在厂商的长期均衡点上有 $P>LMC$，表示资源在该行业生产中的配置不足。

六、案例及思考

案例 5-1：枸杞之乡的市场突围

宁夏回族自治区的中宁县四面环山，光照充足，干旱少雨，有效积温高，昼夜温差大，独特的地理环境和气候最适合种植枸杞。长期以来，"中宁枸杞"都是当地乃至宁夏一张响亮的名片。然而，近年来枸杞经销商却渐渐发现，中宁枸杞的生意"一年比一年难做"。

以往市场上只有宁夏中宁枸杞产品，而如今，随着青海、新疆、甘肃、内蒙古和山西等省区通过扶持和支持枸杞产业规模化发展，宁夏中宁枸杞的市场竞争力迅速下降，市场占有率受到强烈冲击。

为了促进枸杞产业健康可持续发展，中宁县不仅委托农业部和中国科学院的科研人员"把脉问诊"，而且县财政每年拿出 2 000 万元推进枸杞良种繁育、质量检测、产品研发、市场监管和人才培养，希望通过创新发展和转型发展，谱写中宁枸杞产业发展新篇章。

结合案例 5-1 思考以下问题：
（1）如果以省区来划分枸杞生产商，我国枸杞市场结构经历了怎样的变化？
（2）政府的扶持和支持政策对当前枸杞场结构类型起到了什么样的作用？
（3）宁夏中宁枸杞产业如何调整发展思路才能破解当前困境？

案例 5-2：广告对我们意味着什么？

现实生活中，广告的狂轰乱炸对我们每个人来说已经是习以为常的事情。在黄金时间打开电视，你就会观察到什么类型的产品广告做得比较多：饮料、化妆品、零食等这些快速消费品行业一般把收入的 10%~20% 投放于广告。我们注意到这些行业都是典型的垄断竞争结构。同时，我们很难想象生产玉米或者火箭发动机的企业会花大把的金钱请明星作为产品代言人，因为这些产品要么是标准化的要么被一两家企业完全垄断，它们没必要做广告。

广告的规模有多大呢？有人估计每年大概有2 000亿美元左右。也许这个数字难以想象，那么请想想仅仅凭借着在线广告作为收入的互联网企业动辄就可以拥有几十亿美元的市值，广告的重要作用可见一斑。

摘编自：邓先娥，王磊，唐云山. 经济学基础[M]. 人民邮电出版社，2013.

结合案例5-2思考以下问题：

（1）在垄断竞争理论中，广告会起到哪些作用？

（2）从消费者的角度来看，你觉得广告有什么好处和坏处？

（3）请你想象一下，假如哪一天生活中没有了广告我们将会怎么样？

七、练习题

（一）单项选择题

1. 短期成本与长期成本的区别是（　　）。
   A. 是以一年为界，一年之内为短期，一年以上为长期
   B. 是以五年为界，五年之内为短期，一年以上为长期
   C. 以至少有一种生产要素是固定不变的为划分原则
   D. 与生产经营函数的短期与长期划分原则不一样

2. 在完全竞争的条件下，市场价格处于厂商的平均成本的最低点，则厂商将（　　）。
   A. 获得超额利润　　　　　　　　B. 不能获得利润
   C. 亏损　　　　　　　　　　　　D. 获得正常利润

3. 完全竞争市场结构是指（　　）。
   A. 如果在某一行业中存在许多厂商，则这一市场是完全竞争的
   B. 如果厂商所面临的需求曲线是向下倾斜的，则这一市场是完全竞争的
   C. 如果行业中所有厂商生产相同的产品，且厂商的数目大于1，则这个市场是完全竞争的
   D. 如果某一行业中有很多厂商，他们都生产无差异的产品，是市场价格的接受者，则这个市场是完全竞争的

4. 当一个行业由竞争演变成垄断行业时，则（　　）。
   A. 垄断市场的价格等于竞争市场的价格
   B. 垄断市场的价格大于竞争市场的价格
   C. 垄断市场的价格小于竞争市场的价格
   D. 以上说法都不对

5. 在完全竞争市场上，厂商短期均衡条件是（　　）。
   A. $P = MC$　　　　　　　　　　B. $P = MR = AR$
   C. $P = TP$　　　　　　　　　　D. $P = AP$

6. 完全垄断厂商的总收益与价格同时下降的前提条件是商品的需求价格弹性（   ）。
   A. 大于 1   B. 小于 1
   C. 等于 1   D. 等于 0

7. 在短期，完全垄断厂商（   ）。
   A. 收支相抵   B. 盈利
   C. 亏损   D. 以上任何一种情况都可能出现

8. 下面行业中最接近完全竞争市场结构的是（   ）。
   A. 汽车制造业   B. 烟草业
   C. 广播电视业   D. 小麦种植业

9. （   ）差别价格是企业对每单位产品都按消费者所愿意支付的最高价格出售。
   A. 一级   B. 二级
   C. 三级   D. 四级

10. 在完全竞争市场上，企业的主要竞争策略是（   ）。
    A. 广告促销   B. 降价促销
    C. 涨价盈利   D. 降低成本

11. 完全竞争的企业不能控制（   ）。
    A. 产量   B. 成本
    C. 价格   D. 投入品的使用

12. 厂商获得最大利润的条件是（   ）。
    A. 边际收益大于边际成本的差额达到最大值
    B. 边际收益等于边际成本
    C. 价格高于平均成本的差额达到最大值
    D. 价格高于平均可变成本的差额达到最大值

13. 停止营业点是指（   ）。
    A. 价格小于平均成本   B. 价格小于平均固定成本
    C. 价格小于平均可变成本   D. 价格小于边际成本

14. 若最优产出水平 P 超过 AVC，但小于 AC，则企业是在（   ）。
    A. 获取利润
    B. 蒙受损失，但在短期内继续生产
    C. 蒙受损失，应立即停产
    D. 盈亏相等

15. 某完全竞争厂商所面临的产品的市场价格为每件 10 元，该厂商的平均成本为每件 14 元，其中平均固定成本为 3 元，平均可变成本中每件过去以 5 元购进而市价已下降 40% 的原材料，该厂商当前的正确决策是（   ）。
    A. 按 14 元价格出售   B. 按 11 元价格出售
    C. 短期内继续生产   D. 立即停产

16. 由下图可知，能使厂商利润最大化的产量水平为（　　）。
    A. Q_1　　　　　　　　　　　　B. Q_2
    C. Q_3　　　　　　　　　　　　D. Q_4

17. 完全竞争市场能通过（　　）来获得非正常利润。
    A. 制定一个高于其竞争对手的价格
    B. 制定一个低于其竞争对手的价格
    C. 使其产品有别于其他厂商的产品
    D. 进行技术创新

18. 一个市场上，只有一个企业，生产一种没有替代品的产品，这样的市场结构被称为（　　）。
    A. 垄断竞争　　　　　　　　　　B. 垄断
    C. 寡头　　　　　　　　　　　　D. 不完全竞争

（二）判断题

1. 完全竞争市场的参与者只能接受价格，而不能影响价格。（　　）
2. 对于一个完全竞争厂商来说，其边际收益与市场价格是相同的。（　　）
3. 对于完全垄断的市场厂商而言，只要抬高市场价格就能增加利润。（　　）
4. 完全竞争市场的产品同质假定意味着厂商生产的产品中，商标、专利、品牌等的差异都是不存在的。（　　）
5. 完全竞争厂商面对的需求曲线由市场价格决定，故其完全缺乏弹性。（　　）
6. 当边际成本等于边际收益时，总是达到利润最大或亏损最小。（　　）
7. 如果一个企业的价格低于平均成本，则该企业应停止营业。（　　）
8. 完全竞争市场上，企业需求曲线是与横轴平行的线。（　　）
9. 完全垄断厂商拥有控制市场的权力，可以任意制定商品价格。（　　）
10. 垄断竞争行业的基本特点是它只存在着价格战争。（　　）
11. 垄断厂商不必像垄断竞争厂商那样采用广告策略，因为前者没有竞争对手。（　　）
12. 垄断竞争行业的供给曲线与完全竞争行业的供给曲线相类似。（　　）
13. 完全竞争与垄断竞争的一个共同点是厂商规模都比较小，竞争力度比较大。（　　）

14. 对于完全竞争的厂商而言，不能获得正常利润。（   ）
15. 只要企业能把市场分割成两个或两个以上不同的市场，采用无差别定价就能比统一价格取得更多的利润，还有助于实现企业其他目标。（   ）

（三）计算题

1. 单个厂商的长期成本函数为 $LTC = Q^3 - 20Q^2 + 200Q$，市场价格为 $P = 600$。
   求：
   （1）该厂商利润最大化的产量、平均成本和利润是多少？
   （2）该行业是否处于长期均衡？为什么？
   （3）该行业处于长期均衡时每个厂商的产量、平均成本和利润是多少？
   （4）判断（1）中厂商是处于规模经济阶段还是规模不经济阶段？

2. 已知某垄断厂商短期总成本函数为 $STC = 0.1Q^3 - 6Q^2 + 140Q + 3000$，其反需求函数为 $P = 150 - 3.25Q$，求该厂商的短期均衡产量和均衡价格。

3. 大明公司是生产胡桃的一家小公司（这个行业属完全竞争市场结构）。胡桃的市场结构是每单位 640 元。公司的长期总成本函数为：$LTC = 240Q - 20Q^2 + Q^3$。正常利润包括在成本函数中。
   （1）求利润最大时的产量，此时的平均单位成本、总利润各为多少？
   （2）该企业否处于长期均衡状态？
   （3）当长期均衡时这家企业的产量是多少？成本是多少？单位产品的价格是多少？

4. 某个垄断企业的产品在两个分割开来的市场中出售。该企业的成本函数及两个市场的需求曲线分别为：
$$TC = Q^2 + 10Q$$
$$Q_1 = 32 - 0.4P_1$$
$$Q_2 = 18 - 0.1P_2$$
   请结合差别定价法说明企业实行差别定价与统一定价时的所获得的利润的差别。

（四）简答题

1. 完全竞争市场的特征是什么？你认为下列哪种饮料市场可以最好地用这些特征描述？其他饮料市场为什么不行？
   （1）自来水（2）瓶装水（3）可乐（4）啤酒

2. 棉花属于完全竞争市场，假如由于棉纺织业的技术有了新的突破，市场对棉花的需求增加了，又假定棉花属于成本不变行业，请画图示说明：
   （1）从短期看，技术的突破对棉花的价格和产量有什么影响？
   （2）从长期看，技术的突破对棉花的价格和产量有什么影响？

3. 为什么利润最大化原则 $MC = MR$ 在完全竞争条件下可表达为 $MC = P$？

4. 说我们生活在一个广告的世界里一点也不夸张，那么企业为什么会不惜巨额代价狂做广告呢？广告策划是在策划什么？

5. 什么是价格领导模式？

（五）论述题

1. 在现实市场条件下，一些企业会向顾客发放优惠券及金卡、银卡等，凭这类优惠券在购买产品时可以享受一定的优惠。为什么企业不降低产品的价格而是发行优惠券？其目的是什么？实现差别定价的前提条件是什么？请结合实际说明。

2. 长期以来，对电信资费为何居高不下的问题，电信企业多以涉及国计民生、基础设施投入巨大等理由来进行解释。而在社会公众看来，资费高的原因在于电信行业存在垄断。回答以下问题：

（1）市场结构的类型有哪些？

（2）哪些主要因素决定了市场结构的类型？

（3）谈谈你对垄断的理解与认识。

第六章 要素供求理论

- 一、概要及学习目标
- 二、知识脉络图
- 三、主要概念
- 四、重点、难点
- 五、疑难解析
- 六、案例及思考
- 七、练习题

一、概要及学习目标

（一）概要

生产要素需求的特点：①是引致需求或派生需求；②其主体是生产者，目的是追逐利润；③是一种联合需求或相互依存的需求。

影响生产要素需求的因素：①市场对产品的需求以及产品的价格；②生产技术状况；③生产要素的价格；④边际生产力。边际生产力递减规律：一个要素投入量不断增加，而其他要素不变，可变要素的边际产量在一定时期内可以增加或保持不变，但最终还是会递减。

厂商使用生产要素的利润最大化原则：厂商对某种生产要素的需求量将会被确定在这样的水平上：在该水平上，最后增加使用的那单位生产要素所带来的收益恰好等于为使用它所支付的成本。

劳动供给曲线具有一段向后弯曲的部分。当工资较低时，随着工资的上升，消费者为较高的工资吸引将减少闲暇，增加劳动供给量。在这个阶段，劳动供给曲线向右上方倾斜。但是，工资上涨对劳动供给的吸引力是有限的。当工资上升到一定程度时，消费者的劳动供给量达到最大。此时如果继续增加工资，劳动供给量非但不会增加，反而会减少。工资率上升的替代效应和收入效应对闲暇，从而对劳动时间的影响是反方向的，因而二者的强度决定了劳动供给曲线的形状。如果替代效应大于收入效应，则闲暇需求量随其价格上升而下降；反之，如果收入效应大于替代效应，则闲暇需求量随其价格的上升而上升。

对资本的需求来源于厂商的引致需求。厂商对资本的需求取决于资本的边际产品价值。资本的边际产品价值曲线向右下方倾斜，因而由单个厂商加总后得到的资本的需求曲线也向右下方倾斜。与劳动价格变动所产生的影响一样，利息率提高，同样对现期消费产生替代效应和收入效应。利息率上升使得现期消费变得昂贵，从而消费者会减少现期消费以增加储蓄，即利息率提高的替代效应使得现期消费数量减少，从而使得资本供给量增加。另外，利息率提高使得该消费者变得更为富有，从而增加两期的消费，即收入效应使得现期消费增加，从而资本供给量减少。但一般认为，由于利息率的变动幅度较小，替代效应大于收入效应，因此资本的供给曲线向右上方倾斜。

土地的需求由土地的边际产品价值决定。就整个社会来说，土地的供给是完全无弹性的；对于单个厂商或行业而言，土地的供给仍然是有弹性的；从整个社会看，由于土地的供给是无弹性的，地租仅取决于土地的需求。由于经济的发展，从长期看，土地的需求有不断增加的趋势，所以，地租有不断上涨的趋势。

超额利润的来源：①利润是对承担风险的报酬；②利润是对创新的报酬；③利润是垄断的产物。

(二) 学习目标

弄清生产要素需求的特点、影响生产要素需求的因素、边际生产力及其递减规律，明确厂商使用生产要素的利润最大化原则、要素市场的均衡。掌握特殊的要素市场（劳动、资本、土地）均衡。

二、知识脉络图

完全竞争厂商要素使用原则
- 1. 完全竞争厂商
  - (1) 完全竞争要素市场特征
    - ①要素的供求双方人数很多
    - ②要素同质
    - ③要素供求主体具有完全信息
    - ④要素可以自由流动
  - (2) 完全竞争厂商：把同时处于完全竞争产品市场和完全竞争要素市场中的厂商称为完全竞争厂商
- 2. 完全竞争厂商使用要素的原则
  - (1) 使用要素的边际收益（边际产品价值）：$VMP = MP \cdot P$
  - (2) 使用要素的边际成本（要素价格）：$dC(L)/dL = \omega$
  - (3) 使用要素的原则：$MP \cdot P = \omega$

生产要素的需求
- 1. 生产要素的需求的特点
  - (1) 派生需求（引致需求）
  - (2) 联合需求
- 2. 完全竞争下的要素需求曲线
  - (1) 厂商对要素的需求曲线：与其边际产品价值曲线一样都向右下方倾斜
  - (2) 市场需求曲线后得到的第 m 个厂商的要素需求曲线
    - ① d_m 线（行业调整曲线）表示经过多个厂商相互作用的调整，即经过行业调整
    - ②整个市场的要素需求曲线是所有厂商的 d_m 线的简单水平加总，$D = \sum_{m=1}^{n} d_m$

要素市场的供给
- 1. 生产要素供给问题：消费者的要素供给量等于资源总量与最优自用资源之差，要素供给问题就是消费者如何在一定的要素价格下，将其全部既定资源在"要素供给"和"保留自用"两种用途上进行分配以获取最大效用
- 2. 生产要素供给原则
  - ① 效用最大化条件：作为"要素供给"的资源的边际效用要与作为"保留自用"的资源的边际效用相等
  - ② 要素供给的边际效用：$\dfrac{dU}{dL} = \omega \cdot \dfrac{dU}{dY}$
  - ③ 自用资源的边际效用：效用增量与自用资源增量比值的极限值 $\dfrac{dU}{dl}$
  - ④ 要素供给原则：$\dfrac{dU}{dL} = \omega \cdot \dfrac{dU}{dY}$ 或 $\dfrac{\frac{dU}{dl}}{\frac{dU}{dL}} = \omega$

特殊的要素市场
- 1. 劳动市场
  - (1) 劳动的供给：劳动供给就是提供的劳动，一般指提供的劳动时间。微观经济学认为，人们提供劳动是他们在休闲和收入，或者休闲和其他消费之间进行选择的结果。这一结果取决于人们的偏好，他们所拥有的其他财富，以及工资率的高低。对此，我们可以运用无差异曲线分析方法加以说明
  - (2) 劳动的需求：一般说来，劳动需求函数是递减的。因为边际报酬递减规律的作用，边际产量会随着劳动投入的增加而下降。边际收益则是产量的非递增函数，因而也是劳动投入的非递增函数。于是，边际收益与边际产量的乘积（即企业对劳动投入的需求曲线）也是 L 的递减函数，是向下倾斜的曲线
  - (3) 劳动市场均衡工资的决定
    - ① 市场的劳动供给曲线是将所有的单个劳动供给曲线水平相加，得到整个市场的劳动供给曲线
    - ② 市场的劳动需求曲线是将所有的单个劳动需求曲线水平相加，得出整个市场的劳动需求曲线
    - ③ 均衡工资决定是将劳动要素的需求曲线和供给曲线放在一起，其均衡点就决定了劳动要素的均衡价格

特殊的要素市场
- 2. 土地市场
  - （1）土地的含义：泛指一切自然资源
  - （2）源泉的价格和服务的价格
  - （3）土地的供给曲线：土地的供给曲线垂直
  - （4）使用土地的价格和地租的决定：土地供给曲线与土地需求曲线相结合决定使用土地的均衡价格。当土地供给曲线垂直时，与需求曲线相交决定的使用土地的价格称为地租
  - （5）租金、准租金和经济租金
- 3. 资本市场
  - （1）资本（资本品）：由经济制度本身生产出来并被用作投入要素以便进一步生产更多的商品和劳务的物品
  - （2）资本的特点
    - ①可被经济活动生产出来
    - ②投入到生产中可以获得更多的商品和劳务（迂回生产）
  - （3）利息：使用资本的价格，$r = \dfrac{Z}{P}$；$r = \dfrac{Z + \Delta P}{P}$
  - （4）资本的供给问题：长期消费决策
  - （5）资本市场的均衡
    - ①资本供给曲线（短期为一条垂线，长期则左右平移）
    - ②资本需求曲线
    - ③资本供给曲线与需求曲线的交点

三、主要概念

1. 边际生产力（Marginal Productivity）：边际生产力是指在其他条件不变的情况下，每增加一个单位生产要素的投入所增加的产量。

2. 边际物质产品（Marginal Physical Product）：在其他条件不变的情况下，增加一单位生产要素的投入所增加的产量。

3. 边际收益产品（Marginal Revenue Product）：在其他条件不变的情况下，增加一单位生产要素的投入带来的产量所增加的收益。

4. 边际产品价值（Value of Marginal Product）：指的是增加一单位要素所增加的产量的销售值。

5. 边际要素成本（Marginal Factor Cost）：是指增加一单位投入要素所增加的成本支出。

6. 资本（Capital）：是由经济制度本身生产出来并被用作投入要素以便进一步生产更多的商品和劳务的物品。

7. 利息率（Interest Rate）：资本所有权所得到的价格通常被称为利息率。

8. 租金（Rent）：供给固定不变的一般资源的服务价格称为租金。地租是考虑资源

为土地时的租金，而租金是一般化的地租。

9. 准租金（Quasi-Rent）：就是对供给量暂时固定的生产要素的支付，即固定生产要素的收益。

10. 经济租金（Economic Rent）：表示任何一种要素的报酬超过其必须得到的最起码报酬的余额，它等于要素收入与其机会成本之差。

四、重点、难点

（一）重点

1. 要素的边际收益与边际成本，竞争性市场的要素使用原则。
2. 厂商的要素需求曲线，行业的要素需求曲线。
3. 要素市场的供给原则，要素供给曲线。
4. 劳动、资本、土地市场的均衡。

（二）难点

1. 要素使用原则与利润最大化产量原则之间的关系。
2. 无差异曲线推导生产要素供给曲线。
3. 个别劳动供给曲线为什么向后弯曲。

五、疑难解析

1. 要素使用原则与利润最大化产量原则之间的关系。从不同的考察角度出发，厂商利润极大化的条件既可以表述为 $MC = MR$，也可以表述为要素使用的边际收益即边际收益产品 MRP 等于要素使用的边际成本 MFC。

在产品市场，厂商利润最大化的条件是 $MR = MC$。厂商把产量作为选择变量，将总收益、总成本进而总利润视为产量的函数，则实现利润最大化的条件是，厂商把产出量调整到一定数量，使得在这一产出量下 $MC = MR$。

在要素市场，厂商利润最大化的条件是 $MRP = MFC$。厂商把投入的生产要素作为选择变量，将总收益、总成本进而总利润视为投入要素的函数，则实现利润最大化的条件可表述为 $MRP = MFC$，这一条件也就是厂商要素最佳使用量的确定原则。

$MC = MR$ 和 $MRP = MFC$ 这两个式子可以互相转换。由于 $MRP = MP \cdot MR$，所以 $MRP/MP = MR$。MFC 表示增加一单位要素所多支出的成本，亦可看作增加一单位要素所多增加的产量（边际产量）所支出的成本，则 $MFC = MC \cdot MP$，所以 $MFC/MP = MC$，所以要素使用原则与利润最大化产量原则实际上是厂商利润极大化条件从不同的角度考察所采取的不同的表述方法。

2. 无差异曲线推导生产要素供给曲线。消费者拥有的要素总量是一定的，他将在要素供给和自用之间进行选择，如果一方的最优数量被决定，另一方的最优数量也就被决定了。在效用无差异曲线与预算线的切点，决定了自用要素的最优数量，从而相应的要素供给量也就被决定了。随着要素价格的变动，无差异曲线与预算线的切点就会变动，切点变动的轨迹就决定了要素供给量随价格变动的轨迹，它是一条向右上方弯曲的线，这就是要素的供给曲线，说明要素供给量与价格反方向变动。

设消费者的要素总量为 $\bar{L}$，最优自用要素量为 l^*，初始收入为 $\bar{Y}$ 且不变，偏好不变，要素价格为 W。图 6-1（a）中横轴 L 和纵轴 Y 分别为消费者的自用要素和收入；U_0、U_1 和 U_2 为三条无差异曲线，E 为消费者的初始状态。如果要素价格为 W_0，则将全部要素都作为要素供给市场时，全部收入为 $K_0 = \bar{L} \cdot W_0 + \bar{Y}$，于是预算线为 EK_0。如果要素价格上升，例如上升到 W_1 和 W_2，则全部要素作为要素供给的全部收入将分别为 $K_1 = \bar{L} \cdot W_1 + \bar{Y}$ 和 $K_2 = \bar{L} \cdot W_2 + \bar{Y}$，从而相应的预算线分别为 EK_1 和 EK_2。换句话说，随着要素价格的上升，预算线将围绕初始状态点 E 顺时针方向旋转。随着预算线绕 E 点顺时针旋转，它与既定的无差异曲线簇的切点亦不断变化。所有这些切点的集合为曲线 PEP，称之为价格扩展线。价格扩展线 PEP 反映了自用要素数量 l（以及要素收入）如何随着要素价格的变化而变化，从而反映了要素供给量（它等于固定要素总量减去自用要素数量）如何随着要素价格的变化而变化，即要素供给曲线关系。

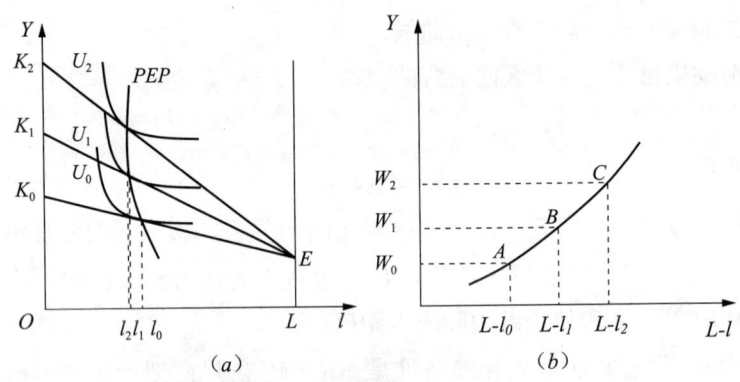

图 6-1 市场要素供给曲线的推导

从价格扩展线可得到要素供给曲线。给定要素价格 W_0，由图可知，最优自用要素量为 l_0，于是要素供给量为 $(\bar{L} - l_0)$，于是得到要素供给曲线上一点 $(W_0, \bar{L} - l_0)$，如图 6-1（b）图中点 A，设要素价格上升到 W_1，再上升到 W_2，从而最优要素量下降到 $l1$ 再下降到 $l2$，于是要素供给量上升到 $(\bar{L} - l_1)$，再上升到 $(\bar{L} - l_2)$，于是又得到要素供给曲线上两点：$(W_1, \bar{L} - l_1)$ 和 $(W_2, \bar{L} - l_2)$。如图 6-1（b）中点 B 和点 C，重复以上做法可以得到与 A、B 和 C 同样性质的其他点，将所有这些点连接起来即得要素的供给曲线。

3. 个别劳动供给曲线为什么向后弯曲。在短期分析中，一般把劳动供给看作工资的函数，在时间资源总量既定情况下，劳动与闲暇之间存在着替代关系，劳动供给对于工资率变动的反应就取决于替代效应和收入效应两个因素。当工资上升时，有一个替代效应，它使得个人缩短闲暇时间，延长工作时间，用工作替代闲暇，因为此时闲暇的成本提高了。但工资上升也有一个收入效应，它使得人们缩短工作时间，增加闲暇时间，因为工资的上升，个人现在可以享受更多的娱乐和消费更多的各种商品，从而限制了劳动供给的进一步增加。

当一个人没有工作时，他的工资率为零，此时不存在收入效应，只存在替代效应。当工资水平较低时，劳动供给会随着工资率的上升而增加，因为工资率的提高意味着闲暇和娱乐活动的代价增大，所以人们往往愿意牺牲娱乐和闲暇时间而增加劳动时间，此时表现为替代效应大于收入效应。当工资水平已经很高时，劳动的供给却会随着工资的提高而减少，因为工资的增加，使劳动者货币收入的单位边际效用递减，与此同时，闲暇和娱乐活动时间的单位边际效用递增，结果导致为增加收入而增加的劳动供给时间的代价越来越大，此时收入效应大于替代效应。

综上所述，以横轴表示劳动的供给量，以纵轴表示劳动的价格——工资，则劳动的供给曲线就成为一条先向右上方倾斜，然后再向左上方倾斜的一条向后弯曲的曲线。

六、案例及思考

案例6-1："土地财政"的功过是非

1994年开启的分税制改革，虽然降低了地方政府的税收比例，但是却将当时规模还很小的土地收益划给了地方政府。这奠定了后来地方政府纷纷走向"土地财政"的制度基础。随着1998年住房制度改革和2003年借助市场机制实行"招、拍、挂"等土地出让方式，地方政府的"土地财政"规模急剧膨胀，帮助各级地方政府以前所未有的速度实现了原始资本积累。

探究原因，则是计划经济时代所形成的城市土地国有化和农村土地集体化制度设计，为地方政府垄断土地一级市场创造了条件。"土地财政"的很大一部分价值，就是将这笔隐匿的财富利用市场机制转化成为城镇化的巨大资本。《2014年中国国土资源公报》的数据显示，2014年全国各地共出让国有建设用地27.18万公顷，出让合同总价款3.34万亿元，约占当年地方一般公共预算收入的44.01%。巨额的土地财政收入逐步还清了城市基础设施建设的历史欠账，甚至还出现了超前建设。但是，地方政府垄断土地供给造成各地"地王"频现，也在一定程度上拉高了房地产价格，增加了居民购房压力，这也一直被学术界和民众所诟病。

经历了连续多年经济高速增长后，我国开始进入以"经济增速换挡，经济结构优化升级，经济增长动力转换"为主要特征的新常态阶段，房地产业的"去库存"问题亟待解决，而这也将通过一定的反馈机制作用于土地市场。

结合案例6-1思考以下问题：
（1）我国土地财政产生的原因是什么？它与土地市场的供给和需求有何关系？
（2）土地财政与房地产价格有何关联？

(3) 在当前房地产业"去库存"的背景下，土地这种生产要素的价格又将有怎样的变化？

案例 6-2：格尔木市城镇居民收入分配状况

格尔木市位于青海省西部，隶属海西蒙古族藏族自治州。在矿产资源开发的带动下经济快速增长，2014 年人均地区生产总值达到 135 508 元，是全省同期平均水平的 3.42 倍。按照钱纳里等经济学家以人均生产总值指标划分经济发展阶段的理论，格尔木市已经处于发达经济初级阶段。

经济的快速发展也带来了城镇居民收入的持续增加，2006—2014 年格尔木市城镇居民的名义人均可支配收入由 9 967.38 元增加至 25 490 元，年均增长速度为 12.45%。从城镇居民总收入构成来看，工资性收入一直占据着主体地位，所占比例约为 85%，贡献率更是达到了 89.69%；转移性收入是格尔木市城镇居民收入的第二大来源，所占比例约为 8%；经营性收入为第三大来源，所占比例约为 6%，财产性收入所占比例约为 1%。

在格尔木市城镇家庭的资产结构中，由于社会保障体系不健全、保障水平不高，尽管存款利率水平较低，通过储蓄存款获得利息收入较少，但人们还是将大部分资产进行储蓄。然而，伴随着我国资本市场的快速发展、投资理财意识的逐步增强和房屋租赁市场的平稳有序发展，格尔木市城镇家族的财产性收入和房屋租金收入有逐步提高的趋势。

结合案例 6-2 思考以下问题：
(1) 格尔木市城镇居民的收入结构呈现怎样的特点？
(2) 工资、利息、租金等收入是如何决定的？

案例 6-3：解读我国的基尼系数

基尼系数是用来测度收入分配差异程度的重要指标，其数值在 0 到 1 之间，越接近 0 表明收入分配越趋向平等，反之则越趋向不平等。国家统计局公布的数据显示，我国基尼系数由 2003 年的 0.479 上升至 2008 年的 0.491，随后逐年回落至 2014 年的 0.469。这一变化趋势表明我国居民的收入差距已经越过倒 U 形曲线最高点，开始进入右侧。倒 U 形曲线是美国经济学家西蒙·库茨涅兹 (1954) 通过对 18 个国家经济增长和收入差距关系进行实证分析得出的结论，即随着人均收入由低到高演变，居民收入差距首先呈现扩大趋势，达到最高点后随着人均收入进一步提高，收入差距开始呈现缩小趋势，在图形上就表现为一条倒 U 形曲线。

但与此同时，按照国际一般标准，0.4 以上的基尼系数表示收入差距较大，即 0.4 是国际公认警戒线。而我国基尼系数连续十二年超过这一警戒线，表明国内收入分配差距较大，应该引起高度警惕，否则将会引发一系列社会问题。为缩小收入分配差距，"十三五"规划明确提出：坚持居民收入增长和经济增长同步、劳动报酬提高和劳动生产率提高同步,持续增加城乡居民收入;调整国民收入分配格局,规范初次分配,加大再分配调节力度。

结合案例6-3思考以下问题:
(1) 如何正确认识我国的收入分配差距?
(2) 未来我国可以通过什么途径有效缩小收入分配差距?

案例6-4:从土地市场解析西宁市房价

西宁市是青藏高原唯一人口超过百万的城市,是青海省的政治、经济、文化、交通、教育、医疗中心,也是全省企业、人才、信息、物质财富最集中、最活跃的区域。在国家西部大开发战略的支持下,经济快速增长,民生保障水平不断提升,然而,房价的持续上涨特别是少数中心地段的房价突破万元每平米,直击市民的"心理防线"。

为什么西宁市的房价会有如此表现呢?部分原因可以从西宁市的土地市场供求状况中寻找答案。

从土地市场供给来看:西宁位于青海省东部,湟水中游河谷盆地,南北两山对峙,地势自北向南倾斜,西北高、东南低,东西狭长,形似一叶扁舟。全市土地总面积7 665平方公里,市区面积380平方公里,建成区面积113平方公里,其中居民用地面积仅有49.33平方公里,土地供给规模相对有限。

从土地市场的需求来看:西宁市具有很高的城市首位度,人口数量占全省的比例达到39.26%,市区人口密度高达2 429.8人每平方公里,远高于同期西北各省区的省会城市,甚至比肩东部地区的部分大城市;与此同时,西宁市是全省重要的宜居地区之一,医疗、教育等公共服务水平和质量很高,吸引全省各类要素特别是人口的集聚;此外,大陆性高原半干旱气候带来的"冬无严寒、夏无酷暑"的"中国夏都"品牌也使得省域外生产要素不断涌向西宁。在这些因素的综合作用下,人们的居住和投资需求提升了土地市场的需求,在土地供给相对有限的情况下,土地市场价格不断攀升,进而导致房价持续上涨。

结合案例6-4思考以下问题:
(1) 如何从土地市场供求状况来认识西宁市房价的变化?
(2) 如何从供求角度来引导未来西宁市房价走向合理区间?

七、练习题

(一) 单项选择题

1. 生产要素的需求曲线所以向右下方倾斜,是因为(   )。
   A. 要素的边际收益产量递减　　B. 要素生产的产品的边际效用递减
   C. 要素参加生产的规模报酬递减　　D. 以上均不对

2. 工资率的上升所导致的替代效应是指（　　）。
   A. 工作同样长的时间可以得到更多的收入
   B. 工作较短时间也可以得到同样的收入
   C. 工人宁愿工作更长时间，用收入带来的享受替代闲暇带来的享受
   D. 以上均对

3. 如果政府大力提倡手工产品的生产，这将导致（　　）。
   A. 劳动的供给曲线向右移动   B. 劳动的需求曲线向右移动
   C. 劳动的供给曲线向左移动   D. 劳动的需求曲线向左移动

4. 准租金与厂商的总利润相比（　　）。
   A. 相等   B. 前者大
   C. 后者大   D. 均有可能

5. 生产要素的需求是一种（　　）。
   A. 派生需求   B. 单独需求
   C. 中间产品的需求   D. 商品需求

6. 下列不属于生产要素的是（　　）。
   A. 企业家手中的资本   B. 企业家才能
   C. 在柜台上销售的服装   D. 工人的劳动

7. MRP 曲线向右下方倾斜是因为（　　）。
   A. MR 是随产量增加而递增的   B. MP 是随要素增加而递增的
   C. MR 和 MP 都是递减的   D. 以上都不是

8. 假设生产某种商品需要使用 A，B，C 三种生产要素，当 A 的投入量连续增加时，它的边际物质产品（　　）。
   A. 在技术条件及 B 和 C 投入量不变时下降
   B. 在技术条件不变，B 和 C 的数量同比例增加时下降
   C. 在任何条件下都下降
   D. A 和 B

9. 如果厂商处于完全竞争的产品市场中，且要素 L 是其唯一的可变要素，则该厂商对要素 L 的需求曲线由以下何者给出？（　　）
   A. MP_L B. MR_L C. VMP_L D. 以上都不是

10. 在一个完全竞争市场中，追求利润最大化的厂商的产品价格下降时，将引起劳动的边际产品价值（　　）。
    A. 降低   B. 增加   C. 不变   D. 都不是

11. 非完全竞争产品市场的厂商对某一生产要素 L 的需求曲线，可以由（　　）曲线表示。
    A. VMP_L B. MRP_L
    C. MFC_L D. 以上都不是

12. 非完全竞争产品市场中单个厂商对生产要素的需求曲线与市场对该生产要素的需求曲线相比（　　）。
    A. 重合 B. 较陡峭
    C. 较平坦 D. 无法确定

13. 一般情况下，在工资率较低的阶段，单个劳动者劳动供给量随工资率的上升而（　　）。
    A. 下降 B. 上升
    C. 不变 D. 不能确定

14. 一般情况下，在工资率较高的阶段，单个劳动者劳动供给量随工资率的上升而（　　）。
    A. 向前弯曲 B. 向后弯曲
    C. 仍保持向右上方倾斜 D. 以上都不是

15. 市场均衡工资率是由（　　）决定的。
    A. 劳动的市场需求与劳动的市场供给相互作用
    B. 劳动的市场需求大于劳动的市场供给
    C. 劳动的市场需求小于劳动的市场供给
    D. 以上都不正确

16. 随着科技的迅速发展，人们越来越倾向于采用资本密集型生产方式，则将会导致（　　）。
    A. 劳动的供给曲线向左移动 B. 劳动的供给曲线向右移动
    C. 劳动的需求曲线向左移动 D. 劳动的需求曲线向右移动

17. 洛伦兹曲线代表（　　）。
    A. 税收体制的效率 B. 税收体制的透明度
    C. 贫困程度 D. 收入不平等的程度

18. 如果收入是平均分配的，则洛伦兹曲线将会（　　）。
    A. 与纵轴重合 B. 与横轴重合
    C. 与45°线重合 D. 无法判断其位置

19. 如果收入是完全平均分配的，则基尼系数将等于（　　）。
    A. 0 B. 0.75 C. 0.5 D. 1.0

20. 基尼系数的增大表明（　　）。
    A. 收入不平均程度的增加 B. 收入不平均程度的减少
    C. 洛伦斯曲线与横轴重合 D. 洛伦斯曲线与纵轴重合

（二）判断题

1. 生产要素的需求与产品的需求是一样的。（　　）
2. 森林、矿藏、河流等自然资源属于生产要素中土地的范畴。（　　）
3. 厂商对生产要素的需求取决于产品的边际收益。（　　）
4. 厂商在边际收益产量大于边际要素成本的情况下所得到的利润，要小于在边际收益产量等于边际要素成本的情况下得到的利润。（　　）

5. 劳动的供给曲线永远是一条向右上方倾斜的线。（　　）
6. 如果既考虑劳动的替代效应，又考虑劳动的收入效应，那么劳动的供给曲线先向右上方倾斜，再向左上方倾斜。（　　）
7. 熟练工人和非熟练工人的工资差别主要是市场的不完全性造成的。（　　）
8. 洛伦兹曲线表示食品支出在消费者总支出的比例。（　　）
9. 与45°角重合的洛伦兹曲线代表收入分配最不公平。（　　）
10. 基尼系数越小，代表贫富差距越小。（　　）
11. 完全竞争市场中生产要素的需求曲线与 MRP 曲线重合。（　　）
12. 厂商对生产要素的需求由消费者对产品的需求决定。（　　）
13. 厂商使用要素的原则是要素的边际收益与边际成本相等。（　　）
14. 完全竞争市场中要素的需求曲线与非完全竞争市场中要素的需求曲线是重合的。（　　）

（三）计算题

1. 假设劳动市场的需求曲线为 $D_L = -10W + 150$，供给曲线为 $S_L = 20W$，其中：S_L、D_L 分别为劳动市场供给、需求的人数，W 为每日工资。问：
   （1）在这一市场中，劳动与工资的均衡水平为多少？
   （2）假如政府希望把均衡工资提高到 6 元/日，其方法是将钱直接补给企业，然后由企业给工人提高工资。为使职工平均工资由原来水平提高到 6 元/日，政府需补贴给企业多少？新就业水平是多少？企业付给职工的总补贴将是多少？

2. 设某厂商只把劳动作为可变要素，其生产函数为 $Q = -0.01L^3 + L^2 + 36L$，Q 为厂商每天的产品产量，L 为工人的日劳动小时数。所有市场均是完全竞争的，单位产品价格为 0.10 美元，小时工资率为 4.80 美元。

   试求当厂商利润最大化时：
   （1）厂商每天将投入多少劳动小时？
   （2）如果厂商每天支付的固定成本为 50 美元，厂商每天生产的纯利润为多少？

3. 一厂商生产某种商品，其单价为 10 元，月产量为 100 单位，每单位产品的平均可变成本为 5 元，平均不变成本为 4 元。试求其准租金和经济利润。两者相等吗？

4. 在产品和要素市场中完全竞争的厂商雇用一个劳动日的价格是 20 元，厂商的生产情况如下表：

劳动日数	3	4	5	6	7	8
产出数	6	11	15	18	20	21

假设每个产品的价格是 10 元，问：该厂商应雇用多少个劳动日？

（四）简答题

1. 生产要素的市场需求曲线是怎样形成的？

2. 请解释垂直的土地供给曲线的经济学含义。
3. 简述完全竞争厂商使用生产要素的原则。
4. 一个竞争性的厂商，在其最后雇用的那个工人所创造的产值大于其雇用的全部工人的平均产值时，他实现了最大的利润吗？为什么？
5. 试述厂商及市场在完全竞争和垄断、行业调整存在和不存在等各种情况下的要素需求曲线。

（五）讨论题

1. 据世界银行 1994 年、1996 年、1999 年《世界发展报告》的数据，可得中国五等分法的贫富差距情况表：

年份	最低的20%	第二个20%	第三个20%	第四个20%	第五个20%
1990	6.4	11.0	16.4	24.4	41.8
1992	6.2	10.5	15.8	23.6	43.9
1995	5.5	9.8	14.9	22.3	47.5

（1）请依据上表做出中国在 1990 年、1992 年、1995 年的洛伦兹曲线，并进行简要的分析。

（2）若用基尼系数分析，这三年的基尼系数的变化情况是怎样的？请依据（1）中的曲线给予必要的说明。

2. 劳动供给曲线为什么向后弯曲？
3. "劣等地上永远不会有级差地租"这句话对吗？

第七章 一般均衡与福利经济学

- 一、概要及学习目标
- 二、知识脉络图
- 三、主要概念
- 四、重点、难点
- 五、疑难解析
- 六、案例及思考
- 七、练习题

一、概要及学习目标

(一) 概要

在现实的经济体系中，一个经济变量变动必然导致一系列连锁反应，直接或间接地影响到其他经济变量，最终影响到整个经济体系的状态。这种影响是相互的、反复的和多样的，非常复杂，现实生活中经济体系的一般均衡只可能是一种趋势。

在交换契约线上的任意一点，表示交换处于均衡状态。若沿着契约线进行交换，一方效用的增加以另一方效用减少为代价；若离开契约线进行交换，总效用将减少。在生产契约线上的任意一点，表示生产处于均衡状态。若沿着契约线分配要素，一种产品的产量增加以另一种产品的产量减少为代价；若离开契约线分配要素，总产量将减少。

当边际产品转换率（生产可能性曲线的斜率）MRT_{XY} 等于边际替代率（无差异曲线的斜率）MRS_{XY} 时，生产和交换同时达到均衡，即生产和交换均没有必要再调整。此时，资源配置的效率达到最大，使消费者的满足程度达到最大。

福利经济学的主要特点：①以一定的价值判断为出发点，即根据已确定的社会目标，建立理论体系；②以边际效用论为基础，建立福利概念；③以社会目标和福利理论为依据，制定经济政策方案。

庇古根据边际效用基数论提出两个基本的福利命题：①国民收入总量愈大，社会经济福利就愈大；②国民收入分配愈是均等化，社会经济福利就愈大。判断资源配置优劣的标准是经济活动的效率。

帕累托最优状态，是指资源在某种配置下，不可能通过重新组合生产和分配增加一个人或多个人的福利而不使其他人的福利减少。资源最优配置或经济效率最高与福利最大化相统一。如果一个经济达到这样的境况：已经不可能通过重组或贸易等手段，既提高某一人的效用或满足程度，而又不降低其他人的效用或满足程度。那么，这个经济就实现了福利最大化。帕累托最优状态就是福利最大化状态。

新福利经济学根据帕累托最优状态和效用序数论提出了自己的福利命题：①个人

是他本人的福利的最好判断者；②社会福利取决于组成社会的所有个人的福利；③如果至少有一个人的境况好起来，而没有一个人的境况坏下去，那么整个社会的境况就算好了起来。

交换的帕累托最优条件：任意两种商品之间的边际替代率，对于所有消费者来说都必须是相等的。生产的帕累托最优条件：任意两种要素之间的边际技术替代率，对于所有生产者来说都必须是相等的。生产和交换的帕累托最优条件：对于不同消费者来说，任意两种商品之间的边际替代率都相等；对于不同生产者来说，生产任意两种产品的边际产品转换率都相等；且边际替代率等于边际产品转换率。

完全竞争是实现帕累托最优状态的必要条件。只有在完全竞争的市场上，才有可能满足帕累托最优状态的三个边际条件。

洛伦兹曲线反映了收入分配的不平等程度。弯曲程度越大，收入分配越不平等；反之亦然。基尼系数：不平等面积与完全不平等面积之比，是衡量一个国家贫富差距的标准。

(二) 学习目标

明确一般均衡的含义，掌握两部门一般均衡模型，包括交换的一般均衡、生产的一般均衡、生产与交换的一般均衡。弄清福利经济学的性质与特点，掌握帕累托最优状态（帕累托最优状态的条件和实现），熟悉洛伦兹曲线和基尼系数。

二、知识脉络图

交易的一般均衡
1. 局部均衡分析与一般均衡分析：局部均衡分析研究的是单个（产品或要素）市场；一般均衡分析是将所有相互联系的各个市场看成一个整体来加以研究
2. 交易的一般均衡的含义：是指当社会生产状况既定、收入分配状况既定（生产要素的禀赋既定）条件下，通过要素所有者之间的交易使得交易者达到效用最大化的均衡状况
3. 交易的一般均衡实现条件：交易的一般均衡必须满足的条件是，任意两种商品 X、Y 的边际替代率（MRS_{XY}）对于每一个参加交易的人来说都是相同的。即 $MRS_{XY}^A = MRS_{XY}^B$
4. 效用可能边界线：表示在给定一个人的满足程度的情况下，另一个人可能达到的最大满足程度

生产的一般均衡

1. 生产的一般均衡的含义：生产的一般均衡是指在技术与社会生产资源总量既定的情况下，社会对于资源的配置使得产品产量达到最大的状况

2. 生产的一般均衡实现条件：达到生产的一般均衡的条件是任意两种生产要素的边际技术替代率（$MRTS_{LK}$）对于使用这两种要素而生产的商品来说都是相等的。即 $MRTS_{LK}^X = MRTS_{LK}^Y$

3. 生产契约曲线：表示两种要素在两个生产者之间的所有最优分配状态的集合

生产与交易的一般均衡

1. 生产与交易的一般均衡的含义：生产与交易的一般均衡是指生产与交易同时达到均衡的情况

2. 生产可能性曲线：生产可能性曲线上的每一点都对应着生产的契约曲线上的点。因为生产契约曲线上的每一点都是有效率的点，所以生产可能性曲线上的点是社会在既定资源和技术条件下可能达到的最大产出点

3. 边际转换率：生产可能性曲线的斜率的绝对值，即 $MRT_{XY} = \lim\limits_{\Delta X \to 0} \left|\dfrac{\Delta Y}{\Delta X}\right| = \left|\dfrac{dY}{dX}\right|$

4. 生产与交易的一般均衡实现条件：任意两种商品的边际替代率等于它们的边际转换率，即：$MRS_{XY} = MRT_{XY}$

帕累托最优

1. 帕累托最优的含义：是指这样一种状态，在这种状态下，任何使得某些人状况变好的变化都会使得另一些人的状况变坏。换言之，当且仅当不存在任何能够使得某些人状况变好的同时而不使另一些人的状况变坏的变化时便达到了帕累托最优

2. 帕累托改进：是指一种变化，在没有使任何人境况变坏的前提下，使得至少一个人变得更好

3. 帕累托最优的条件
   - （1）交换最优：即使再交易，个人也不能从中得到更大的利益
   - （2）生产最优：这个经济体必须在生产可能性边界上
   - （3）产品组合最优：经济体产出的产品组合必须反映消费者的偏好

4. 完全竞争与帕累托最优：在完全竞争的市场机制作用下，整个经济可以全面达到帕累托的最优状态，这样的经济必定是最优效率的经济

福利经济学
{
1. 福利最大化：利用对竞争市场的分析，我们可以得出这样的结论，所有的福利最大化都是竞争的均衡，所有的竞争均衡都是某种福利函数的福利最大化

2. 社会偏好与个人偏好
  {
  (1) 社会福利的最大化是以社会福利函数的存在为前提条件的。根本不存在一种为经济学家所公认的社会福利函数，不同的经济学家对社会福利函数有不同的理解。因此，要加以最大化的对象是不同的
  (2) 社会福利函数建立在个人的偏好基础之上，但是，又不同于个人的偏好函数
  }

3. 社会福利、效率与公平：社会福利不仅涉及效率问题，也涉及平等的问题。在资源配置和收入分配上，平等与效率是一个两难选择

4. 洛伦兹曲线和基尼系数
  {
  (1) 洛伦兹曲线 { ①含义：反映收入分配平均程度的曲线 ②特征：弯曲程度越大，收入分配程度越不平等，反之亦然
  (2) 基尼系数：意大利经济学家基尼根据洛伦兹曲线找到了判断收入分配平均程度的指标，称为基尼系数。基尼系数位于0与1之间。基尼系数越小，收入（或财产）分配越平均；基尼系数越大，收入（或财产）分配越不平均
  }
}

三、主要概念

1. 一般均衡（General Equilibrium）：经济处于整体均衡状态，即此时所有的商品和要素市场都同时处于均衡。

2. 交换契约线（Exchange Contract Curve）：由两个消费者的无差异曲线相切点的轨迹所组成曲线。

3. 生产契约线（Production Contract Curve）：由两种产品的等产量曲线相切点的轨迹所组成曲线。

4. 生产可能性曲线（Production-Possibility Frontier）：表示在资源或要素数量既定前提下，社会所能生产的两种产品的各种最大产量组合。

5. 福利经济学（Welfare Economics）：作为一种规范经济学，在一定的价值判断标准下，研究整个经济的资源配置与个人福利的关系。

6. 帕累托最优状态（Pareto Optimum）：资源在某种配置下，不可能通过重新组合生产和分配增加一个人或多个人的福利而不使其他人的福利减少。

四、重点、难点

（一）重点

1. 局部均衡与一般均衡；
2. 经济效率与帕累托最优；
3. 交换、生产和交换与生产的帕累托最优条件，完全竞争与帕累托最优；
4. 社会福利函数，洛伦兹曲线和基尼系数，效率与公平。

（二）难点

1. 对局部均衡与一般均衡的理解；
2. 对帕累托最优状态的评析；
3. 埃奇沃斯盒状图；
4. 为什么完全竞争的市场机制符合帕累托最优状态所需具备的三个条件？
5. 经济效率与帕累托最优；
6. 公平与效率的关系。

五、疑难解析

1. 局部均衡与一般均衡。局部均衡是指假定其他市场条件不变情况下单个产品市场和单个要素市场存在的均衡。局部均衡主要是分析研究单个产品或要素市场，该市场商品的需求和供给仅仅看成是其本身价格的函数，而其他商品的价格假定为不变，这样该市场的供给和需求曲线共同决定了该市场的均衡价格和均衡产量。

一般均衡是指包括所有产品市场和要素市场在内的整个经济社会存在的均衡。一般均衡是将所有相互联系的各个市场看成一个整体来加以研究，每个商品的需求和供给不仅取决于该商品本身的价格，还与其他相关商品的价格相关。各个商品的价格不能单独决定，必须和其他商品一起联合决定。只有当整个经济中所有商品的供给和需求相等时，市场才达到一般均衡。

一般均衡除了论证"看不见的手"的目的之外，其分析也是建立在严格的基础之上的，所以需要特别注意其实现的条件：①一般均衡的实现需要完全竞争的市场条件，所以有关完全竞争市场的假定条件对一般均衡的实现起到重要的作用，从而使得一般均衡分析至少具有理论意义；②有关经济当事人行为的连续性等假设过于严格，有关拍卖的假设也需要经济当事人有超常的信息处理能力；③有关一般均衡存在性的证明也只是为一个数学问题提供了一个数学解。

2. 帕累托最优状态。帕累托最优状态是用于判断市场机制运行效率的一般标准。帕累托最优状态或市场机制有效率的运行结果是指这样一种状态：不可能存在资源的重新配置使得在经济社会中其他成员的境况不改变的条件下改善某些成员的境况。理解"境况变好"对于使用帕累托标准判断经济运行的效率是重要的。一般来说，一个人的行为，特别是交换行为可以显示出变好还是变坏。

实现帕累托最优状态需要满足一系列重要的必要条件：①任意两个消费者对任意两种商品进行交换时边际替代率都相同；②任何两个厂商使用一种生产要素生产同一种产品的边际产量都相等，两种生产要素生产同一种商品的边际技术替代率都相等，任意两个厂商使用既定生产要素生产任意两种产品的边际产品转换率相等；③消费者对任意两种产品的边际替代率都等于生产者对这两种产品的转换率。

帕累托最优状态的分析是西方经济学论证"看不见的手"的原理的一个重要组成部分，它用帕累托最优标准验证了完全竞争市场的效率。然而，这种分析具有较强的意识形态倾向，掩盖了经济中的生产关系。表现在：①帕累托最优状态可以在其中一个经济当事人没有任何消费量的条件下实现，这和社会的一般准则是不一致的；②完全竞争符合帕累托最优标准表明的含义仍然受到严格的完全竞争市场的假设条件的限制，在现实经济中，任何一个条件遭到破坏都将引起帕累托效率的损失；③有关完全竞争市场实现帕累托最优状态的证明同样只具有数学的意义。

3. 埃奇沃斯盒状图。埃奇沃斯盒状图是20世纪初的英国经济学家埃奇沃斯最先创造的一种分析方法，这种"盒状图"在于表示两种经济活动的交互作用，其中假设：在这种活动中所消费的产品或所投入的生产要素，在数量上是固定的。这个假设是这种分析工具的一个很大的限制条件。埃奇沃斯盒状图最初用于消费领域，用以分析交换过程和消费活动的情况。其主要特点是，这种长方形"盒状图"的长度和宽度分别代表消费者双方共有的两种商品的总量，而在"方盒"内的每一点则代表这两种商品的总供给量在这两个消费者之间的分配。现在，西方经济学者把它应用于生产领域，用以分析研究资源配置问题，这时"方盒"的长度和宽度分别代表生产商品 X、Y 的两种生产要素投入劳动（L）、资本（K）的总量，而在"方盒"内的每一点则代表这两种生产要素的总供给量在这两个生产者之间的分配。

4. 为什么完全竞争的市场机制符合帕累托最优状态所需具备的三个条件？一般来说，我们总是假定消费者追求效用的最大化，而厂商追求利润的最大化。这样，通过一系列的数学证明可以说明在完全竞争条件下，能够实现帕累托最优状态的三个条件。

（1）在完全竞争条件下，同一种商品的价格对于所有消费者来说都是相同的。那么，消费者为了追求效用最大化，就一定会使其消费的任何两种商品之间的边际替代率相等，同时每一消费者所购买的任何两种商品的数量必使其边际替代率等于消费品市场上这两种商品的价格之比。因此，对所有消费者来说，任何两种商品之间的边际替代率相等。

（2）在完全竞争条件下，每种生产要素的价格对于所有生产者来说都是相同的。那么生产者为了追求利润最大化，就一定会使其使用的任何两种生产要素之间的边际技术替代率相等，同时每一生产者所使用的任何两种生产要素的数量必使其边际替代率等于生产要素市场上这两种生产要素的价格之比。因此，对所有厂商来说，任何两种生产要素之间的边际技术替代率相等。

（3）在完全竞争情况下，任何两种产品生产的边际转换率为这两种商品的边际成本之比。同时，每一个消费者对于任何两种商品的边际替代率等于其价格之比，又由于任何商品的价格都等于其边际成本，因此，对于任何两种商品来说，其生产的边际转换率一定等于任何消费者对这两种商品的边际替代率。

由以上三点可看出，完全竞争完全可以达到帕累托最优状态所要求的三个条件。所以，完全竞争市场可以实现帕累托最优状态。

5. 经济效率与帕累托最优状态。经济效率即经济资源的合理配置和有效利用，它是研究帕累托最优问题的核心内容。经济资源利用的有效程度，必须根据生产者生产出的产品使消费者得到的满足程度或效用来判断。只要生产要素的配置或组合所生产出的不同产品能给消费者带来一定程度的满足，就表明社会已经具有了经济效率。如果生产要素重新配置后所生产的不同产品的产量，能使消费者得到更大程度的满足，那么与过去状态相比，这种生产要素的重新配置将具有更高的经济效率。如果生产要素的配置所达到的各种产量能使消费者得到最大满足，而任何生产要素的更新组合都只能使消费者的满足程度减弱，那就表明社会已经处于最优经济效率的状态，亦即达到了帕累托最优状态。

6. 公平与效率的关系。按照生产要素的贡献分配，有利于提高生产效率，但人和人的能力与禀赋差异的客观存在，必然使一部分人比另一部分人更为富裕，这就产生了公平与效率的问题。人们对公平的看法主要有：①平均主义，这是一种朴素的公平观点，它是指社会的所有成员得到同等数量的商品；②罗尔斯主义，认为应该给予社会中处境最差的人比较大的权数，使境况最差者的效用最大化；③功利主义，即使社会所有成员的效用最大化，倾向于要求在社会境况最好和最差的人之间有所区别；④市场主义的观点，认为只要市场是自由竞争的，那么市场竞争的结果是最公平的，那些最有能力的和工作最努力的人应该得到相应的报酬。

六、案例及思考

案例7-1：帕累托最优标准——满意即最优

帕累托（1848年7月15日至1923年8月19日），意大利经济学家，新福利经济学代表人物。以他的名字命名的"帕累托最优"是现代经济学中的一个重要概念，也是经济学一个美好的理想境界。

"帕累托最优"是判断福利优劣的新标准，其含义是：在其他条件不变的情况下，如果某一经济变动改善了一些人的状况，同时又不使一些人蒙受损失，这个变动就增进了社会福利，称为帕累托改进；在其他条件不变的情况下，如果不减少一些人的经济福利，就不能改善另一些人的经济福利，就标志着社会经济福利达到了最大化的状

态,实现了帕累托最优状态。

举例来说明:假如原来甲有一个苹果,乙有一个梨,他们是否就是帕累托最优呢?取决于甲乙二人对苹果和梨的喜欢程度,如果甲喜欢苹果多于梨;乙喜欢梨多于苹果,这样就已经达到了最满意的结果,也就已经是"帕累托最优"了。如果是甲喜欢梨多于苹果;乙喜欢苹果多于梨,甲乙之间可以进行交换,交换后甲乙的效用都有所增加,这就是帕累托改进。我国经济学家盛洪在他的著作《满意即最佳》里说过一句话,"一个简单的标准就是,看这项交易是否双方同意,双方是否对交易结果感到满意。"而达到谁也不愿意改变的状态时,就已经是"帕累托最优"了。

我们通俗地讲"帕累托改进"是在不损害他人福利的前提下进一步改善自己的福利,用老百姓的俗话说就是"利己不能损人"。同样,只有在不损害生产者和经营者权利的前提下维护消费者权益,才能在市场经济的各个主体之间达到"帕累托最优"的均衡状态。

市场经济有两个最本质的特征,其一是提高资源配置效率;其二是实现充分竞争。所谓的帕累托最优,通俗的解释就是在资源配置过程中,经济活动的各个方面,不但没有任何一方受到损害,而且社会福利要尽可能实现最大化,社会发展要达到最佳状态。西方经济学中的帕累托最优,实际上就是要求不断提高资源的配置效率。

摘编自:梁小民. 微观经济学纵横谈 [M]. 三联出版社,2000.

结合案例7-1思考以下问题:
(1) 如何理解帕累托最优的内涵?
(2) 帕累托最优与帕累托改进有何区别和联系?

案例7-2:重庆地票实验与效果

2008年,重庆市成立农村土地交易所,启动了地票交易试点。我国国情决定了必须实行最严格的耕地保护制度。将农村闲置的宅基地及其附属设施用地、乡镇企业用地、公共设施用地等集体建设用地复垦为耕地,无疑会盘活农村建设用地存量,增加耕地数量。按照我国土地用途管制制度和城乡建设用地增减挂钩、耕地占补平衡的要求,增加的耕地数量就可以作为国家建设用地新增的指标。这个指标除优先保障农村建设发展外,节余部分就形成了地票。按照增减挂钩政策,地票与国家下达的年度新增建设用地指标具有相同功能。通过交易,获得地票者就可以在重庆市域内,申请将符合城乡总体规划和土地利用规划的农用地,征转为国有建设用地。过去6年,重庆累计交易地票15.26万亩,成交额307.59亿元,成交均价稳定在20万元/亩左右。这在创新城乡建设用地置换模式、建立城乡统一的土地要素市场、显化农村土地价值、拓宽农民财产性收益渠道及优化国土空间开发格局等方面做出了有益探索。

地票制度设计运用城乡建设用地增减挂钩原理,突破了现行挂钩项目"拆旧区"和"建新区"在县域内点对点的挂钩方式,采用"跨区县、指标对指标"的模式,实现城乡建设用地指标远距离、大范围的空间置换。通过置换,再经过平台交易,市场的价值发现功能发挥作用，就抹平了城乡建设用地的价值差异，显化了边远地区农村零星分散集体建设用地的资产价值，让"千里之外"的农民分享到大都市工业化、城镇化进程的红利。

摘编自：黄奇帆. 地票制度实验与效果——重庆土地交易制度创新之思考 [N]. 学习时报，2015-05-04.

结合案例 7-2 思考以下问题：

(1) 如何评价重庆的地票交易制度及实验效果？

(2) 重庆地票交易对于提高城乡居民福利有何作用？

七、练习题

(一) 单项选择题

1. 分析单个产品或者要素市场的均衡被称为（   ）。
   A. 一般均衡　　　　　　　　　　B. 局部均衡
   C. 生产市场均衡　　　　　　　　D. 要素市场均衡

2. 最早分析一般均衡理论的学者是（   ）。
   A. 帕累托　　　　　　　　　　　B. 庇古
   C. 瓦尔拉斯　　　　　　　　　　D. 埃奇沃斯

3. 帕累托最优被定义为下列哪种情况（   ）。
   A. 总产量达到最大
   B. 边际效用达到最大
   C. 没有一个人可以在不使他人境况变坏的条件下使自己的境况变得更好
   D. 消费者得到他们想要的所有东西

4. 一个社会要达到最大的经济福利，进入帕累托最优状态，必须（   ）。
   A. $MRS_{XY}^{A} = MRS_{XY}^{B}$　　　　B. $MRTS_{LK}^{X} = MRTS_{LK}^{Y}$
   C. $MRT_{XY} = MRS_{XY}$　　　　　　D. 同时满足上述三个条件

5. 生产契约曲线上的点表示生产者（   ）。
   A. 获得了最大利润　　　　　　　B. 支出了最小成本
   C. 提高了总产量　　　　　　　　D. 等产量曲线相切的点的轨迹

6. 两种商品在两个人之间的分配，能被称为帕累托最优的条件为（   ）。
   A. $MRS_{XY}^{A} = MRS_{XY}^{B}$　　　　B. $MRTS_{LK}^{X} = MRTS_{LK}^{Y}$
   C. $MRT_{XY} = MRS_{XY}$　　　　　　D. 同时满足上述三个条件

7. 边际转换率是下列哪一条曲线的斜率？（   ）
   A. 消费契约曲线　　　　　　　　B. 效用可能性曲线
   C. 社会福利曲线　　　　　　　　D. 生产可能性曲线

8. 导出下列哪一条曲线必须做出道德的或价值的判断（　　）。
   A. 转换曲线　　　　　　　　　　　　B. 消费契约曲线
   C. 社会无差异曲线　　　　　　　　　D. 效用可能性边界
9. 下列哪一项不能由帕累托效率引出？（　　）
   A. 交换的效率　　　　　　　　　　　B. 生产的效率
   C. 产品组合的效率　　　　　　　　　D. 所有人平等地分享收入
10. 表示交换双方无差异曲线相切点的轨迹是（　　）。
    A. 交换契约线　　　　　　　　　　　B. 效用可能性曲线
    C. 生产契约线　　　　　　　　　　　D. 生产可能性曲线
11. 下列那条曲线是等产量曲线相切的点的轨迹？（　　）
    A. 交换契约线　　　　　　　　　　　B. 效用可能性曲线
    C. 生产契约线　　　　　　　　　　　D. 生产可能性曲线
12. 在产品结构既定的条件下，代表两个消费者所能得到的最大效用组合的曲线为（　　）。
    A. 交换契约线　　　　　　　　　　　B. 效用可能性曲线
    C. 生产契约线　　　　　　　　　　　D. 生产可能性曲线
13. 资源既定的情况下，如果经济社会通过资源重新配置可以在不使得他人境况受到损害的条件下使得某些人的境况得到改善，这属于（　　）。
    A. 帕累托最优标准　　　　　　　　　B. 帕累托最优状态
    C. 帕累托改进　　　　　　　　　　　D. 帕累托最优条件
14. 表示不同的消费者的不同效用组合，使社会福利水平相等或无差别的曲线为（　　）。
    A. 效用可能性边界　　　　　　　　　B. 效用可能性曲线
    C. 社会无差异曲线　　　　　　　　　D. 生产可能性曲线
15. 平等化可以带来直接效率损失是指（　　）。
    A. 降低人们的努力程度
    B. 建立专门机构保证公平
    C. 企业产量减少
    D. 工资收入下降

（二）判断题

1. 一般均衡状态就是所有市场同时出清、所有价格同时决定的一种状态。（　　）
2. 帕累托最优是指不可能通过资源的重新配置使得在不影响其他成员的情况下改善某些人的状况。（　　）
3. 交换契约线是交换双方的无差异曲线相切点的轨迹。（　　）
4. 效用可能性曲线表示在产品结构既定的条件下，两个消费者所能得到的最大数量组合。（　　）
5. 生产可能性曲线表示在既定要素下，当一种产量确定时另一种产品的最大产量。（　　）
6. 生产可能性曲线的切线的斜率为边际转换率。（　　）

7. 帕累托最优状态是指能通过资源的重新配置使得经济社会在不影响其他成员境况的条件下改善某些人的情况。（   ）
8. 社会福利的增量与社会福利的损失量之和为社会净福利。（   ）
9. 交换和生产的帕累托全面最优条件是：$MRS_{XY} = MRT_{XY}$。（   ）
10. 效用可能性边界是各种不同效用可能性曲线的外包络线。（   ）
11. 社会无差异曲线是使社会福利水平相等或无差别的曲线。（   ）
12. 经济效率并非社会福利最大的必要条件。（   ）
13. 合理分配不是社会福利最大的充分条件。（   ）
14. 政府可以通过税收和社会福利政策来调节效率与公平之间的矛盾。（   ）

（三）计算题

1. 设某经济有 a、b 两个市场。a 市场的需求和供给函数为 $Q_{da} = 19 - 3P_a + P_b$，$Q_{sa} = -10 + 7P_a$，b 市场的需求和供给函数为 $Q_{db} = 17 + P_a - 2P_b$，$Q_{sb} = -12 + 8P_b$。试求：
   （1）当 $P_b = 1$ 时，a 市场的局部均衡价格和产量；
   （2）当 $P_a = 1$ 时，b 市场的局部均衡价格和产量；
   （3）一般均衡价格和一般均衡产量为多少？

（四）简答题

1. 福利经济学的基本问题是什么？
2. 什么是局部均衡分析和一般均衡分析，两者的区别和联系是什么？
3. 什么是帕累托最优状态？
4. 帕累托最优状态的三个边际条件是什么？
5. 如何通过收入分配政策实现公平？

（五）讨论题

1. 为什么完全竞争可以实现帕累托最优所需具备的三个条件？
2. 谈谈效率与公平的关系及处理原则？

第八章 市场失灵与微观经济政策

- ◇ 一、概要及学习目标
- ◇ 二、知识脉络图
- ◇ 三、主要概念
- ◇ 四、重点、难点
- ◇ 五、疑难解析
- ◇ 六、案例及思考
- ◇ 七、练习题

一、概要及学习目标

（一）概要

市场失灵的主要表现：①市场存在着垄断或不完全竞争，使其并不总是产生最有效的结果；②市场行为的外部性可能产生负面的外溢效果；③市场机制不能保证公共物品的供给；④市场信息的不完全性或不对称性所导致的经济中的不确定性；⑤市场所导致的收入分配后果在政治上或道义上无法接受。既然市场机制本身不能保证在一切场合下导致资源有效配置的结果，那么，政府在这些场合进行某种干预就成为必要。

垄断导致低效率，寻租费用也是一种净福利损失。

外部经济包括：①生产的外部经济；②消费的外部经济；③生产的外部不经济；④消费的外部不经济。针对外部性的公共政策：①确定排放标准：允许哪种污染，允许污染多少；②排放费（税）；③可转让的排污许可证。外部性是因为产权界定不明确或界定不恰当而造成的；只要能界定产权和保护产权，随后产生市场交易，就能使资源的配置达到最优。科斯定理：只要财产权是明确的，并允许经济当事人进行自由谈判，那么在交易成本为零或者很小的条件下，无论在开始时产权赋予谁，市场均衡的最终结果都是有效率的。

公共产品的特点：①非竞争性；②非排他性。私人产品不存在搭便车问题，但公共物品则会存在搭便车问题。所以，市场机制不可能自发产生公共物品的供给。由于存在搭便车问题，公共物品只能由政府供给。政府通过征税的办法解决对公共物品只消费不购买的搭便车问题。但也可能导致一部分人对公共物品只购买而不消费。

绝对意义上的不完全信息：由于认识能力的限制，人们不可能知道在任何时候、任何地方发生的或将要发生的任何情况。相对意义上的不完全信息：市场经济本身不能够生产出足够的信息并有效地配置它们。不完全信息产生的原因：①市场信息只能以分散的形式，而不可能以集中的形式出现，除非这些信息被人们以某种方式加以搜集、整理；②信息的传播和搜集是需要花费一定成本的，而且由于市场传播系统的局限性以及虚假信息的存在，使得市场参与者不能获得所需要的全部真实的信息。

产生信息不对称的原因：①社会劳动分工使不同行业的劳动者之间产生了巨大的行业信息差别；②专业化产生的信息差别也同样导致了信息不对称。道德风险产生的原因：①在交易契约中，处于信息劣势的一方无法观察到占据信息优势的一方的行为，最多只观察到其行为产生的不利后果；②处于信息劣势的一方无法确定这种不利后果的产生是否与占据信息优势的一方的行为不当有关。应对信息不对称的办法：①利用市场信号的作用；②保险公司抑制道德风险的条款；③政府管制；④强制性信息公开制度；⑤对虚假广告、虚假信息的惩罚。

（二）学习目标

弄清市场失灵的含义及主要原因；掌握垄断导致的低效率，寻租理论以及垄断的公共管制。明确外部影响的含义及其分类，明确外部影响的资源配置效率，外部影响的政策措施以及科斯定理。弄清私人物品与公共物品，熟悉公共物品的特点以及"搭便车"问题。理解不完全信息的含义以及对市场的影响，明确道德风险与逆向选择，熟悉不完全信息的解决方法。

二、知识脉络图

不完全竞争
- 1. 市场失灵：是指由于现实社会中存在着一定的限制，市场机制不能导致资源的有效配置，主要表现有不完全竞争、外部影响、公共物品、不完全信息
- 2. 垄断与低效率
  - (1) 垄断价格高于边际成本
  - (2) 产量低于帕累托最优状态的产量
- 3. 寻租理论
  - (1) 寻租：是指人类社会中非生产性的追求经济利益的活动，或者是指那种维护既得利益及对既得利益进行再分配的非生产性活动
  - (2) 寻租的影响
    - ①造成经济资源配置的扭曲，阻止更有效的生产方式的实施
    - ②耗费社会的经济资源
    - ③导致其他层次的寻租活动或"避租"活动
  - (3) 租金消散：从整个社会看，寻租成本不能通过租金收益得到补偿，称为租金消散

外部影响
- 1. 外部影响的含义：是指某一经济主体的经济行为对社会上其他人的福利造成了影响，但却并没有为此承担后果
- 2. 外部影响的表现
  - （1）有利的外部影响（外部经济）：是某个经济行为主体的活动使他人或社会受益，但他自己却不能由此而得到补偿
  - （2）有害的外部影响（外部不经济）：是某个经济行为主体的活动使他人或社会受损，但他自己却没有为此承担成本
- 3. 外部影响和资源配置失当
  - （1）后果：经济运行的结果将偏离帕累托最优状态。外部影响使竞争市场资源配置的效率受到损失，是导致市场失灵的一个重要原因
  - （2）原因
    - ①外部经济时：私人利益＜社会利益
    - ②外部不经济时：私人成本＜社会成本
- 4. 政府干预
  - （1）税收和津贴
  - （2）颁布污染标准
- 5. 科斯定理：只要产权是明确的，并且其交易成本为零或者很小，通过市场交易，而无须政府干预就可以解决外部性问题

公共物品和公共资源
- 1. 排他性与竞用性
  - （1）排他性：只有对商品支付价格的人才能够使用该商品
  - （2）竞用性：如果某人已经使用了某个商品，则其他人就不能再同时使用该商品
- 2. 公共物品的含义：是指在消费上既无竞用性也无有排他性的物品
- 3. 公共物品的特征
  - （1）非竞用性
  - （2）非排他性
- 4. 分类
  - （1）纯公共物品：具有完全的非竞用性与完全的非竞争性，如国防、灯塔
  - （2）准公共物品：具有有限非竞用性与有限非排他性，如道路、电视信号，互联网
- 5. 公共物品的最优数量
  - （1）公共物品的市场需求曲线：个人需求曲线的垂直相加
  - （2）公共物品的市场供给曲线：向右上方倾斜
  - （3）最优数量：市场供求曲线交点，此时每个消费者的边际利益之和与边际成本相等
- 6. 公共资源
  - （1）含义：是指在消费上具有竞争性而不具有排他性的物品
  - （2）公地悲剧：公地（公海）由于长期的超载放牧（捕捞）而日益衰落
  - （3）公地最优消耗量标准：边际社会收益＝边际社会成本
- 7. 公共选择理论
  - （1）集体选择：是指所有的参与者依据一定的规则通过相互协商来确定集体行动的过程
  - （2）集体选择的规则
    - ①一致同意的规则
    - ②多数规则
    - ③加权规则
    - ④否决规则
  - （3）政府官员制度的效率
    - ①缺乏竞争
    - ②机构庞大
    - ③成本昂贵

不完全信息
├─ 1. 不完全信息和信息不对称
│   ├─ (1) 不完全信息：是指市场参与者不拥有某种经济环境状态的全部知识
│   └─ (2) 信息不对称：交易中的个人拥有的信息不同
├─ 2. 逆向选择
│   ├─ (1) 逆向选择的含义：是指在买卖双方信息不对称的情况下，差的商品总是将好的商品驱逐出市场
│   ├─ (2) 逆向选择产生的原因：当交易双方的其中一方对于交易可能出现的风险状况比另一方知道得更多时，便会出现逆向选择问题
│   └─ (3) 典型市场分析：二手车市场、保险市场
├─ 3. 败德行为
│   ├─ (1) 败德行为（道德风险）的含义：在协议达成后，协议的一方通过改变自己的行为，来损害对方的利益
│   ├─ (2) 败德行为产生的原因：非对称信息
│   └─ (3) 典型市场分析：保险市场
└─ 4. 委托人—代理人问题
    ├─ (1) 委托人—代理人问题特征
    │   ├─ ① 委托人利益的实现决定于代理人的行为
    │   ├─ ② 委托人与代理人的利益不一致
    │   └─ ③ 代理人行为状况的有关信息是非对称的
    ├─ (2) 产生委托人—代理人问题的后果：委托人利益受损，且社会资源配置效率降低
    └─ (3) 解决方法
        ├─ ① 股东—经理：股票期权计划
        └─ ② 雇主—雇员：工资报酬计划

三、主要概念

1. 完全信息（Complete Information）：在一个市场上，所有的新信息都能迅速地被市场中的参与者所知晓，并能够立即融入到市场价格之中。

2. 不完全信息（Incomplete Information）：①绝对意义上的不完全信息：由于认识能力的限制，人们不可能知道在任何时候、任何地方发生的或将要发生的任何情况。②相对意义上的不完全信息：市场经济本身不能够生产出足够的信息并有效地配置它们。

3. 信息不对称（Information Asymmetry）：是指在相互对应的经济个体之间的信息呈不均匀、不对称的分布状态，也就是说，有些人对关于某些事情的信息比另外一些人掌握得更多一些。

4. 道德风险（Moral Hazard）：指的是交易双方在签订交易契约后，占据信息优势的一方在使自身利益最大化的同时损害了处于信息劣势一方的利益，而且并不承担由此造成的全部后果的行为。

5. 逆向选择（Adverse Selection）：逆向选择是指市场交易的一方如果能够利用多于另一方的信息使自己受益而使另一方受损，那么倾向于与对方签定契约进行交易，这种交易契约的签定或市场选择导致了市场效率的降低。

6. 市场信号（Market Signaling）：市场上卖方向买方用令人信赖的方式发出信号，以显示产品或其他交易对象的质量信息。

7. 外部经济（External Economy）：外部性（又称外部影响），是指从事某种经济行为的经济单位不能从其行为中获得全部收益或者支付全部成本，结果是社会所得到的收益或成本与经济行为人的收益或成本不相一致。正是这种不一致使得私人的最优与社会最优产生偏差，从而产生自发行为，导致低效率。

8. 私人产品（Private Goods）：只能由一个人消费的物品或劳务。

9. 公共产品（Public Goods）：由每一个人消费并不能排除其他任何一个人消费的物品或劳务。

10. 搭便车（Free Rider）：某人不进行购买而消费某种物品。

11. 市场失灵（Market Failure）：市场机制本身在某些场合下并不能导致资源有效配置的结果。即使市场是有效率的，它也可能带来社会所不能接受的收入分配结果——贫富悬殊。

12. 寻租（Rent－Seeking）：是指一种为了获得或维持垄断地位从而得到垄断利润（即垄断租金）而采取的非生产性的寻利活动。

四、重点、难点

（一）重点

1. 市场失灵及其主要原因。
2. 垄断的低效率及其管制。
3. 公共物品的特点，搭便车、寻租，公共物品的均衡。
4. 外部经济和外部不经济，科斯定理。
5. 不完全信息的含义及其解决方法，道德风险与逆向选择。

（二）难点

1. 垄断的低效率与垄断的管制。
2. 外部影响（外部性）与帕累托最优。
3. 外在性与政策选择。
4. 产权界定与外部性（科斯定理）。
5. 道德风险与逆向选择。
6. 委托—代理问题的实质和解决问题的关键。

五、疑难解析

1. 垄断的低效率与垄断的管制。垄断的低效率表现：①资源配置不合理。为了保证利润最大化，垄断厂商会限制产量，难以满足社会真正的需求数量。②资源利用效率低。垄断厂商由于限制产量，使其生产脱离最优规模，厂商的产量低于社会最优产量，成本高于长期平均生产成本的最低点，其市场价格高于成本。③社会福利损失。垄断价格高于边际成本以及最低平均成本，导致消费者剩余减少，而且减少程度大于生产者剩余的增加，结果是社会总剩余净减少。

同时，垄断行业中存在技术发展停滞、寻租等现象，又会造成更大的社会成本。资源不能得到充分利用，社会福利受到损失。这样就使得有必要对垄断进行政府干预。

垄断缺乏效率并不总是政府干预的原因。在市场需求所要求的数量范围内，如果生产技术使得平均成本处于递减状态，则从社会的角度来看，一个行业中只有一个厂商进行经营是有利的，并且，这种生产技术对竞争者"自然"会产生排斥作用，因为参与竞争的厂商在生产较少的产量时只能花费更高的成本。这就是所谓的"自然垄断"。在一些包括自然垄断的情形中，政府往往对垄断行业进行管制。

价格管制或者价格及产量同时管制是政府通常采取的手段。为了提高垄断厂商的生产效率，政府试图使得价格等于边际成本，从而使得产量达到帕累托最优水平。如果政府只采取价格管制，即规定产品的价格但不规定厂商的生产数量，那么合理的管制价格是厂商的边际成本与需求曲线的交点所决定的价格。对于自然垄断情形而言，上述按价格等于边际成本确定管制价格的方法并不适用，因为此时厂商处于亏损状态。在实践中，解决上述难题的一种方式是采取双价制。即首先按市场需求曲线与厂商的边际成本曲线的交点确定价格，此时厂商处于亏损状态。之后，允许厂商索要一个高价格以弥补其亏损。在双价制下，可以使某些消费者在低数量上支付较高的价格，而另外一些消费者则在高数量上支付低价格；或者，同一个消费者在不同数量上支付不同的价格。如果政府执行价格和数量管制，从理论上讲，市场需求曲线上的任意一点所决定的价格和数量都是可行的。但在实践中，通常的原则是：对公道的价值给予一个公道的报酬。为此，政府可选择的价格和数量组合是市场需求曲线与平均成本曲线的交点，此时厂商获得正常利润。此外，政府也可以采取税收和补贴等政策措施。

2. 外部影响（外部性）的情况下为什么不能达到帕累托最优状态。存在生产或消费的外部经济（或外部不经济）的情况下，私人利益和社会利益，私人成本和社会成本往往是不一致的。一项经济活动存在外部经济时，人们从该项活动中得到的私人利益会小于社会利益，而存在外部不经济时，人们从事该项活动所付出的成本又会小于社会成本。令 R_P、R_S 和 C_P、C_S 分别代表某人从事某项经济活动所能获得的私人利益、社会利益、私人成本和社会成本，假如存在生产的外部经济，即 $R_P < R_S$，又假设 $R_P < C_P < R_S$，则此人显然不会进行该活动。这表明资源配置没有达到帕累托最优，因为从上述两个不等式中可以得到：$(R_S - R_P) > (C_P - R_P)$，这一新不等式说明，社会上由此得到的好处（$R_s - R_P$）大于私人从事这项活动所受到的损失（$C_P - R_P$）。可见，这个人如果从事这项活动的话，从社会上其他人所得到的好处中拿出一部分来补偿进行这项活动的私人所受到的损失以后还会有多余，即可使其他人状况变好而没有任何人状况变坏。这说明，存在外部经济的情况下，私人活动的水平常常低于社会所要求的水平。存在外部不经济的情况下，结果正好相反。

3. 外部性与政策选择。之所以外部性造成市场对资源的配置缺乏效率，原因是社会的边际收益和边际成本与私人的边际收益和边际成本不相等。假设社会边际收益等于私人边际收益，在外部不经济（负外部性）时，私人边际成本小于社会边际成本，从而私人决策所生产的产量大于社会最优产量；反之，如果存在外部经济（正外部性），则私人产量不足。纠正外部性的传统方法主要有征税或补贴以及外部影响内部化的主张。征税或补贴方案是政府通过征税或者补贴来矫正经济当事人的私人成本。合并企业使得外部性问题内在化。

如果产权界定明确，通过市场交易解决外在性问题是可行的。通过权利的自由交换，经济当事人会以最低的成本寻求解决方案。以 Y 厂商向 X 厂商就污染问题而施加外在成本的情形为例。在产权可以自由买卖的条件下，如果法律界定 X 厂商有权不受污染，那么 Y 厂商为了能够生产就必须向 X 厂商购买污染权。这时，Y 厂商将因此增加一部分边际成本，而 X 厂商则得到相应的收益。反之，如果产权界定给 Y 厂商，即 Y 厂商有权向 X 厂商施加污染，那么，X 厂商将购买这一权利以便 Y 厂商不释放污染。结果，市场交易本身使得污染问题得到解决。不仅如此，由于交易是在完全竞争条件下进行的，因而结果是帕累托最优的。

4. 科斯定理对外部性的纠正。科斯定理是指在市场交换中，若交易费用为零，产权明晰，那么产权的初始状态对资源配置的效率就没有影响。例如，假定有一工厂排放的烟尘污染了周围 10 户居民晾晒的衣服，每户因此受损失 65 元，10 户共损失 650 元。再假定有两个解决方法，一是花 300 元给工厂烟囱安装一台除尘器，二是给每户买一台值 50 元的烘干机，10 户共需 500 元。不论把产权给工厂还是给居民，即不论工厂拥有排烟权利，还是 10 户居民有不受污染的权利，如果听任市场机制发生作用，交易费用为零，那么工厂或居民都会自动采取 300 元解决问题的方法，因为这样最经济，300 元成本最低表示资源配置最优。西方一些学者根据科斯定理，认为外部影响之所以导致资源配置不当是由于产权不明确。如果产权明确，且得到充分保障，有些外部影响就不会发生。在上述例子中，只要产权归工厂还是居民是明确的，则他们中任何一方都会想出用 300 元安装一个除尘器来消除污染，即解决外部影响问题。就是说，在解决外部影响问题上不一定要政府干预，只要产权明确，市场会自动解决外部性问题。科斯以前，以英国庇古为主要代表的传统经济学家认为，解决外部性问题必须由政府出面干预：出现外部不经济时，要用征税办法，其数额应等于外部不经济给其他社会成员造成的损失，使私人成本等于社会成本；出现外部经济时，用政府津贴办法，使私人利益和社会利益相等，这样，就可使资源配置达到帕累托最优。因此，科斯定理是对传统经济学观点的修正。

5. 道德风险与逆向选择。不完全信息导致市场失灵的另外一个例子是道德风险问题。以保险为例，通常投保人要比保险公司更了解投保对象的情况。但当双方签订保险合同之后，信息的不完全又会产生新的问题。一般而言，投保对象出险的可能性与投保人所采取的保护措施相关联。由于保险公司很难了解投保人对保护措施的付出，因而这一市场上存在着信息不完全性。正是这种不完全性使得保险公司会因为出险的可能性提高而蒙受损失。一种可能的结果是，保险公司提高保费，不容易出险的投保人退出该市场，从而市场再次失灵。

次品市场是一个有代表性的信息不对称的例子。在"旧货"市场上，卖者比买者拥有更多的信息，因而市场上并不必然出现高质高价现象。举例来说，假定在旧车市场上，只有两种类型的轿车，高质量轿车的供给曲线为 SH，低质量轿车的供给为 SL，再假定卖方知道轿车的质量，但买方不知道这一点，因而 SH 高于 SL。如果信息是完全的，那么对应于需求曲线 D，将分别决定两个不同的价格 PH 和 PL，即高质量的轿车按较高的价格成交，低质量的轿车按低价格成交。但是由于信息不完全，买者并不知道轿车的质量，因而他会以一定的可能性（比如 50%）来推断轿车的质量，从而按平均质量决定供给曲线 SA，即买者接受的价格是 PA。结果，高质量的轿车因不愿意接受 PA，而退出市场。因此，在这一市场上只有低质量的汽车才能成交，即用低的价格购买"货真价实"的低质品。在次品市场上出现的高质量产品遭淘汰而低质量产品生存下来的现象就被称为"逆向选择"。

6. 委托—代理问题的实质。委托人和代理人都是追求自身收益最大化的，存在着目标不一致的现象。解决问题的关键，是如何能使代理人在追求自身收益最大化的同时，也恰好达到使委托人的收益最大化。激励就是委托人如何使代理人从自身效用最大化出发，自愿地或不得不选择与委托人标准或目标相一致的行动。这样一来，委托人与代理人之间的利益协调问题，就可以转化为激励机制的设计问题。委托人设计激励机制的目标相应地就是针对代理人的隐藏信息而面临的不利选择地位，激励的目标是如何使代理人"自觉地"显示他们的私人信息或真实偏好，即所谓的"如何让人说真话"；而针对代理人的隐蔽行动可能面临的道德风险问题，激励的目标就是如何使代理人"自觉地"尽最大努力工作，使代理人不采取道德风险行动，即所谓的"如何让人不偷懒"。

六、案例及思考

案例 8-1：不好意思说的银行业利润

"企业利润那么低，银行利润那么高，所以我们有时候利润太高了，自己都不好意思公布。"在北京举行的"2011 环球企业家高峰论坛"上，民生银行行长洪崎发言如是说。银行业高利润其实不是什么大秘密，世人早已知道，媒体也已多有报道，众多银行机构连续多年漂亮的年报成绩单也已经说明了一切。但是细看银行业漂亮的成绩单不难发现，银行收入来源非常单一，盈利主要来源于存贷款利率差和中间业务收入。

首先，存款利率低，再考虑通货膨胀，实际利率为负利率，老百姓存钱就是给银行贴钱。而贷款利率远高于存款利率，贷款高利率，实质上是银行过度占据贷款企业的利润，压缩了企业的利润空间，不利于企业发展，尤其是不利于本身处于低利润状态的实体企业发展。其次，以手续费和佣金收入为主的中间业务收入，实际上是银行乱收费带来的成就，是银行把原来免费而且本身就不应该收取手续费的项目违规或合法化地变成了收费项目，比如银行卡异地存取款手续费、银行卡跨行存取款手续费、银行卡年费等。

银行之所以能通过这两种方式获取高额利润，主要得益于行政性垄断。中国人民银行为所有银行类金融机构设置了存贷款利率上下限（即便近年来推行了利率市场化政策），实质上等同于控制了金融信贷产品的价格。全国虽有法人银行类金融机构多达4091家，亦无法通过价格的调节展开真正的市场竞争。此外，中国人民银行还为所有金融机构设定了"存贷比"，以此控制金融市场上的信贷供给量，所有金融机构都必须遵守严格的存贷比限定从事信贷业务。于是我国银行业已经具备了垄断的绝大多数特征：被控制的价格、被控制的供给量、市场准入的限制，以及一个凌驾于所有经营者之上并制定规则的行政机构。

参考资料：谁说中国银行业不垄断[EB/OL]. http://money.163.com/special/bankmonopoly；何勇. 银行高利润消费者也不好意思说[EB/OL]. http://bank.hexun.com/2011-12-06/136032820.html.

结合案例8-1思考以下问题：
（1）银行垄断在获取高利润的同时又如何造成社会经济效率损失？
（2）相比而言，发达国家的银行利润主要来源于自身投资收益，那么我国银行业改革发展的方向是什么？

案例8-2：秸秆焚烧与雾霾

据统计，我国每年的各类秸秆总产量大约在7亿吨上下，几乎占世界秸秆总量的1/3，其中20%的秸秆没有得到有效利用。在经济发达地区的农村和大城市郊区，由于燃料结构改变和化肥的广泛使用，秸秆剩余量甚至高达70%~80%，这些秸秆最后大多被焚烧。在夏、秋粮食收获期间，秸秆焚烧频繁，会产生大量的CO_2、CO、氮氧化物、苯以及多环芳烃等有害气体，遇到无风、逆温等对大气扩散不利的天气，不仅造成环境空气质量短时间严重恶化，而且还对人体健康、交通运输等多方面造成不同程度的影响。

2015年10月18日国家环保部的通报显示，10月5日至17日期间，全国有20个省（区）被监测到疑似秸秆焚烧火点共862个，比2014年同期增加54个，增幅为6.68%。山西南部、山东东部和河南大部以轻度至中度污染为主，山东西部以中度至重度污染为主，这其中大部分区域都存在焚烧秸秆的情况。环保部环境监察局副局长汪冬青认为，从近年通过卫星遥感对秸秆焚烧火点监测情况，以及大气环境质量监测情况看，露天焚烧秸秆对大气环境质量有一定的影响。也有研究发现，在焚烧秸秆高发期出现的严重污染天气中，焚烧秸秆带来的污染物对雾霾的贡献率可能达20%左右。

1999年，国家环保总局和农业部等6部门发布《秸秆禁烧和综合利用管理办法》后，多地政府一直严抓秸秆禁烧，各级政府甚至派出工作人员到田间蹲守，目标就是"不着一把火，不冒一股烟"。即便如此，秸秆焚烧却仍然屡禁不止。

参考资料：秸秆焚烧致中国重霾加重［EB/OL］. http：//news.mydrivers.com/1/452/452615.htm；秸秆焚烧，为何16年屡禁不止［EB/OL］. http：//news.ifeng.com/a/20151021/45869596_0.shtml.

结合案例8-2思考以下问题：
（1）农民为什么会焚烧秸秆？农民焚烧秸秆带来何种外部性？
（2）政府应怎样引导农民综合有效利用秸秆？

案例8-3：走下"神坛"的冬虫夏草

"冬天是虫，夏天是草，冬虫夏草是个宝。"冬虫夏草一直被视为名贵中药材，主要产于我国青海、西藏、四川、云南、甘肃和贵州等省区的高寒地带和雪山草原，其中青海省产量约占全国总产量的60%，年交易额约为全国交易额的2/3，业界有"世界虫草看中国，中国虫草看青海"之说，"青海冬虫夏草"于2010年获批为国家地理标志保护产品。

天然冬虫夏草资源很稀缺，市场需求量与实际供给量间存在较大缺口，加之部分商家过分渲染冬虫夏草的"神奇"功效以及囤货居奇，冬虫夏草的价格急剧上升。1983年，上等冬虫夏草的价格约为每千克300元，1990年则涨至每千克1 000元左右。2003年非典时期，冬虫夏草包治百病的传言使其一夜之间变成"神草"，上等冬虫夏草价格飙升至每千克1.6万元，从此，虫草正式步入"奢侈保健品"行列。目前，每千克2000条规格的冬虫夏草，青海产地价格约为18.6万元，西藏产地价格约为16万元。而冬虫夏草中的"极品"——极草5X冬虫夏草，每千克甚至超过了100万元。

然而，2016年2月4日，国家食品药品监督管理局发布的《关于冬虫夏草类产品的消费提示》称："冬虫夏草属中药材，不属于药食两用物质。"此外，食品药品监督管理局称，近期组织开展了对冬虫夏草、冬虫夏草粉及纯粉片产品的监测检验，被检验的冬虫夏草、冬虫夏草粉及纯粉片产品中，砷含量为4.4~9.9 mg/kg。"保健食品国家安全标准中砷限量值为1.0 mg/kg，长期食用冬虫夏草、冬虫夏草粉及纯粉片等产品会造成砷过量摄入，并可能在人体内蓄积，存在较高风险。"3月4日，国家食品药品监督管理局下发了《关于停止冬虫夏草用于保健食品试点工作的通知》。受此影响，青海春天药用资源科技利用有限公司被要求停止冬虫夏草纯粉片产品试点以及相关产品生产经营，公司股票停牌。

一时间冬虫夏草该何去何从，引发各方关注。

结合案例8-3思考以下问题：

（1）冬虫夏草素有"软黄金"之称，其价格快速上涨的原因有哪些？

（2）政府主管部门该如何监管乱象丛生的冬虫夏草市场？

七、练习题

（一）单项选择题

1. 不完全竞争市场中出现低效率的资源配置是因为产品价格（　　）边际成本。
   A. 大于　　　　　　　　　　　　　B. 小于
   C. 等于　　　　　　　　　　　　　D. 可能不等于

2. 由于垄断会使效率下降，因此任何垄断都是要不得的。这一命题（　　）。
   A. 一定是正确的　　　　　　　　　B. 并不正确
   C. 可能是正确的　　　　　　　　　D. 基本上是正确的

3. 为了提高资源配置效率，政府对竞争性行业厂商的垄断行为是（　　）。
   A. 是限制的　　　　　　　　　　　B. 是提倡的
   C. 不管的　　　　　　　　　　　　D. 有条件加以支持的

4. 私人商品与公共产品的主要区别在于（　　）。
   A. 前者是私人提供的，后者是政府提供的
   B. 前者是私人使用的，后者是政府提供的
   C. 前者具有竞争性和排他性，后者则没有
   D. 前者具有非竞争性和非排他性，后者则没有

5. 某一经济活动存在外部经济是指该活动的（　　）。
   A. 私人成本大于社会成本　　　　　B. 私人成本小于社会成本
   C. 私人利益大于社会利益　　　　　D. 私人利益小于社会利益

6. 荒漠治理的行为属（　　）。
   A. 生产的外部经济　　　　　　　　B. 消费的外部经济
   C. 生产的外部不经济　　　　　　　D. 消费的外部不经济

7. 如果上游工厂污染了下游居民的饮水，按科斯定理，（　　），问题就可以妥善解决。
   A. 不管产权是否明确，只要交易成本为零
   B. 只要产权明确，且交易成本为零
   C. 只要产权明确，不管交易成本多大
   D. 不论产权是否明确，交易成本是否为零

8. 市场不能提供纯粹公共物品是因为（　　）。
   A. 公共物品不具有排他性　　　B. 公共物品不具有竞争性
   C. 消费者都想"免费乘车"　　D. 以上三种情况都是
9. 事前交易双方信息不对称，比方说买方不清楚卖方一些情况，会导致（　　）。
   A. 卖方故意会隐瞒自己的一些情况　　B. 买方无法决策
   C. 道德风险　　D. 逆向选择
10. 纠正负外部性时，不能采取的措施是（　　）。
    A. 给予补贴　　B. 征税
    C. 明晰产权　　D. 政府管制与指导

（二）判断题

1. 当存在外部经济时，厂商的私人收益高于社会收益。（　　）
2. 在外部不经济情况下，私人活动水平常常要高于社会所要求的最优水平。（　　）
3. 对产生外部不经济行为的企业或个人应采取征税或罚款的措施。（　　）
4. 不完全竞争市场中出现低效率的资源配置表现为产品价格低于边际成本。（　　）
5. 公共物品绝对不可能由私人经济部门提供。（　　）
6. 如果存在正的外部性，那么，社会从商品的私人消费中获益。（　　）
7. 对垄断的公共管制是由政府来直接经营的。（　　）
8. 道德风险是由事后信息不对称所引起的。（　　）
9. 市场失灵指的是市场完全不发挥作用。（　　）
10. 垄断对社会造成的损害只在于企业获得了超额利润。（　　）
11. 当存在外部不经济时，厂商的私人成本高于社会成本。（　　）
12. 外部不经济的解决方法是对该活动征税。（　　）

（三）简答题

1. 许多消费者把著名品牌的名称看作是质量的信号，并愿为名牌产品多付钱。品牌能否成为提供有用信息的质量信号？
2. 解释保险市场上逆向选择与道德风险的区别。其中的一种能在另一种不存在的情况下存在吗？
3. 为什么像公路、桥梁及电视广播等不能称为纯公共物品？
4. 举例说明什么是科斯定理？

（四）论述题

　　江苏太仓港环保发电有限公司决定扩建发电供热机组，并对扩建发电供热机组进行脱硫治理。尽管脱硫效率达到90%，但由于公司的二氧化硫总量控制指标已没有余量，公司每年仍要增加2 000吨的二氧化硫排放量。这个时候怎么办？无独有偶，另外一家企业，南京下关发电厂引进先进的治理技术，使脱硫效率达到75%左右。这样，电厂每年排放的二氧化硫实际量就比环保部门核定的排污总量指标减少了3 000吨。也就是说，该企业尚有3 000吨的排污权限闲置，没有得到充分的利用，对该企业来说，无疑是一种浪费。江苏省环保厅热情牵线，撮合两家企业坐下来商谈"买卖"。经过几轮协商，这笔二氧化硫排污权交易终于签字成交。按照协议规定，从2003年7月至2005年，太仓港环保发电有限公司每年将从下关发电厂买回1 700吨的二氧化硫排污权，并以每公斤1元的价格，每年向下关发电厂支付170万元的交易费用。2006年以后，双方要根据当时的二氧化硫排污权交易市场行情，再定买卖价格。2003年7月起，江苏省太仓港环保发电有限公司将以每年170万元的价格，跨市向位于南京市的下关发电厂购买1 700吨的二氧化硫排污权。这是我国首例成交的异地二氧化硫排污权交易。请说明科斯定理在实际经济活动中的局限。

第九章

考研真题及解答

- 考研真题及解答（一）
- 考研真题及解答（二）
- 考研真题及解答（三）
- 考研真题及解答（四）
- 考研真题及解答（五）
- 考研真题及解答（六）
- 考研真题及解答（七）
- 考研真题及解答（八）

考研真题及解答（一）

一、名称解释

稀缺（中央财大 2000 年研）

答：指在给定的时间内，相对于人的需要而言，经济资源的供给总是不足的。人类消费各种物品的欲望是无限的。满足这种欲望的物品，有的可以不付出任何代价而随意取用，称之为自由物品，如阳光和空气。但绝大多数物品是不能自由取用的，因为世界上的资源（包括物质资源和人力资源）有限，这种有限的、为获取它必须付出某种代价的物品，称之为"经济物品"。这样一来，一方面，人类对经济物品的欲望是无限的；另一方面，用来满足人类欲望的经济物品却是有限的。相对于人类的无穷欲望而言，经济物品或生产这些经济物品所需要的资源总是不足的。正因为稀缺性的客观存在，地球上就存在着资源的有限性和人类的欲望与需要的无限性之间的矛盾。这样，就导致经济学家们从经济学角度来研究使用有限的资源来生产什么、如何生产和为谁生产的问题。经济学研究的问题和经济物品都是以稀缺性为前提的。

二、简答题

你如何理解"经济学是研究人类理性行为的科学"？（北师大 2007 年研）

答：（1）经济学是研究人类某些具有稳定行为的科学，它对人的行为的研究不同于其他一些行为科学，它以一些基本的假设行为作为其分析经济问题的出发点。经济理性主义，是西方经济学在进行经济分析时的一个基本假设，也称为理性人假设，或经济人假设。

（2）理性人是经济生活中一般人的抽象，其本性被假设为是利己的，总是力图以最小的经济代价去追逐和获取自身的最大的经济利益。这样人们做出经济决策的出发点，就是私人利益，每个人都寻求个人利益极大化，而不会做出于己无利的事。

经济人假设包括以下内容：①在经济活动中，个人所追求的唯一目标是自身经济利益的最大化。例如，消费者所追求的是最大限度的自身满足；生产者所追求的是最大限度的自身利润；生产要素所有者所追求的是最大限度的自身报酬。这就是说，经济人主观上既不考虑社会利益，也不考虑自身非经济的利益。②个人所有的经济行为都是有意识的和理性的，不存在经验型和随机型的决策。因此，经济人又被称为理性人。③经济人拥有充分的经济信息，每个人都清楚地了解其所有经济活动的条件与后果。因此，经济中不存在任何不确定性，获取信息不需要支付任何成本。

（3）经济理性主义假设是经济学分析的基础、前提条件，它存在于经济学几乎所有的理论之中。因而现代经济学可以理解为研究人类理性行为的一门科学，尤其是研究人们如何在稀缺的资源约束下进行理性选择的一门科学。

考研真题及解答（二）

一、名词解释

1. 需求变动与需求量变动（东北财经大学 2011 年研）

答：需求量的变动是指在其他条件不变时，由某商品的价格变动所引起的该商品的需求数量的变动。在几何图形中，需求量的变动表现为商品的价格—需求数量组合点沿着一条既定的需求曲线运动。

需求的变动是指在某商品价格不变的条件下，由于其他因素变动所引起的该商品的需求数量的变动。在几何图形中，需求的变动表现为需求曲线的位置发生移动。

2. 需求价格弹性（电子科技大学 2006 年研）

答：需求价格弹性表示在一定时期内一种商品的需求量变动对于该商品的价格变动的反应程度。或者说，表示在一定时期内当一种商品的价格变化1%时所引起的该商品的需求量变化的百分比。其公式为：

$$需求价格弹性系数 = -\frac{需求量变动率}{价格变动率}$$

影响需求价格弹性的因素有很多，其中主要有：商品的可替代性、商品用途的广泛性、商品对消费者生活的重要程度、商品的消费支出在消费者预算总支出中所占的比重以及所考察的消费者调节需求量的时间等。

3. 需求交叉弹性（华中科技大学 2008 年研；北京邮电大学 2010 年研）

答：需求交叉价格弹性简称为需求交叉弹性，表示在一定时期内一种商品的需求量的变动对于它的相关商品的价格变动的反应程度。或者说，表示在一定时期内当一种商品的价格变化1%时所引起的另一种商品的需求量变化的百分比。如果用 E_{XY} 表示需求交叉弹性系数，用 ΔQ^x 表示商品 X 的需求量的变化量，ΔP_Y 表示相关商品 Y 的价格的变化量，则需求交叉弹性公式为：

$$E_{XY} = \frac{\Delta Q_X}{\Delta P_Y} \cdot \frac{P_Y}{Q_X}$$

如果两种商品之间可以互相代替以满足消费者的某一种欲望，则称这两种商品之间存在着替代关系，这两种商品互为替代品。若两种商品之间存在着替代关系，则一种商品的价格与它的替代品的需求量之间呈同方向的变动，相应的需求交叉弹性系数为正值。

如果两种商品必须同时使用才能满足消费者的某一种欲望，则称这两种商品之间存在着互补关系，这两种商品互为互补品。若两种商品之间存在着互补关系，则一种商品的价格与它的互补品的需求量之间呈反方向的变动，相应的需求交叉弹性系数为负值。

若两种商品之间不存在相关关系，则意味着其中任何一种商品的需求量都不会对另一种商品的价格变动做出反应，相应的需求交叉弹性系数为零。

4. 需求收入弹性（中国青年政治学院 2010 年研）

答：需求收入弹性表示在一定时期内消费者对某种商品的需求量的变动对于消费者收入量变动的反应程度。或者说，表示在一定时期内当消费者的收入变化 1% 时所引起的商品需求量变化的百分比。如果用 E_M 表示需求收入弹性系数，用 M 和 ΔM 分别表示收入和收入的变动量，Q 和 ΔQ 表示需求量和需求量的变动量，则需求收入弹性公式为：

$$E_M = \frac{\Delta Q}{\Delta M} \cdot \frac{M}{Q}$$

在影响需求的其他因素既定的前提下，可以通过需求收入弹性系数值来判断该商品是必需品、奢侈品还是劣等品。如果某种商品的需求收入弹性系数大于 1，即 $E_M > 1$，表示消费者对商品需求量增加的幅度大于收入水平上升的幅度，则该商品为奢侈品；如果某种商品的需求收入弹性系数小于 1 而大于 0，即 $0 < E_M < 1$，表示消费者商品需求量增加的幅度小于收入水平上升的幅度，则该商品为必需品；如果某种商品的需求收入弹性系数小于 0，即 $E_M < 0$，表示随着收入水平的提高，消费者对此种商品的需求反而下降，则该商品为劣等品。

5. 恩格尔定律（中南财经政法大学 2009 年研；中央财经大学 2010 年研）

答：德国统计学家恩格尔根据统计资料，对消费结构的变化得出一个规律：在一个家庭或在一个国家中，食物支出在收入中所占的比例随着收入的增加而减少。反映这一定律的系数被称为恩格尔系数，公式表示为：

$$恩格尔系数 = \frac{消费者用于购买食品的支出}{消费者的可支配收入}$$

用弹性概念来表述恩格尔定律可以是：对于一个家庭或一个国家来说，富裕程度越高，则食物支出的收入弹性就越小；反之，则越大。

随着时间的推移，后来的经济学家对恩格尔定律做了若干补充，恩格尔定律的内容有所增加。目前，经济学对恩格尔定律的表述是：

（1）随着家庭收入的增加，用于购买食品的支出占家庭收入的比重会下降。

（2）随着家庭收入的增加，用于家庭住宅建设和家务经营的支出占家庭收入的比重大体不变。

（3）随着家庭收入的增加，用于服装、交通、娱乐、卫生保健、教育方面的支出和储蓄占家庭收入的比重会上升。

6. 比较静态分析（山东大学 2011 年研）

答：所谓比较静态分析，是考察当原有的条件或外生变量发生变化时，原有的均衡状态会发生什么变化，并分析比较新旧均衡状态。例如，在均衡价格决定模型中，当外生变量的变化使得需求曲线或供给曲线的位置发生移动时，均衡点的位置也会随之发生变化，对新旧均衡点的分析比较就是比较静态分析。

二、简答题

1. 一种商品需求价格弹性的大小主要受哪些因素影响？这些因素对需求价格弹性的具体影响是怎样的？（中央财经大学 2011 年研）

答：需求价格弹性表示在一定时期内一种商品的需求量变动对于该商品的价格变动的反应程度。或者说，表示在一定时期内当一种商品的价格变化1%时所引起的该商品的需求量变化的百分比。影响需求价格弹性的因素主要有：

（1）商品的可替代性

一般说来，一种商品的可替代品越多，相近程度越高，则该商品的需求价格弹性往往就越大；相反，该商品的需求价格弹性往往就越小。对一种商品所下的定义越明确越狭窄，这种商品的相近的替代品往往就越多，需求的价格弹性也就越大。

（2）商品用途的广泛性

一般说来，一种商品的用途越是广泛，它的需求价格弹性就可能越大；相反，用途越是狭窄，它的需求价格弹性就可能越小。

（3）商品对消费者生活的重要程度

一般说来，生活必需品的需求价格弹性较小，非必需品的需求价格弹性较大。

（4）商品的消费支出在消费者预算总支出中所占的比重

消费者在某商品上的消费支出在预算总支出中所占的比重越大，该商品的需求价格弹性可能越大；反之，则越小。

（5）所考察的消费者调节需求量的时间

一般说来，所考察的调节时间越长，则需求的价格弹性就可能越大；反之，则越小。

2. 简述需求价格弹性与企业总收益的关系。（中南财经政法大学 2011 年研）

答：商品的需求价格弹性和提供该商品的厂商的总收益之间存在着密切的关系，这种关系可归纳为以下三种情况：

（1）当 $E_d > 1$，即需求富有弹性时，总收益与价格反向变动，即它随价格的提高而减少，随价格的降低而增加。这是因为，当 $E_d > 1$ 时，厂商降价所引起的需求量的增加率大于价格的下降率。这意味着价格下降所造成的销售收入的减少量必定小于需求量增加所带来的销售收入的增加量。所以，降价最终带来的销售收入值是增加的。相反，在厂商提价时，最终带来的销售收入值是减少的。

（2）当 $E_d<1$ 时，即需求缺乏弹性时，总收益与价格同向变动，即它随价格的提高而增加，随价格的降低而减少。这是因为，当 $E_d<1$ 时，厂商降价所引起的需求量的增加率小于价格的下降率。这意味着需求量增加所带来的销售收入的增加量并不能全部抵消价格下降所造成的销售收入的减少量。所以，降价最终带来的销售收入值是减少的。相反，在厂商提价时，最终带来的销售收入值是增加的。

（3）当 $E_d=1$ 时，总收益和价格的变动没有关系。这是因为，当 $E_d=1$ 时，厂商变动价格所引起的需求量的变动率和价格的变动率是相等的。这样一来，由价格变动所造成的销售收入的增加量或减少量刚好等于由需求量变动所带来的销售收入的减少量或增加量，所以，无论厂商是降价还是提价，销售收入值是固定不变的。

3. 若要增加生产者的销售收入，对粮食、食油一类的商品和对黄金手饰、高级音响一类的商品分别应采取提价还是降价的方法？为什么？（北京邮电大学 2007 研）

答：若要增加生产者的销售收入，对粮食、食油一类缺乏弹性的商品应该采取提价的方法，而对黄金手饰、高级音响一类富有弹性的商品应该采取降价的方法。

分析如下：商品的需求价格弹性和提供该商品的厂商的销售收入之间存在着密切的关系。具体来说，对于富有弹性的商品，降低价格会增加厂商的销售收入，其原因在于厂商降价所引起的需求量的增加率大于价格的下降率，即价格下降所造成的销售收入的减少量必定小于需求量增加所带来的销售收入的增加量；对于缺乏弹性的商品，提高价格会使厂商的销售收入增加，其原因在于厂商提价所引起的需求量的减少率小于价格的上涨率，即价格上涨所造成的销售收入的增加量必定大于需求量减少所带来的销售收入的减少量。

因此，诸如粮食、食油一类的生活必需品，是需求缺乏弹性的商品，为了增加生产者的销售收入，应该采取提价的办法；相反，黄金手饰、高级音响这类高档消费品，由于其需求富有弹性，为了增加生产者的销售收入，则应采取降价的办法。

4. 价格管制对供需平衡会产生什么样的影响？（南开大学 2008 年研）

答：政府根据不同的经济形势会采取不同的经济政策。政府的价格政策主要有最高限价和最低限价两种。

（1）最高限价对供需平衡产生的影响

最高限价也称为限制价格。它是政府所规定的某种产品的最高价格。最高价格总是低于市场的均衡价格。

如图 2-1 所示，原来产品市场的均衡点为 E，即均衡价格为 P_e，均衡数量为 Q_e，P_0 为限制价格（$P_0<P_e$），当价格为 P_0 时，需求量为 Q_1，供给量为 Q_2，(Q_2-Q_1) 为实行最高限价后的产品短缺的数量。

产品的短缺会导致一个严重的后果，即可能引发黑

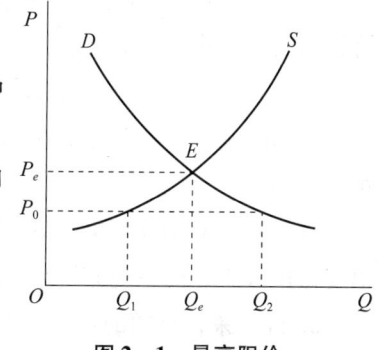

图 2-1 最高限价

市交易。为了维持产品的限制价格，政府通常会采取产品配给的方法，并采取相应的措施打击黑市交易。

（2）最低限价对供需平衡产生的影响

最低限价也称为支持价格。它是政府所规定的某种产品的最低价格。最低价格总是高于市场的均衡价格。

如图2-2所示，原先均衡点为E，即均衡价格为P_e，均衡数量为Q_e，P_0为支持价格（$P_0 > P_e$），当价格为P_0时，需求量为Q_1，供给量为Q_2，（$Q_2 - Q_1$）为实行支持价格后的产品过剩的数量。为了解决过剩的数量，政府通常收购市场上过剩的产品。

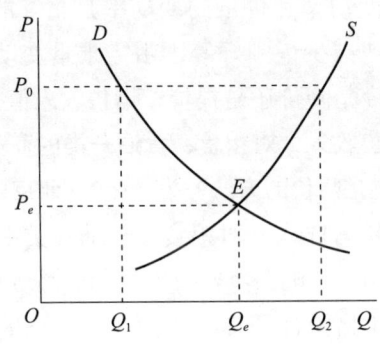

图2-2 最低限价

5. 有人说，气候不好，农民的收入减少对农民不利。但也有人说，气候不好，农产品价格会上涨，可以增加农民收入，反而对农民有利。试运用所学经济学原理对这两种说法给予评价。（暨南大学2011年研）

答：（1）评价气候不好对农民是否有利，主要看农民的农业收入在气候不好的情况下如何变动。气候不好对农民的直接影响是农业歉收，即农产品的供给减少，这表现为农产品的供给曲线向左上方移动。如果此时市场对农产品的需求状况不发生变化，即需求曲线保持不变，那么农产品供给的减少将导致均衡价格的上升。

（2）一般来说，人们对农产品的需求是缺乏弹性的，由需求的价格弹性与销售总收入的上升之间的关系可知，此时农民的农业收入将随着均衡价格的上升而增加。因而在需求状况不因气候不好发生变化并且对农产品需求缺乏弹性的情况下，气候不好引致的农业歉收对农民增加收入是有利的。

（3）但是，如果农产品因气候不好而大幅度减产，而价格上升的幅度不足以弥补产量下降的幅度的话，那么农民将不因气候不好而得到更多的收入，反而收入会减少，对农民不利。

（4）由上述分析可知，对这一问题的回答应该首先对农产品的需求弹性以及减产幅度做出假定，而不能笼统地下判断。

6. 近年来，我国的部分农产品价格出现了周期性波动的态势：价格在丰收年份往往很低，但次年会有较大幅度的上升……如此反复。试对此进行解释，并分析就此采

取的政策。(华中科技大学 2008 年研)

答:(1)对部分农产品价格出现周期性波动态势的解释

在农产品需求相对稳定的情况下,农产品价格出现周期性波动的态势是由农产品供给的变动引起的。由于农产品的需求价格弹性往往小于1,农产品生产周期较长又不易储存,所以农产品价格具有不稳定性。下面结合发散型蛛网模型进行分析。

图 2-3 中,由于农产品缺乏需求价格弹性,所以需求曲线比较陡峭。假定在第一期由于某种外在因素的干扰,实际产量由均衡水平 Q_e 减少为 Q_1。根据需求曲线,消费者为了购买全部的产量 Q_1,愿意支付较高的价格 P_1,于是,实际价格上升为 P_1。根据第一期的较高的价格水平 P_1,按照供给曲线,生产者将第二期的产量增加为 Q_2。在第二期,生产者为了出售全部的产量 Q_2,接受消费者愿意支付的价格 P_2,于是,实际价格下降为 P_2。根据第二期的较低的价格水平 P_2,生产者将第三期的产量减少为 Q_3。在第三期,消费者为了购买全部的产量 Q_3,愿意支付的价格上升为 P_3,于是,实际的价格又上升为 P_3。根据第三期的较高的价格水平 P_3,生产者又将第四期的产量提高到 Q_4。可以发现,如此循环下去,如图 2-3 所示,实际产量和实际价格上下波动的幅度越来越大,偏离均衡点 E 所代表的均衡产量和均衡价格越来越远。

(2)可以采取的政策

农产品价格的周期性波动会损害农民的利益,为了保护农民的利益,保护和支持农业的发展,可以采取的政策有:①政府或相关机构向农民提供相应的市场信息,引导农民科学生产;②建立农产品的库存机制,适当根据农产品的需求稳定农产品市场的供给,从而稳定农产品的价格;③严厉打击或抑制农产品的投机行为,稳定农产品市场的供给和需求,从而稳定市场价格。

三、计算题

1. 假定对新汽车的需求价格弹性 $E_d = -1.2$,需求收入弹性为 $E_y = 3.0$,计算:

(1)其他条件不变,价格提高3%对需求的影响;

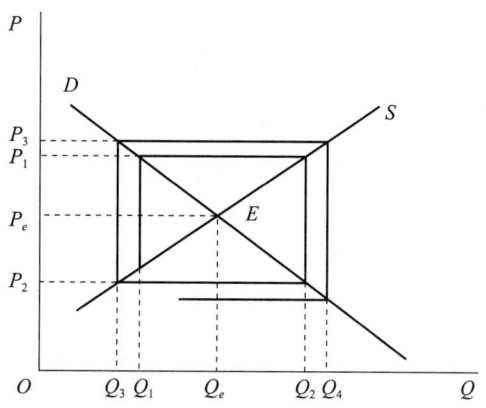

图 2-3 发散型蛛网

(2) 其他条件不变,收入上升2%对需求的影响。(武汉大学2009年研)

解:(1) 由需求价格弹性可知:

$$\frac{\Delta Q}{Q} = E_d \times \frac{\Delta P}{P} = -1.2 \times 3\% = -3.6\%$$

即在其他条件不变的情况下,如果价格提高3%,则需求将下降3.6%。

(2) 由需求收入弹性可知:

$$\frac{\Delta Q}{Q} = E_y \times \frac{\Delta M}{M} = 3.0 \times 2\% = 6\%$$

即在其他条件不变的情况下,如果收入上升2%,则需求将上升6%。

2. *A* 公司和 *B* 公司是家电行业的两个竞争者,它们的产品需求曲线分别为:*A* 公司:$P_A = 1\,000 - 5Q_A$;*B* 公司:$P_B = 1\,600 - 4Q_B$。*A*、*B* 公司目前销售量分别为100个单位和250个单位。求:

(1) 这两家公司当前的点价格弹性?

(2) *B* 公司实施降价策略使其销售量增加到300个单位,但 *A* 公司销售量降到75个单位,那么 *A* 公司产品的交叉需求弹性为多少?(北京理工大学2008年研)

解:(1) 当 A 公司销售量为100个单位时,由需求函数可得:$P_A = 1\,000 - 5 \times 100 = 500$,将相应的价格—需求量组合代入需求价格点弹性计算公式,可得:

$$e_d = \frac{dQ}{dP} \cdot \frac{P}{Q} = -(-0.2) \times \frac{500}{100} = 1$$

同理可得 B 公司当前的点价格弹性为:

$$e_d = \frac{dQ}{dP} \cdot \frac{P}{Q} = -(-0.25) \times \frac{600}{250} = 0.6$$

即 A 公司和 B 公司当前的点价格弹性分别为 1 和 0.6。

(2) B 公司要使其销售量增加到300个单位,则新的价格水平 $P'_B = 1\,600 - 4 \times 300 = 400$,即 $\Delta P_B = P'_B - P_B = 400 - 600 = -200$。则可得 A 公司产品的交叉需求弹性为:

$$e_{AB} = \frac{\dfrac{\Delta Q_A}{Q_A}}{\dfrac{\Delta P_B}{P_B}} = \frac{\dfrac{75-100}{100}}{\dfrac{-200}{600}} = 0.75$$

即 A 公司产品的交叉需求弹性为 0.75。

3. 假设对于某商品,市场上共有100个消费者,该商品的50%为75个彼此相同的消费者所购买,他们每个人的需求价格弹性为2;另外50%的商品为其余25个彼此相同的消费者所购买,他们每个人的需求价格弹性为3,试求这100个消费者合起来的需求价格弹性。(东北财经大学2009年研)

解:个人需求价格弹性与市场需求价格弹性之间的关系可视为消费者在市场需求量的份额乘以其需求价格弹性之和。数学证明如下(假设市场上有 n 个消费者,可类似推导):

$$Q = q_A^d + q_B^d$$

$$e_d = -\frac{P}{Q} \cdot \frac{dQ}{dP} = -\frac{q_A^d}{Q} \cdot \frac{P}{q_A^d} \cdot \frac{dq_A^d}{dP} - \frac{q_B^d}{Q} \cdot \frac{P}{q_B^d} \cdot \frac{dq_B^d}{dP}$$

$$= \frac{q_A^d}{Q} \cdot e_d^A + \frac{q_B^d}{Q} \cdot e_d^B$$

本题中，将相关数据代入可得按 100 个消费者合计的需求价格弹性系数为：

$$e_d = \frac{1}{2} \times 2 + \frac{1}{2} \times 3 = 2.5$$

4. 香蕉的反需求函数是 $P_d = 18 - 3Q_d$，反供给函数是 $P_s = 6 + Q_s$。

（1）假设没有税收和补贴，均衡价格和均衡量各是多少？

（2）假设对香蕉的生产者支付每单位（公斤）2 元的补贴，新的均衡价格和均衡量各是多少？

（3）计算对香蕉提供生产补贴后消费者剩余和生产者剩余的变化额。

（4）如果苹果和香蕉之间的交叉价格弹性为 0.5，那么在苹果价格保持不变的情况下，对香蕉生产者的补贴会对苹果的需求量产生怎样的影响？（南开大学 2008 年研）

解：（1）假如没有税收和补贴，根据均衡条件 $Q_d = Q_s$，有：

$$\frac{13 - P}{3} = P - 6$$

解得：$P = 9$，$Q = 3$，即假设没有税收和补贴，均衡价格为 9，均衡量为 3。

（2）假设对香蕉的生产者支付每单位（公斤）2 元的补贴，则反需求函数不变，反供给函数由原来的 $P_s = 6 + Q_s$ 改变为 $P_s = 4 + Q_s$。于是，根据均衡条件有：

$$\frac{18 - P}{3} = P - 4$$

解得：$P = 7.5$，$Q = 3.5$，即假设对香蕉的生产者支付每单位（公斤）2 元的补贴，新的均衡价格为 7.5，均衡量为 3.5。

（3）对香蕉提供生产补贴前，消费者剩余 $CS = \int_0^3 (18 - 3Q)dQ - 9 \times 3 = 13.5$，生产者剩余 $PS = 9 \times 3 - \int_0^{3.5}(4 + Q)dQ = 4.5$；补贴后，消费者剩余 $CS = \int_0^{3.5}(18 - 3Q)dQ - 7.5 \times 3.5 = 18.375$，生产者剩余 $PS = 7.5 \times 3.5 - \int_0^{3.5}(4 + Q)dQ = 6.125$。

可以看出，对香蕉提供生产补贴后，消费者剩余增加 4.875，生产者剩余增加 1.625。

（4）由于苹果和香蕉之间的交叉价格弹性为正值，说明苹果和香蕉互为替代品。由于苹果价格保持不变，对香蕉生产者进行补贴，会导致香蕉价格下降，从而使苹果的需求量下降。

四、论述题

1. 论述收入弹性和交叉弹性的决定及其经济意义。（山东大学 2007 年研）

答：（1）收入弹性的决定及其经济意义：需求收入弹性表示在一定时期内消费者

对某种商品的需求量的变动对于消费者收入量变动的反应程度。或者说，表示在一定时期内当消费者的收入变化1%时所引起的商品需求量变化的百分比。如果用 e_M 表示需求收入弹性系数，用 M 和 ΔM 分别表示收入和收入的变动量，Q 和 ΔQ 分别表示需求量和需求量的变动量，则商品的需求收入弹性公式为：

$$e_M = \frac{\Delta Q}{\Delta M} \cdot \frac{M}{Q}$$

在影响需求的其他因素既定的前提下，可以通过需求收入弹性来判断该商品是必需品、奢侈品还是劣等品。其中，需求收入弹性化 $e_M>1$ 的商品为奢侈品，$0<e_M<1$ 的商品为必需品，$e_M<0$ 的商品为劣等品。

（2）需求交叉弹性的决定及其经济意义：需求交叉弹性表示在一定时期内一种商品的需求量的变动对于它的相关商品的价格变动的反应程度。或者说，表示在一定时期内当一种商品的价格变化1%时所引起的另一种商品的需求量变化的百分比。如果用 X、Y 表示两种商品，用 e_{XY} 表示 X 商品需求量对 Y 商品价格的反应程度，则需求交叉弹性公式为：

$$e_{XY} = \frac{\Delta Q_X}{\Delta P_Y} \cdot \frac{P_Y}{Q_X}$$

需求交叉弹性可以是正值，也可以是负值，它取决于商品间关系的性质。如果交叉弹性是正值，即 $e_{XY}>0$，表示随着 y 商品的价格提高（降低），X 商品需求量增加（减少），则 X、Y 商品之间存在替代关系，为替代品。其弹性系数越大，替代性越强。如果交叉弹性是负值，$e_{XY}<0$，表示随着 Y 商品的价格提高（降低），X 商品需求量减少（增加），则 X、Y 商品之间存在互补关系，为互补品。其弹性系数越大，互补性越强。如果商品 X、Y 的需求交叉弹性为零，即 $e_{XY}=0$，则说明 X 与 Y 之间没有相关性，是相互独立的两种商品。

2. 俗话说"谷贱伤农"，即粮食丰收反而会带来农民收入的下降，请分析背后的经济学原因，并说明政府在农业领域可以发挥哪些作用。（中国青年政治学院2008研；南京财经大学2010年研）

答：（1）"谷贱伤农"的含义："谷贱伤农"指风调雨顺时，农民收获的粮食数量增加，但是卖粮收入反而减少的现象。该现象的经济学逻辑是：在其他因素不变的条件下，粮食丰收使得粮食价格下降，并且粮食价格下降的程度大于粮食产量增加的程度。

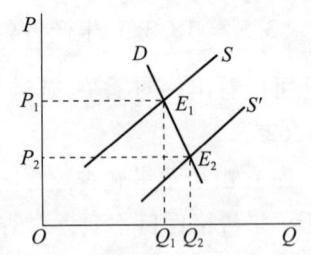

图2-4 "谷贱伤农"的经济学分析

（2）"谷贱伤农"的经济学分析：造成"谷贱伤农"这种经济现象的根本原因在于：农产品的需求价格弹性往往是小于1的，即当农产品的价格发生变化时，农产品的需求往往是缺乏弹性的。其分析如图2-4所示。

图2-4中，农产品的需求曲线D是缺乏弹性的。农产品的丰收使供给曲线由S的位置向右平移至S'的位置，在缺乏弹性的需求曲线的作用下，农产品的均衡价格大幅度地由P_1下降为P_2。由于农产品均衡价格的下降幅度大于农产品的均衡数量的增加幅度，最后致使农民总收入量减少。总收入的减少量相当于图中矩形$OP_1E_1Q_1$和$OP_2E_2Q_2$的面积之差。

（3）政府在农业领域可以发挥的作用

由于粮食是需求缺乏弹性的商品，粮食丰收会降低农民的收入，这会降低农民农业生产的积极性。因此政府需要采取措施保证农民的收入，具体来说，可以采取以下两个措施：

第一，政府以保护价收购粮食。即在农业丰收时，为了避免粮食价格大幅度下降，政府设定粮食收购保护价。这就保证了农民能够以较高的价格出售粮食，从而使得粮食丰收时，农民也可以获得更高的收入，保证了农民农业生产的积极性。

第二，对农业生产进行补贴。政府可以采取直接补贴的形式，对进行农业生产的农民进行财政补贴。这种补贴实质上降低了农业生产的成本。农民不会因为粮食丰收反而收入减少，这保证了农民未来农业生产的积极性。

3. 政府如果对产品的卖方征收销售税，那么，在其他条件不变的情况下这将会导致商品的供给曲线向上平移。然而，根据供求曲线具体形状的不同，实际的税收负担情况是不同的。假定商品的需求曲线为负斜率的直线，试结合图形分析一下：

（1） 在什么情况下税收负担能够完全转嫁给买方？

（2） 在什么情况下买卖双方均承担一定的税赋？

（3） 在什么情况下税收负担完全不能转嫁给买方？

（4） 上述变化有什么规律性？（东北财经大学2009年研）

答：（1）如图2-5（a）所示，供给曲线为水平直线，原有均衡点为E点。当政府对产品的卖方征收销售税时，供给曲线S向上移动至S'，形成新的均衡点E'点。可以看出，税收负担能够完全转嫁给买方。通过转嫁，消费者承担了全部税额。

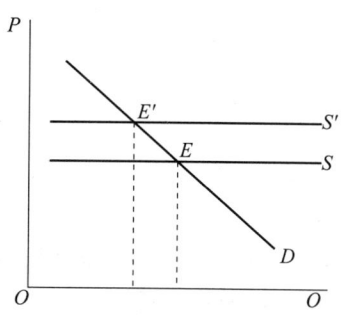

图2-5（a） 税收负担完全转嫁给买方

（2）如图2-5（b）所示，供给曲线向右上方倾斜，原有均衡点为E点。当政府对产品的卖方征收销售税时，供给曲线S向上移动至S'，形成新的均衡点E'点。可以看出，产品价格不是按全部税额上涨的，通过转嫁，买方和卖方各承担了一部分税额。

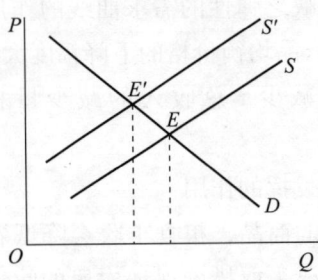

图2-5（b） 税收负担由买卖双方共同承担

（3）如图2-5（c）所示，供给曲线与横轴垂直，保持一个固定的水平，原有均衡点为E点。当政府对产品的卖方征收销售税时，供给曲线不会发生变化，所以产品价格保持原来的水平，税收负担无法转嫁，卖方承担了全部税额。

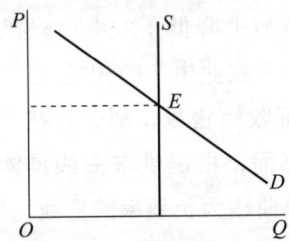

图2-5（c） 税收负担完全不能转嫁给买方

（4）从上面的分析中可以看出：供给曲线的弹性是影响税收归宿的主要因素之一。在其他条件不变的前提下，供给弹性越大，卖方就越可以通过价格上涨的方式把更多的税收转嫁给买方，税收更多地由买方承担；供给弹性越小，卖方就越难以通过价格上涨的方式把更多的税收转嫁给买方，只能自己来承受大部分的税收。

负担的转嫁程度随着供给曲线斜率的变小而增大。当供给曲线的斜率趋向于无穷大时，卖方承担的税赋最大；当供给曲线的斜率趋向于零时，卖方承担的税赋最小。

考研真题及解答（三）

一、名词解释

1. 基数效用论和序数效用论（山东大学2005年研；中央财经大学2007年研）

答：效用是指消费者在消费商品时所感受到的满足程度，并且这种满足程度纯粹是一种消费者主观心理感觉。效用有基数效用和序数效用之分。基数效用论认为，效用的大小可以用设想的数字来表示，并加以计算和比较。如消费者消费第一个包子的效用为5，第二个包子的效用为4，因此第一个包子比第二个包子的效用大1。序数效用论认为，效用仅仅是次序概念，而不是数量概念，因此在分析商品效用时，无法用具体数字来描述商品效用，只能用第一、第二等序数来说明各种商品效用谁大谁小或相等。

虽然基数效用论和序数效用论在效用的认识方法上存在差异，但是它们说明的问题和得出的结论却是一致的。它们都认为边际效用具有递减规律，都能用各自的方法推导出商品需求曲线，只是它们用来表述的工具不同。其中，基数效用论的工具是具体的数字，而序数效用论的工具是无差异曲线。

2. 消费者剩余（复旦大学 1996 年、1999 年、2002 年研；辽宁大学 2002 年研；武汉大学 2002 年研；华中科技大学 2002 年、2007 年研；江西财经大学 2004 年研；南开大学 2005 年、2009 年研；电子科技大学 2006 年、2007 年、2008 年研；上海财经大学 2006 年、2007 年研；对外经济贸易大学 2007 年研；湖南大学 2007 年研；财政部财政科学研究所 2008 年研；中国青年政治学院 2009 年研；中央财经大学 2010 年研）

答：消费者剩余是指消费者在购买一定数量的某种商品时愿意支付的最高总价格和实际支付的总价格之间的差额。由于消费者消费不同数量的同种商品所获得的边际效用是不同的，所以，他们对不同数量的同种商品所愿意支付的价格也是不同的。但是，消费者在市场上所面临的同种商品的价格往往却是相同的，这样，消费者为一定数量的某种商品所愿意支付的价格和他实际支付的价格之间就会有一定的差额，这一差额就构成消费者剩余。消费者剩余可以用图 3-1 来表示。

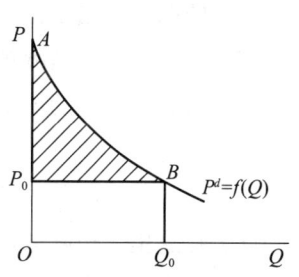

图 3-1 消费者剩余

如图 3-1 所示，反需求函数 $P^d = f(Q)$ 表示消费者对每一单位商品所愿意支付的最高价格。消费者剩余可以用消费者需求曲线以下、市场价格线之上的面积来表示，即图 3-1 中的阴影部分面积所示。

需要注意的是，消费者剩余是消费者的主观心理评价，它反映消费者通过购买和消费商品所感受到的状态的改善。因此，消费者剩余通常被用来度量和分析社会福利问题。

3. 无差异曲线（财政部财政科学研究所 2002 年研；厦门大学 2003 年研；中南大学 2004 年研；武汉大学 2005 年研；中国政法大学 2005 年研；中央财经大学 2005 年、2007 年研；华中科技大学 2007 年研；北京邮电大学 2008 年研）

答：无差异曲线是序数效用论的一种分析方法，是用来表示消费者偏好相同的两种商品的所有数量的组合。或者说，它表示能够给消费者带来相同的效用水平或满足程度的两种商品的所有数量的组合。无差异曲线的绘制如图 3-2 所示。

图 3-2 中，横轴和纵轴分别表示商品 1 的数量 x_1 和商品 2 的数量 x_2。图 3-2 中的曲线表示商品 1 和商品 2 的不同组合给消费者带来的效用水平是相同的。与无差

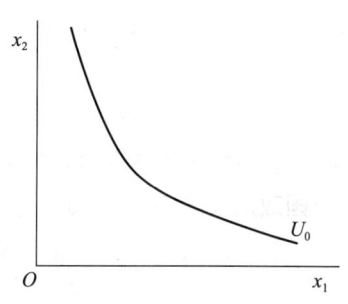

图 3-2 无差异曲线

异曲线相对应的效用函数为 $U=f(x_1, x_2)=U_0$，其中，x_1、x_2 分别为商品 1 和商品 2 的消费数量，U_0 是常数，表示某个效用水平。

无差异曲线具有以下三个基本特征：第一，由于通常假定效用函数是连续的，所以，在同一坐标平面上的任何两条无差异曲线之间，可以有无数条无差异曲线；第二，在同一坐标平面图上的任何两条无差异曲线不会相交；第三，无差异曲线是凸向原点的，即无差异曲线的斜率的绝对值是递减的。

4. 边际替代率递减规律（中央财经大学 2011 年研）

答：经济学家指出，在两种商品的替代过程中，普遍存在着边际替代率递减规律，即在维持效用水平不变的前提下，随着一种商品的消费数量的连续增加，消费者为得到每一单位的这种商品所需要放弃的另一种商品的消费数量是递减的。

边际替代率递减是消费者偏好所普遍具有的一个特征。这是因为，当人们对某一种商品的拥有量增加后，人们就越来越不愿意减少其他商品来进一步增加这种商品。事实上，边际效用递减规律暗含了边际替代率递减规律。边际效用递减规律表明，随着一种商品消费量的增加，其边际效用越来越小。而在这里，当商品 1 的消费量不断增加时，其边际效用不断减少，从而使它的替代能力不断降低；当商品 2 的消费量不断减少时，其边际效用不断增加，从而使它能够交换到的其他商品的数量不断增加，因此，在这里，边际效用递减规律表现为边际替代率递减规律。

5. 预算约束线（厦门大学 2007 年研）

答：预算约束线又称为预算线、消费可能线和价格线，表示在消费者的收入和商品的价格给定的条件下，消费者的全部收入所能购买到的两种商品的各种组合。假定以 I 表示消费者的既定收入，以 P_1 和 P_2 分别表示商品 1 和商品 2 的价格，以 X_1 和 X_2 分别表示商品 1 和商品 2 的数量，则相应的预算式为：

$$P_1X_1 + P_2X_2 = I$$

该式表示：消费者的全部收入等于他购买商品 1 和商品 2 的总支出。由该预算式做出的预算约束线为图 3-3 中的线段 AB。

图 3-3 中，预算线的横截距和纵截距分别表示全部收入用来购买商品 1 和商品 2 的数量。预算线把平面坐标图划分为三个区域：预算线以外的区域中的任何一点，是消费者利用全部收入都不可能实现的商品购买的组合点；预算线以内的区域中的任何一点，表示消费者的全部收入在购买该点的商品组合以后还有剩余；唯有预算线 AB 上的任意一点，才是消费者的全部收入刚好花完所能购买到的商品组合点。

6. 消费者均衡（中国人民大学 1999 年、2001 年、2005 年研；中国海洋大学 2001 年研；浙江工商大学 2002 年研；东北大学 2003 年研；中南财经政法大学 2004 年研；中国政法大学 2005 年研；东北财经大学 2007 年研）

答：消费者均衡是指消费者的效用达到最大并维持不变的一种状态，其研究单个消费者如何把有限的货币收入分配在各种商品的购买中以获得最大的效用。也可以说，它研究的是单个消费者在既定收入下实现效用最大化的均衡条件。这里的均衡指消费

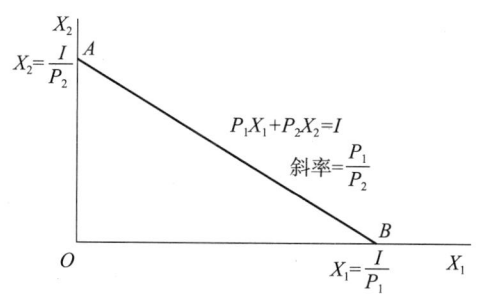

图 3-3 预算约束线

者实现最大效用时既不想再增加，也不想再减少任何商品购买数量的这么一种相对静止的状态。

在基数效用论者那里，消费者实现效用最大化的均衡条件是：如果消费者的货币收入水平是固定不变的，市场上各种商品的价格是已知的，那么，消费者应该使自己所购买的各种商品的边际效用与价格之比相等。或者说，消费者应使自己花费在各种商品购买上的最后一元钱所带来的边际效用相等。即 $MU/P=\lambda$，其中 λ 为货币的边际效用。

序数效用论者把无差异曲线和预算线结合在一起说明消费者的均衡。任何一个理性的消费者在用一定的收入购买商品时，其目的是为了从中获得尽可能大的消费满足。消费者偏好决定了消费者的无差异曲线，一个消费者的关于任何两种商品的无差异曲线簇可以覆盖整个坐标平面。消费者的收入和商品的价格决定了消费者的预算线，在收入既定和商品价格已知的条件下，一个消费者关于两种商品的预算线只能有一条。那么，当一个消费者面临一条既定的预算线和无数条无差异曲线时，只有既定的预算线和其中一条无差异曲线的相切点，才是消费者获得最大效用水平或满足程度的均衡点，此时满足 $MRS_{12}=P_1/P_2$。

7. 收入—消费曲线（中国人民大学 2000 年研；山东大学 2007 年、2011 年研；北京邮电大学 2007 年研）

答：收入—消费曲线是在消费者的偏好和商品的价格不变的条件下，与消费者的不同收入水平相联系的消费者效用最大化的均衡点的轨迹。收入—消费曲线的形成如图 3-4 所示。

在图 3-4（a）中，随着收入水平的不断增加，预算线由 AB 移至 A′B′，再移至 A″B″，形成了三个不同收入水平下的消费者效用最大化的均衡点 E_1、E_2 和 E_3。如果收入水平的变化是连续的，则可以得到无数个这样的均衡点的轨迹，这便是图 3-4（a）中的收入—消费曲线。图 3-4（a）中的收入—消费曲线是向右上方倾斜的，它表示：随着收入水平的增加，消费者对商品 1 和商品 2 的需求量都是上升的，所以，图 3-4（a）中的两种商品都是正常品。

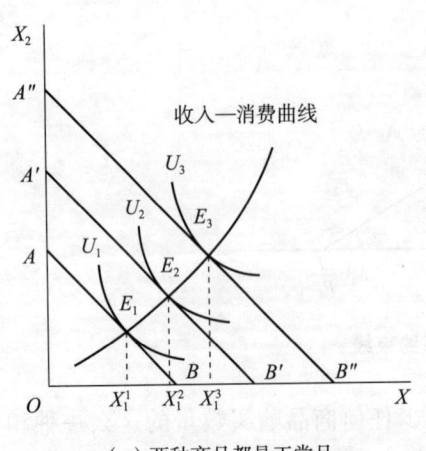
(a) 两种商品都是正常品

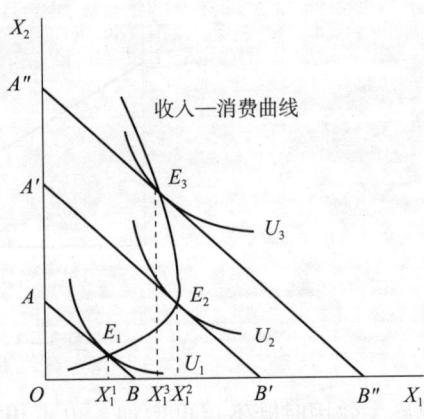
(b) 商品1由正常品变成劣等品

图 3-4 收入—消费曲线

在图 3-4（b）中的收入—消费曲线是向后弯曲的，它表示：随着收入水平的增加，消费者对商品 1 的需求量开始是增加的，但当收入上升到一定水平之后，消费者对商品 1 的需求量反而减少了。这说明，在一定的收入水平上，商品 1 由正常品变成了劣等品。

8. 恩格尔曲线（厦门大学 2007 年研；中南财经政法大学 2011 年研）

答：由消费者的收入—消费曲线可以推导出消费者的恩格尔曲线。恩格尔曲线表明的是在商品价格和其他条件不变的情况下，消费者在每一收入水平上对某种商品的需求量之间的内在联系。德国统计学家恩格尔认为，随着收入水平的提高，不同商品的需求量呈现出不同的变化趋势，如图 3-5 所示。

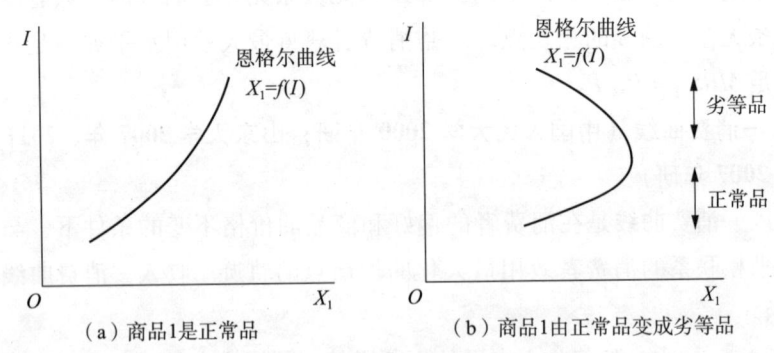

(a) 商品1是正常品　　　　　(b) 商品1由正常品变成劣等品

图 3-5 恩格尔曲线

图 3-5（a）中，商品 1 是正常品，其需求量为 X_1，随着收入水平 I 的上升而增加。图 3-5（b）中，商品 1 由正常品转变为劣等品。在较低的收入水平范围内，商品 1 的需求量与收入水平呈同方向变动；在较高的收入水平范围内，商品 1 的需求量与收入水平呈反方向变动。

9. 替代效应（江西财经大学 2004 年研；武汉大学 2005 年研；财政部财政科学研

究所 2005 年研；对外经济贸易大学 2009 年研）

答：由商品的价格变动所引起的商品相对价格的变动，进而由商品的相对价格变动所引起的商品需求量的变动，称为替代效应，即是指在消费者的实际收入（即满足水平）保持不变的前提下，由于商品价格的相对变化所引起的商品需求量的变化。

替代效应是价格变化的总效应之一，还有一个是收入效应。替代效应一般在程度上比收入效应大，在正常商品的情况下，两种效应的方向是一致的，即价格下降，替代效应引起消费者购买数量增加，收入效应也引起消费者购买数量增加。一般而言，替代效应总是负的，就是说，在实际收入保持不变的条件下，商品的价格和商品的需求量呈反方向变动。

10. 补偿预算线（中国人民大学 2004 年研；华中科技大学 2006 年研）

答：补偿预算线是用来表示当商品的价格发生变化引起消费者的实际收入水平发生变化时，用假设的货币收入的增减来维持消费者的实际收入水平不变的一种分析工具。

具体来说，在商品价格下降引起消费者的实际收入水平提高时，假设可以取走消费者的一部分货币收入，以使消费者的实际收入下降到只能维持原有的无差异曲线的效用水平（即原有的实际收入水平）这一情况。相反，在商品价格上升引起消费者实际收入水平下降时，假设可以对消费者的损失给予一定的货币收入补偿，以使消费者的实际收入维持原有的水平，则补偿预算线在此就可以用来表示消费者的货币收入提高到得以维持原有的无差异曲线的效用水平（即原有的实际收入水平）这一情况。

11. 低档物品（中国人民大学 2005 年研；中南财经政法大学 2010 年研）

答：低档物品是指需求收入弹性为负的商品。因此，低档物品需求量随着收入增加而减少，随着收入减少而增加。与此对应的一个概念是正常物品，即需求收入弹性为正的商品，正常物品需求量随着收入增加而增加，随着收入减少而减少。

低档物品的一个重要特征是商品降价的收入效应为负。商品降价使得消费者实际收入增加，再根据低档物品的定义，收入增加使得低档物品需求量减少，因此低档物品降价的收入效应为负。由于商品降价的替代效应始终为正，因此低档物品的收入效应减弱了替代效应。

低档物品中有一类特殊的物品——吉芬物品。根据定义，吉芬物品降价使得吉芬物品需求量减少。吉芬物品降价的替代效应为正（吉芬物品需求量增加），吉芬物品降价的收入效应为负，并且绝对值大于替代效应，所以总效应为负。

12. 吉芬物品（复旦大学 1998 年、2000 年研；武汉大学 2000 年、2002 年、2003 年研；青岛大学 2001 年研；中国人民大学 2003 年研；华中科技大学 2008 年研；中国青年政治学院 2008 年研；中央财经大学 2008 年研）

答：19 世纪，英国统计学家罗伯特·吉芬发现一个现象，1845 年爱尔兰发生灾荒，导致土豆价格上升，但居民对土豆的需求量却反而增加了，而这无法用传统的经济学理论进行解释，故此现象称为"吉芬难题"，并将像土豆这种随着物品价格上升，需求量反而增加的物品称之为"吉芬物品"。

吉芬物品是一种特殊的低档物品。作为低档物品，吉芬物品的替代效应与价格呈反方向的变动，收入效应则与价格呈同方向的变动。吉芬物品的特殊性就在于：它的收入效应的作用很大，以至于超过了替代效应的作用，从而使得总效应与价格呈同方向的变动。这也就是吉芬物品的需求曲线呈现出向右上方倾斜的特殊形状的原因。吉芬物品的替代效应和收入效应如图3-6所示。

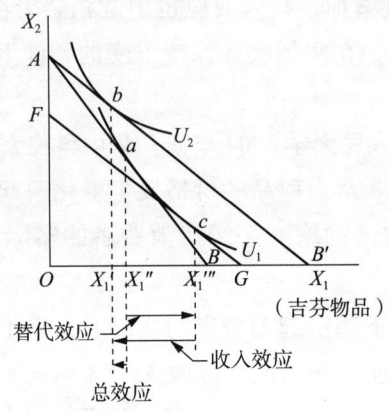

图3-6　吉芬物品的替代效应和收入效应

13. 期望效用（北京大学2003年研；华中科技大学2005年研；中央财经大学2009年研；对外经济贸易大学2010年研）

答：期望效用是指消费者在不确定条件下可能获得的各种结果的效用的加权平均数。如果用P和$1-P$表示两种结果W和Q发生的概率，则期望效用函数可记作：

$$EU = PU(W) + (1-P)U(Q)$$

可以看出，消费者的期望效用就是消费者在不确定条件下可能得到的各种结果的效用的加权平均数。由于期望效用函数的建立，对不确定条件下的消费者面临风险的行为的分析，就成了对消费者追求期望效用最大化的行为的分析。

14. 价格—消费曲线（Price-Consumption Curve）（武大2002年试；人大2002年试；上海外国语大学2005年试；北邮2006年试）

答：价格—消费曲线指在消费者的偏好、收入以及其他商品价格不变的条件下，与某一种商品的不同价格水平相联系的消费者效用最大化的均衡点的轨迹。当消费者在选择X，Y两种商品时，在收入不变的情况下，如果一种商品（例如X商品）价格不变，另一种商品（例如Y商品）价格变化，而使预算线向外或向内旋转，自然会使消费者均衡点发生相应变化，连接各个不同的消费者均衡点的曲线便是价格—消费曲线。

15. 效用（Utility）（中南财大2002年试；人行2002年试；人行2001年试）

答：指商品满足人的欲望的能力，是消费者从商品消费中所获得的满足，是消费者对商品主观上的偏好和评价。一种商品对消费者是否具有效用，取决于消费者是否有消费这种商品的欲望，以及这种商品是否具有满足消费者欲望的能力。由于效用是消费者对商品的主观评价，因此，同一商品会因人、因时、因地之不同而有不同的效用。关于对效用或者对这种"满足程度"的度量，西方经济学家先后提出了基数效用和序数效用的概念，并在此基础上，形成了分析消费者行为的两种方法，即基数效用论者的边际效用分析方法和序数效用论者的无差异曲线的分析方法。在19世纪和20世纪初期，西方经济学家普遍使用基数效用的概念。基数效用论者认为，效用如同长度、重量等概念一样，可以具体衡量并加总求和，具体的效用量之间的比较是有意义的。表示效用大小的计量单位被称为效用单位。到了20世纪30年代，序数效用的概念为大多数西方经济学家所使用。序数效用论者认为，效用是一个有点类似于香、臭、美、丑那样的概念，效用的大小是无法具体衡量的，效用之间的比较只能通过顺序或等级来表示，消费者要回答的是偏好哪一种消费，即哪一种消费的效用是第一，哪一种消费的效用是第二；同时，就分析消费者行为来说，以序数来度量效用的假定比以基数来度量效用的假定所受到的限制要少，它可以减少一些被认为是值得怀疑的心理假设。在现代微观经济学里，通常使用的是序数效用的概念，但在某些研究方面，如对风险情况下的消费者行为的分析等，还继续使用基数效用的概念。

二、简答题

1. 消费者行为理论的三个假设公理是什么？（武大2003年试）

答：根据消费者偏好某一种商品组合，而不喜欢另一种商品组合，以及消费者对其所消费的商品组合间的关系的安排，西方经济学者提出了三个基本的假设。

（1）完备性（Coopleteness）或顺序性（Ordering）。消费者总是有能力将多种商品的组合，按照其偏好大小而顺序排列和比较。在这一公理的假设下，消费者对任何两组物品A与B，必须有能力辨别其偏好A优于B，或B优于A，或两者偏好相同，且此三者中只有一种状况能成立。

（2）传递性（Transitivity）。假如某消费者面临A、B和C三种商品组合，消费者在商品组合A和B之间更偏好A，在B和C之间更偏好B，则该消费者在A和C之间就更偏好A。在这一公理的假设下，消费者的偏好具有传递性。例如，某甲偏好西瓜优于香蕉，且偏好香蕉优于橘子，则我们判断某甲偏好西瓜优于橘子。但是世界上并不是任何一件事皆具有传递性的。例如，某甲喜欢乙，而乙喜欢丙，则不能断定甲喜欢丙；还有下棋也一样，如甲赢乙，且乙赢丙，则不能说甲一定赢丙。

（3）非饱和性（Non Satiation）。在非饱和状态时，消费者对愈多的物品其偏好愈大；即消费数量愈多，所获满足愈大。在这一公理的假设条件下，若消费者达到饱和状态或超饱和状态（厌恶）时，消费者不愿再消费，否则他一定不是有理性的人。一般所设定的假定是未达饱和状态前所做的分析。以上三个公理性假设构成了现代消费者行为理论的基础。它们并没有阐明消费者偏好本身，但它们的确使得这些偏好具有某种程度的合理性。

2. 商品价格下降通过哪些途径影响到该商品的需求？是增加还是减少？并据此区分正常商品、低档商品和吉芬商品。（武大 2003 年试）

答：（1）商品价格下降通常通过收入效应和替代效应影响该商品的需求，不管商品是正常品，还是一般的劣等品，或是吉芬商品，商品降价后的替代效应表明只要该商品降价，就会用该商品替代其他商品。在一般情况下，收入效应与替代效应在同一方向上起作用，商品降价后需求量增加。但吉芬商品在商品降价后，需求量不仅没有增加，反而减少了。

（2）对于正常品而言，收入效应与替代效应在同一方向上起作用，表明在商品降价后，收入效应与替代效应都是正值。总效应必然大于零，表示商品降价后需求量增加。对于一般的劣等品而言，虽然收入效应与替代效应在相反的方向起作用，但是在绝对值上替代效应仍然大于收入效应。商品降价后正值的替代效应在绝对值上大于负值的收入效应，总效应仍然大于零，表示商品降价后需求量也是增加的。只有那些特殊劣等品，即吉芬商品降价后，不仅收入效应与替代效应在相反的方向起作用，而且在绝对值上收入效应大于替代效应，导致商品降价后总效应小于零。这表明商品降价后，需求量不仅没有增加，反而减少了。

3. 简述效用最大化原则。（首都经贸大学 2001 年试）

答：就消费者对消费品的购买选择而言，消费者的均衡指在商品现行价格和不变的消费者收入的条件下，消费者不愿意再变动购买量。一般假定消费者的行为目标是求得效用的最大化，或求得最大的满足，消费者的均衡建立在这一假定基础之上。消费者如何才能获得效用的最大化呢？要想获得效用最大化，消费者必须按照下列原则调整自己的购买量：在既定的收入与商品价格下，追求效用最大化的消费者分配他在各种商品上支出的原则是使得他花费在所购买的每一种商品上的最后一元钱所得到的边际效用相等。这就是消费者购买商品时获得效用最大化的必要条件。

4. 为什么说需求曲线上的每一点都满足消费者效用最大化条件？（人大 1999 年，2000 年试）

答：消费者要想获得效用的最大化，必须按照下列原则调整自己的购买量：在既定的收入与商品价格下，追求效用最大化的消费者分配他在各种商品上支出的原则是使得他花费在所购买的每一种商品上的最后一元钱所得到的边际效用相等。这是消费者购买商品时获得效用最大化的必要条件。这一条件可以表示为 $MU_1/p_1 = MU_2/p_2 = \cdots = MU_n/P_n$，其中 MU_i（$i=1, 2, \cdots, n$）表示任一种商品的边际效用，p_i（$i=1, 2, \cdots, n$）表示任一种商品的价格。需求曲线是消费者在既定收入水平下追求最大效用结果，通过连续变动的价格，得到类似于 E 的一些点。连接这些点便得到一条向右下方倾斜的需求曲线。因而需求曲线上的每一点都表示消费者在既定收入水平下对应于市场价格选择最大效用的商品数量。

5. 我国许多大城市资源严重不足，自来水供应紧张，请用经济学的原理为此设计一种简单有效的解决方案并回答以下问题。（东南大学 2002 年试）

该方案：

（1）对消费者剩余有何影响？

（2）对生产资源配置有何影响？

（3）对城市居民的收入有何影响？

答：可用提高自来水的使用价格来缓解或消除这个问题。自来水的价格提高：一方面，用户会减少（节约）用水；另一方面，可扩大自来水的生产或供给。这样，自来水供应紧张的局面也许可得到缓解或消除。

（1）采取这一措施，会使用户消费者剩余减少。

（2）对生产资源配置的有利效应是节约了用水，可使之用于人们更需要的途径上，从而使水资源得到更合理有效的使用。但这样做，也许会造成其他资源的浪费。比方说，工厂里本来用水来冷却物体，现在要改用电来冷却，增加了对电和有关装置的需求。如果自来水价格提高过度，必然会带来更多其他资源的消耗，这是不利的一面。

（3）如果城市居民收入不变，自来水的价格提高无疑是降低了居民的实际收入。对此，可以给居民增加货币工资或予以价格补贴。

6. 试用替代效应和收入效应解释"吉芬"矛盾。（天津财经学院 2000 年试）

答：（1）"吉芬"矛盾指商品的价格与需求量的变动违反了需求规律，即价格越低购买得越少，价格提高反而购买得更多，商品需求量与其价格呈正比关系。这类需求量与价格呈同方向变动的特殊商品因此被称为吉芬商品。

（2）替代效应是由商品的价格变动引起商品相对价格的变动，进而由商品的相对价格变动所引起的商品需求量的变动；收入效应是由商品的价格变动引起实际收入水平变动，进而由实际收入水平变动所引起的商品需求量的变动。替代效应不改变消费者的效用水平，而收入效应则表示消费者的效用水平发生了变化。

（3）作为一种特殊的低档商品，吉芬商品的替代效应与价格呈反方向的变动，收入效应与价格呈同方向的变动，但是其收入效应的作用大于替代效应的作用，从而总效应与价格呈同方向的变动，这样使得吉芬商品的需求曲线向右上方倾斜，即需求量与价格呈同方向变动。

7. 利用效用论有关原理，说明一个经济社会中不可能所有的商品都是劣等品。（北大 2001 年试）

答：（1）效用指商品满足人的欲望的能力，是消费者从商品消费中所获得的满足，是消费者对商品主观上的偏好和评价。一种商品对消费者是否具有效用，取决于消费者是否有消费这种商品的欲望，以及这种商品是否具有满足消费者欲望的能力。负效用指某种东西所具有的，不但不能给人们带来某种欲望的满足，反而给人们带来了不舒适或痛苦的能力，如垃圾、废气一类物品。负效用对不同的人有不同的衡量标准，因为不同的消费者在消费同一商品时得到的效用量或者达到最大总效用时的消费数量可能不同。在西方经济学中，人们一般用负效用和效用相结合来说明消费者的行为或者社会总体的福利。

（2）劣等品指需求量随收入变化而呈反方向变化，收入增加其需求量反而减少的商品。对于劣等品来说，替代效应与价格呈反方向的变动，收入效应与价格呈同方向的变动。而且，一般情况下，收入效应的作用小于替代效应的作用，从而总效应与价格呈反方向的变动，这样使得其需求曲线向右下方倾斜。根据经济人假设，消费者都是追求效用最大化的。若一个经济社会中所有的商品都是劣等品，则消费者从任何一种商品的消费中所得到的效用都是负效应，而为了追求个人效用最大化，消费者只会选择不消费，而这是不现实的。因此，一个经济社会中不可能所有的商品都是劣等品。

8. 试用边际收益递减规律说明我国农村剩余劳动力转移的必要性。（人行1997年试）

答：（1）边际收益递减规律指在技术水平不变的条件下，增加一种生产要素的投入，当该生产要素的投入数量增加到一定程度以后，单位生产要素投入增加所带来的产量增加最终会出现递减的规律。技术水平和其他生产要素的投入数量保持不变是边际收益递减规律成立的前提条件。在既定的土地上不断增加劳动投入所引起的边际收益递减的例子，经常作为边际收益递减规律的例证。

（2）我国大部分人口居住在农村，这意味着我国整体经济发展水平、国民收入和人民生活水平的标志在更大程度上是农村的发展；我国农村改革的目的是为了发展生产力，让亿万农民富裕起来，但只要还有70%左右的农业人口，守着极其有限的耕地，根据边际收益递减规律，大量剩余劳动力不能及时转移出去，滞留在有限的耕地上，农民就不可能富裕起来。农村剩余劳动力的合理转移有利于增加农村居民收入，改善农村居民生活质量，提高农村劳动力素质，促进农村的现代化建设。农村劳动力的合理转移在近十几年农村的持续发展中起到了至关重要的作用。

农村剩余劳动力的合理转移与我国农业的可持续发展存在着密切的关系。农村剩余劳动力的合理转移是农业可持续发展的内在要求，农村剩余劳动力的合理转移与农村城镇化建设有利于调整农业产业结构，加快城乡劳动力市场一体化建设，提高农村劳动力素质，有利于农业乃至整个国民经济的可持续发展。

9. 简述无差异曲线及其特点。（中南财大2001年试）

答：（1）无差异曲线是用来表示消费者偏好相同的两种商品的所有组合的。或者说，它是表示能给消费者带来相同效用水平或满足程度的两种商品的所有组合。

（2）无差异曲线具有以下三个基本特点：①由于通常假定效用函数是连续的，所以，在同一坐标平面上的任何两条无差异曲线之间，可以有无数条无差异曲线。所有这些无差异曲线之间的相互关系是：离原点越远的无差异曲线代表的效用水平越高，离原点越近的无差异曲线代表的效用水平越低。②在同一坐标平面图上的任何两条无差异曲线不会相交。③无差异曲线是凸向原点的。这就是说，无差异曲线不仅向右下方倾斜，即无差异曲线的斜率为负值，而且，无差异曲线是以凸向原点的形状向右下方倾斜的，即无差异曲线的斜率的绝对值是递减的。这取决于商品的边际替代率递减规律。

10. 基数效用论是怎样解释需求曲线是向右下方倾斜的？（山东大学 2000 年研）

答：基数效用论者以边际效用递减规律和建立在该规律上的消费者效用最大化的均衡条件为基础推导消费者的需求曲线，同时解释了需求曲线向右下方倾斜的原因。

基数效用论者认为，商品的需求价格取决于商品的边际效用。某一单位的某种商品的边际效用越大，消费者为购买这一单位的该种商品所愿意支付的价格就越高；反之，某一单位的某种商品的边际效用越小，消费者为购买这一单位的该种商品所愿意支付的价格就越低。由于边际效用递减规律的作用，随着消费者对某一种商品消费量的连续增加，该商品的边际效用是递减的，相应地，消费者为购买这种商品所愿意支付的价格即需求价格也是越来越低的。

进一步地，联系消费者效用最大化的均衡条件进行分析，考虑消费者购买一种商品的情况，那么，上述的消费者均衡条件可以写为：$MU_i/P_i = \lambda$（1，2，3，…）。它表示：消费者对任何一种商品的最优购买量应该是使最后一元钱购买该商品所带来的边际效用和所付出的这一元钱的货币的边际效用相等。该式还意味着：由于对于任何一种商品来说，随着需求量的不断增加，边际效用 MU 是递减的。于是，为了保证均衡条件的实现，在货币的边际效用 λ 不变的前提下，商品的需求价格 P 必然同比例于 MU 的递减而递减。

就这样，基数效用论者在对消费者行为的分析中，运用边际效用递减规律的假定和消费者效用最大化的均衡条件，推导出了消费者的向右下方倾斜的需求曲线，同时，解释了需求曲线向右下方倾斜的原因，而且说明了需求曲线上的每一点都是满足消费者效用最大化均衡条件的商品的价格—需求量组合点。

11. 为什么对人的生命不可或缺的水的价格要比没有多少实际用处的钻石的价格低？（复旦大学 1999 年研；中国政法大学 2003 年研；南京财经大学 2004 年研；北京理工大学 2006 年研；中南财经政法大学 2010 年研；厦门大学 2010 年研；山东大学 2011 年研）

答：对人的生命不可或缺的水的价格要比没有多少实际用处的钻石的价格低这一悖论就是著名的"钻石与水悖论"，也称之为"价值悖论"。约翰·劳认为水之所以用途大、价值小，是因为世界上水的数量远远超过对它的需求；而用途小的钻石之所以价值大，是因为世界上钻石的数量太少，不能满足人们对它的需求，即物以稀为贵。

马歇尔用供求均衡来解释"价值悖论"。他认为，由于水的供应量极其充足，人们对水所愿支付的价格仅能保持在一个较低的水平；可是，钻石的供应量却非常少，而需要的人又多，所以，想得到它的人就必须付出超出众人的价格。

边际学派试图用"边际效用"来说明价值悖论。按照边际学派的观点，价格取决于商品的边际效用，而不是总效用。由于水源充足，边际效用很少，所以价格也就很便宜。同理，由于钻石稀缺，边际效用很大，其价格也就相应昂贵。

12. 消费者剩余是如何形成的？（东北师范大学 2007 年、2008 年研）

答：消费者购买商品时，一方面，消费者对每一单位商品所愿意支付的最高价格取决于这一单位商品的边际效用。由于商品的边际效用是递减的，所以，消费者对某种商品所愿意支付的最高价格是逐步下降的。但是，另一方面，消费者是按实际的市场价格支付的。于是，在消费者愿意支付的最高价格和实际的市场价格之间就产生了一个差额，这个差额便构成了消费者剩余的基础。

消费者剩余可以用几何图形来表示。简单地说，消费者剩余可以用消费者需求曲线以下、市场价格线之上的面积来表示，如图 3-7 中的阴影部分面积所示。图 3-7 中，需求曲线以反需求函数的形式 $P^d = f(Q)$ 给出，表示消费者对每一单位商品所愿意支付的最高价格。假定该商品的市场价格为 P_0，消费者的购买量为 Q_0。根据消费者剩余的定义，在产量 0 到 Q_0 区间需求曲线以下的面积表示消费者为购买 Q_0 数量的商品所愿意支付的最高总金额，即相当于图中的面积 Q_0BAO；而实际支付的总金额相当于图 3-7 中的矩形面积 OP_0BQ_0，这两块面积的差额即图中的阴影部分面积，就是消费者剩余。

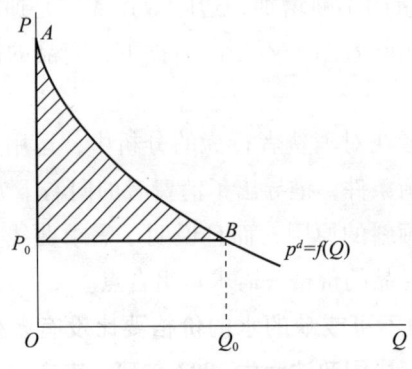

图 3-7 消费者剩余

13. 当收入和价格发生变化时，无差异曲线是否会发生改变和移动？请说明理由。（清华大学 2003 年研）

答：当收入和价格发生变化时，无差异曲线不会发生改变和移动。理由如下：

无差异曲线的一个重要特征是任意两条无差异曲线不能相交。该特征的核心意义是任意无差异曲线对应于特定效用量。无差异曲线的形状和位置是由消费者的偏好决定的，只要消费过程中消费者的偏好不发生变化，其无差异曲线就不会变动。当收入和价格发生变动的时候，消费者的预算线将发生改变和移动，与无差异曲线的切点改变，从而使最终选择发生变化，但这不会引起无差异曲线变动。

14. 根据消费者行为理论，理性消费者是如何实现消费者均衡的？（南开大学 2005 年研；中南财经政法大学 2009 年研）

答：消费者均衡是指消费者的效用达到最大并维持不变的一种状态，其研究单个消费者如何把有限的货币收入分配在各种商品的消费中以获得最大的效用。根据消费者行为理论，理性消费者实现消费者均衡可利用图3-8来说明。

如图3-8所示，U_1、U_2、U_3为三条无差异曲线，U_3代表的效用水平最高，U_2次之，U_1代表的效用水平最低。AB线表示消费者预算线。可以看出，预算线和无差异曲线U_2的相切点E是消费者在给定的预算约束下能够获得最大效用的均衡点。

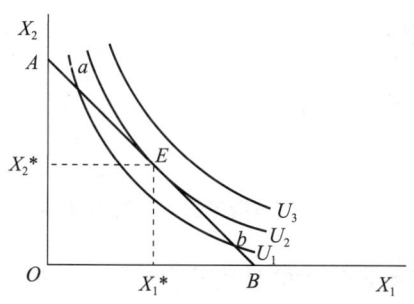

图3-8 消费者均衡

其原因是，就无差异曲线U_3来说，它与既定的预算线既无交点又无切点，这说明消费者在既定的收入水平下无法实现无差异曲线U_3上的任何一点的商品组合的购买。就无差异曲线U_1来说，虽然它与既定的预算线相交，但是，交点所代表的效用水平低于无差异曲线U_2，理性的消费者通过改变购买组合，就能达到比交点更大的效用水平。显然，只有当既定的预算线和无差异曲线U_2相切于E点时，消费者才在既定的预算约束条件下获得最大的满足，故E点就是消费者实现效用最大化的均衡点。

可以看出，在切点E，无差异曲线和预算线两者的斜率是相等的。即在均衡点E有：$MRS_{12}=P_1/P_2$，这就是消费者效用最大化的均衡条件。

15. 如何从价格—消费曲线推导出消费者的需求曲线？（中国人民大学2004年研；中南财经政法大学2005年研；辽宁大学2005年研；厦门大学2007年研）

答：价格—消费曲线是指在消费者的偏好、收入以及其他商品价格不变的条件下，与某一种商品的不同价格水平相联系的消费者效用最大化的均衡点的轨迹。

如图3-9（a）所示，从价格—消费曲线的推导可以看出，价格—消费曲线上的每一个点都表示商品1的价格与商品1的需求量之间——对应的关系。这就是说：在均衡点E_1处，商品1的价格为P_1，则商品1的需求量为X_1。在均衡点E_2处，商品1的价格P_1下降为P_2，则商品1的需求量由X_1增加为X_2。在均衡点E_3处，商品1的价格进一步由P_2下降为P_3，则商品1的需求量由X_2再增加为X_3，根据商品1的价格和需求量之间的这种对应关系，把每一个P数值和相应的均衡点上的X数值绘制在商品的价格—数量坐标图上，便可以得到图3-9（b）中的单个消费者的需求曲线。在图3-9（b）中，横轴表示商品1的数量，纵轴表示商品1的价格。图3-9（b）中需求曲线$X_1=f(p_1)$上的a、b和c点分别和图3-9（a）中的价格—消费曲线上的均衡点E_1、E_2和E_3相对应。

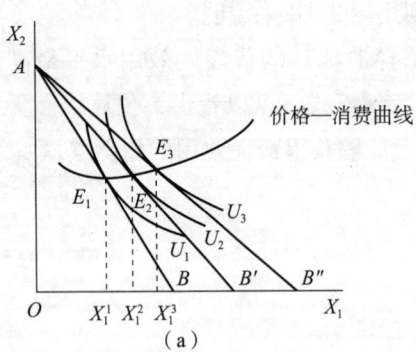
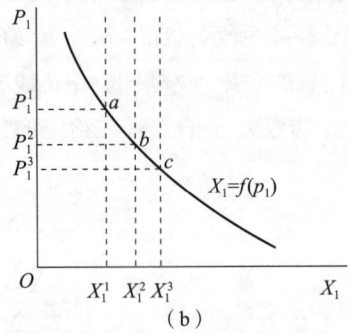

图 3-9 消费者需求曲线的推导

16. 什么是商品价格变动所产生的替代效应和收入效应？画图说明微观经济学用替代效应和收入效应对"吉芬难题"的解释。（中国人民大学 2011 年研）

答：（1）替代效应和收入效应的含义

由于一种商品价格变动而引起的商品的相对价格发生变动，从而导致消费者在保持效用不变的条件下，对商品需求量的改变，称为价格变动的替代效应。由于一种商品价格变动而引起的消费者实际收入发生变动，从而导致消费者对商品需求量的改变，称为价格变动的收入效应。

（2）利用替代效应和收入效应对"吉芬难题"进行解释

19 世纪，英国统计学家罗伯特·吉芬发现一个现象，1845 年爱尔兰发生灾荒，导致土豆价格上升，但居民对土豆的需求量却反而增加了，而这无法用传统的经济学理论进行解释，故此现象被称为"吉芬难题"，并将这种随着物品价格上升（下降），需求量反而增加（减少）的物品称之为"吉芬物品"。

图 3-10 中的横轴和纵轴分别表示商品 1 和商品 2 的数量，其中，商品 1 是吉芬物品。商品 1 的价格 P_1 下降前后的消费者的效用最大化的均衡点分别为 a 点和 b 点，相应的商品 1 的需求量的减少量为 $x'_1 x''_1$，这就是总效应。通过补偿预算线 FG 可得：$x''_1 x'''_1$ 为替代效用；$x'_1 x'''_1$ 是收入效应。而且，负的收入效应的绝对值大于正的替代效应的绝对值，所以，最后形成的总效应 $x'_1 x''_1$ 为负值。

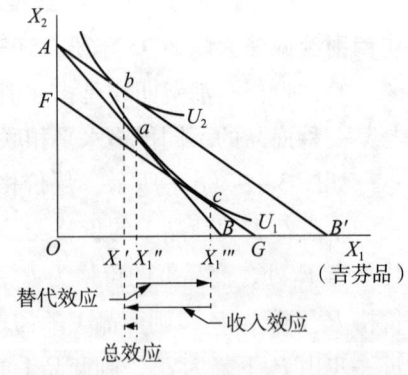

图 3-10 吉芬物品的替代效应和收入效应

吉芬物品是一种特殊的低档物品。作为低档物品，吉芬物品的替代效应与价格呈反方向的变动，收入效应则与价格呈同方向的变动。吉芬物品的特殊性就在于：它的收入效应的作用很大，以至于超过了替代效应的作用，从而使得总效应与价格呈同方向的变动。这也就是吉芬物品的需求曲线呈现出向右上方倾斜的特殊形状的原因。

17. 作图分析并说明政府对汽油征税并以所得税减免的方式返还全部税额时,消费者的满足程度将会下降。(对外经济贸易大学2011年研)

答:(1)政府对汽油征税会导致消费者支付的价格上升,导致对汽油的需求量下降;政府把税收全部返还消费者,这样消费者因为收入增加而对汽油需求增加。但是,因为汽油需求的收入弹性相对较低,所以退还税收的替代效应主导了收入效应,最终消费者对汽油的消费下降了,因此消费者的满足程度也随之下降了。

(2)如图3-11所示,假设汽油初始价格为每升1元,一位消费者的年收入为9000元,对汽油的初始需求为1200升。初始的预算线为AB,消费者通过选择C处的消费组合,购买1200升的汽油并花7800元在其他商品上来最大化其效用。如果每升征税50分,价格上涨50%,从而新预算线移至AD,在需求价格弹性为0.5时,消费量会下降25%,从1200升降至900升,效用最大化的点为E点。假设政府把450元的税收返还消费者,这使得预算线上移至线FJ,与AD平行,假设消费者的需求收入弹性为0.3,则消费者新增加450元相当于收入增加了5%,因此消费者对汽油的消费提高0.3×5%=1.5%,即13.5(升),消费者新的消费组合在H点,此时他对汽油的消费量为913.5升。

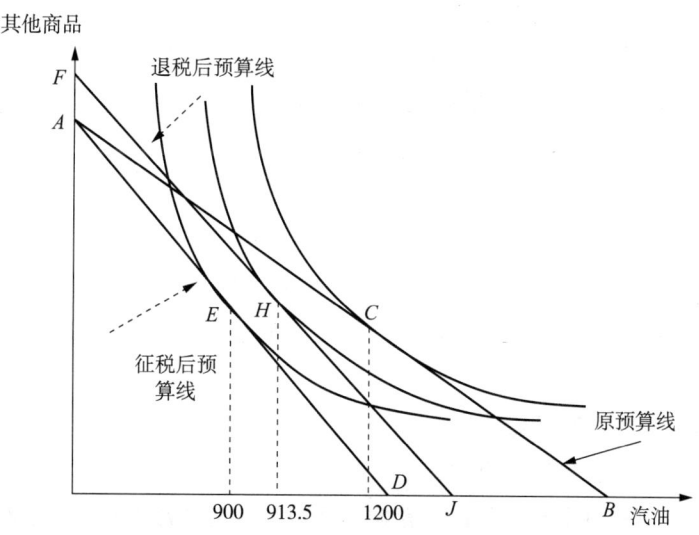

图3-11 包含税收返还计划的汽油税的影响

18. 某消费者原来每月煤气开支为10元。现在煤气的价格上涨了100%,其他商品价格不变,政府则给予该消费者10元作为价格补贴,画图分析说明该消费者效用上升了还是下降了。(西南财经大学2005年、2007年研)

答:该消费者效用上升了,因为该消费者得到10元价格补贴后,可以多消费其他商品,比如电来替代多消费煤气,由于其他商品价格不变,该消费者完全可以通过多消费其他商品,比如电来改善自己的处境,分析如图3-12所示。

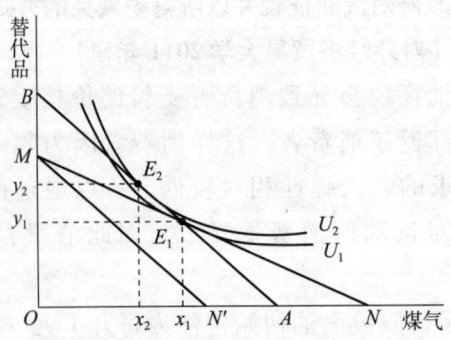

图 3-12 补贴对消费者效用的影响

在图 3-12 中，MN 表示原来的预算线，MN' 表示煤气涨价 100% 但未给予价格补贴的预算线，AB 表示获得 10 元补贴后的预算线。原来的预算线 MN 与无差异曲线 U_1 相切于 E_1 点，E_1 点是消费者效用最大化的一个均衡点，对应的对煤气的需求量为 x_1。由于煤气的价格上涨 100%，从而该消费者若仍要消费同量的煤气，必须支出 20 元，而现在给予 10 元价格补贴，加上原来的煤气开支 10 元正好是 20 元，因而仍可以消费 x_1 的煤气。因而 AB 和 MN 相交于 E_1 点，即原有的消费组合能够实现，但显然不是新的效用最大化的均衡点。由于其他商品价格不变，作为理性的消费者，面对煤气价格的上涨，该消费者会增加对其他商品如电的消费，而减少对煤气的消费，反映到图 3-12 中为 AB 和 MN' 平行，与较高水平的无差异曲线 U_2 形成新的均衡点 E_2，该均衡点对应的效用水平高于原有的效用水平。

三、论述题

1. 在中国北方许多大城市，由于水资源不足造成居民用水紧张。请根据边际效用递减规律设计一种方案供政府来缓解或消除这个问题，并回答与你的方案有关的下列问题：

（1）对消费者剩余有何影响？

（2）对生产资源的配置有何有利的影响？

（3）对城市居民的收入分配有何影响？有何补救的办法？（北交大 2005 年试）

答：边际效用递减规律是指随着人们在一定时间内对某一商品（或服务）消费数量的增加，从消费该商品（或服务）的单位增量中所获得的满足程度的增加量呈递减趋势。消费者剩余是指对于一件商品，消费者所愿意做出的最大支付与他的实际支付之间的差额。由于水资源是准公共物品，是由政府部门提供的，政府制定的水资源的价格很低，这样造成消费者用水获得的消费者剩余很多。

在中国北方许多大城市，由于水资源不足造成居民用水紧张，在这种情况下，不能实现水资源的最优分配，即最想用水的居民并不一定获得足够的用水，所以帕累托经济效率不能实现。应该对水资源的价格的征费标准、范围进行调整改革，实行水资源分部定价，具体来讲：

第一，扩大水资源费征收范围，除农业灌溉暂不征收外，其他取用水均纳入征费范围。第二，一定幅度提高征费标准，以体现水资源的稀缺性。第三，按照取水许可权限，实行分级征收和管理，体现取水审批与取用水监督管理工作的统一。对不同的需求量级别实行不同的价格，即实行分部定价（二级价格歧视）。对需求量处于较大级别的用户制定较低的价格，对需求量处于较小级别的用户制定较高的价格。第四，确定税务代收方式，地税部门依照水利部门出具的缴费通知单征收水资源费。第五，规范水资源费征收与使用管理，实行收、管分离，票、款分离，水资源费在收缴过程中直接缴入省国库，征收金额全部用于水资源开发利用和管理保护。第六，改革部分项目的征费计量方式，对煤炭、石油开采行业，按煤和石油开采量计征水资源费。

水资源费征收改革对加快节水型社会建设、保障经济社会可持续发展具有重要意义。水是生命之源，是人类社会赖以生存和发展的重要基础性自然资源和战略性经济资源。我国水资源严重短缺，水已成为当前和今后一个时期制约经济社会发展的重要因素。进一步加强水资源统一管理，促进水资源合理开发、有效利用和节约保护，是我国全面建设小康社会的重大战略选择。首先，水资源费征收改革是实现水资源优化配置、促进经济社会可持续发展的迫切要求。其次，水资源费征收改革是促进节约用水、建设节水型社会的有力举措。最后，水资源费征收改革是贯彻新《水法》，推进可持续发展水利的重要内容。

（1）对消费者剩余的影响

消费者的剩余会减少。理由如下：由于各种物品的边际效用会递减，消费者对购买不同数量的同一类商品，往往愿意支付不同的价格，但市场上的商品一般只有一个价格，便产生了消费者剩余。例如在消费者持续购买某种商品时，根据边际效用递减规律，对于消费者来说，前面购买的单位商品要比最后购买的单位具有更多的效用。因此，消费者愿意对前面购买的单位付出较多的价格，而一般商品的价格是固定的，那么在前面每单位中消费者就可能因为所付的价格低于所愿意支付的价格，而得到剩余。

进行水资源价格改革后，消费者用水支付的价格提高了，这样愿意支付的价格和实际支付的价格之间的差额缩小，进而消费者剩余减少。

（2）对生产资源配置的有利影响

进行价格的有效调整后，水资源便不是准公共物品，从而具有了竞争性和排他性。在分部定价情况下，消费者支付的价格取决于他的需求量，需求量越大支付的价格越低。这既是边际效用递减规律的体现，又使得水资源流向需求欲望最大的用户那里，即提高了水资源的配置效率，有利于实现帕累托最优配置。

（3）对城市居民收入分配的影响

由于对水的需求量越小的用户支付的价格越高，从而这部分居民的实际收入会减少。相比较而言，需求量大的用户支付的价格较低，这部分居民的实际收入减少的幅度要小。从整体上看，水资源的平均价格比原来要高，所以居民的平均实际收入水平是下降了，下降的部分转移到政府的手中。

补救的办法：由于分部定价的实行，政府提供水资源的收入提高。所以，政府应该给对水资源需求量较小的用户提供一部分转移支付，即给他们一定的用水补贴，以补偿这种不公平现象。

2. 西方微观经济学中的单个消费者的需求曲线向右下方倾斜的形状是根据什么理论得出来的？你如何评价这个理论？（中国人民大学 2001 年试）

答：（1）基数效用论和序数效用论各自从对单个消费者行为的分析中，推导出了单个消费者的需求曲线向右下方倾斜的形状。

（2）下面对这两个理论作简要评价：

①基数效用论大致流行于第二次世界大战以前，英国牛津大学的埃奇沃斯和剑桥大学的马歇尔都是其代表性人物。从专业技术上看，基数论被认为具有三大缺点。首先，效用是一个主观的心理概念，从而它的大小是否能加以衡量构成一个难以解决的问题。其次，效用既然是一个主观的心理概念，那么，不同人的效用之间的可比性构成一个更难以解决的问题。最后，基数论的成立依赖于边际效用递减，而边际效用的递减又被认为是一种"先验的"规律，即不能加以证明而仅凭大家的经验和内省而认同的规律。这种脆弱的理论基础被认为有损于基数论的科学性。

不仅如此，边际效用递减还在意识形态上使资产阶级，特别是很富有的阶层处于不利的地位。因为，正如马歇尔指出的那样，货币（金钱）也必须服从边际效用递减的规律，既然如此，由于富人持有的货币量远大于穷人，所以前者的边际效用小于后者。如果把一元钱从富人转移到穷人手中，整个社会的效用（福利）便会增加。这样，边际效用的递减可以成为收入平均化的理论根据。

②鉴于基数论的上述三大缺点，在第二次世界大战以后，在希克斯的《价值与资本》的推动之下，序数论取代了基数论的地位，其理由据说是因为序数论能够不依赖于效用的可衡量性和边际效用的递减而推导出向右下方倾斜的需求曲线。实际上，序数论的这种优点仅仅是形式上的。此外，序数论本身也存在着自己的缺点。

a. 无差异曲线表示可以给消费者带来相同满足程度的两种商品的各种组合。建立无差异曲线要有一个前提，消费者总是可以通过两种商品之间的替代来维持一定的满足程度。但事实上，人们的欲望具有不同的类别。不同类别的欲望要从不同类别的商品的消费中才能得到满足，而不同类别的商品是不能相互替代的。

b. 在对序数效用论的论述中，常用两种商品的组合来说明消费者的偏好和无差异曲线。然而，在现实的生活中，这种组合当然不限于两种商品，而应把社会上全部种类的商品包括在内。

c. 根据商品的边际替代率递减规律的假定，无差异曲线一定是凸向原点的。但现实并不能对这一假设做出保证。

d. 在序数论中，价格不进入效用函数，但是这显然违反事实，在一般的情况下，很少有消费者能撇开价格因素，而单独考虑商品效用的大小。只有不懂世故的幼童，根本不知道价格是怎么一回事，才会脱离价格而判别他对商品的喜爱程度。

总之，虽然序数论在形式上弥补了基数论的缺点，但是，它在实际上仍然是一个比较牵强的说法。

3. 某人欲购买商品 X，请分析他的购买决策是如何做出的，推导出 jc 的需求曲线，如果坚持认为货币的边际效用不变，则他的效用函数具有什么形式？（清华大学2005年研）

答：（1）商品需求曲线的推导

商品1的需求曲线可以通过价格—消费曲线来推导。价格—消费曲线是在消费者的偏好、收入以及其他商品价格不变的条件下，与某一种商品的不同价格水平相联系的消费者效用最大化的均衡点的轨迹，如图3－13所示。

如图3－13所示，从价格—消费曲线的推导可以看出，价格—消费曲线上的每一个点都表示商品1的价格与商品1的需求量之间一一对应的关系。这就是说：在均衡点 E_1 处，商品1的价格为 P_1，则商品1的需求量为 X_1。在均衡点 E_2 处，商品1的价格由 P_1 下降为 P_2，则商品1的需求量由 X_1 增加为 X_2。在均衡点 E_3 处，商品1的价格进一步由 P_2 下降为 P_3，则商品1的需求量由 X_2 再增加为 X_3，根据商品1的价格和需求量之间的这种对应关系，把每一个价格数值和相应的均衡点上的需求量数值绘制在商品的价格—数量坐标图上，便可以得到图3－13（b）中的单个消费者的需求曲线。在图3－13（b）中，横轴表示商品1的数量，纵轴表示商品1的价格。

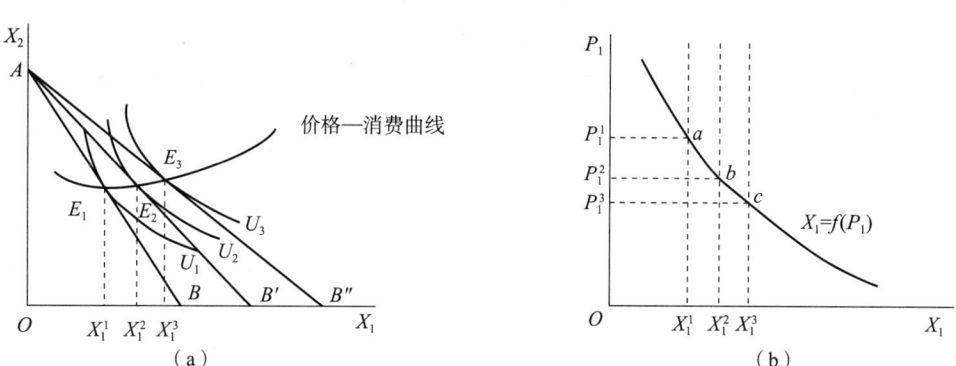

图3－13 消费者需求曲线的推导

（2）效用函数的形式

货币边际效用设为 λ，货币的边际效用不变即 λ 不变，则该消费者的效用函数为 $U = U(x) + \lambda(R - P_1 x)$，此效用函数是拟线性的。

考研真题及解答（四）

一、名称解释

1. 边际报酬递减规律（武汉大学 2001 年、2004 年研；北京理工大学 2003 年研；厦门大学 2003 年、2006 年、2010 年研；中南大学 2004 年研；中国政法大学 2005 年研；中国人民大学 2006 年研；中国青年政治学院 2009 年研）

答：在技术水平不变的条件下，在连续等量地把某一种可变生产要素增加到其他一种或几种数量不变的生产要素上去的过程中，当这种可变生产要素的投入量小于某一特定值时，增加该要素投入所带来的边际产量是递增的；当这种可变要素的投入量连续增加并超过这个特定值时，增加该要素投入所带来的边际产量是递减的。这就是边际报酬递减规律。

2. 边际技术替代率（北京大学 1997 年、1998 年研；复旦大学 2001 年、2002 年研；青岛大学 2001 年研；辽宁大学 2002 年研；中国海洋大学 2002 年研；厦门大学 2003 年研；上海理工大学 2003 年研；财政部财政科学研究所 2004 年、2008 年研；南京财经大学 2004 年研；江西财经大学 2004 年研；北京师范大学 2006 年研；华中科技大学 2007 年、2008 年研；上海财经大学 2006 年、2007 年研，武汉大学 2011 年研）

答：在维持产量水平不变的条件下，增加一单位某种生产要素投入量时所减少的另一种要素的投入数量，被称为边际技术替代率，其英文缩写为 MRTS。用 ΔK 和 ΔL 分别表示资本投入量的变化量和劳动投入量的变化量，则劳动对资本的边际技术替代率的公式为：

$$MRTS_{LK} = -\frac{\Delta K}{\Delta L} \text{ 或 } MRTS_{LK} = -\frac{dK}{dL}$$

生产要素相互替代的过程中存在边际技术替代率递减规律，即在维持产量不变的前提下，当一种生产要素的投入量不断增加时，每一单位的这种生产要素所能替代的另一种生产要素的数量是递减的。边际技术替代率递减的主要原因在于：任何一种产品的生产技术都要求各要素投入之间有适当的比例，这意味着要素之间的替代是有限制的。

3. 规模报酬（复旦大学 1997 年研；中南财经政法大学 2000 年研；北京师范大学 2001 年研；中央财经大学 2005 年研；湖南大学 2006 年研）

答：规模报酬是指在其他条件不变的情况下，企业内部各种生产要素按相同比例变化时所带来的产量变化。规模报酬分析的是企业的生产规模变化与所引起的产量变化之间的关系。企业只有在长期内才可能变动全部生产要素，进而变动生产规模，因此，企业的规模报酬分析属于长期生产理论问题。

企业的规模报酬变化可以分规模报酬递增、规模报酬不变和规模报酬递减三种情况。其中，产量增加的比例大于各种生产要素增加的比例，称之为规模报酬递增；产量增加的比例等于各种生产要素增加的比例，称之为规模报酬不变；产量增加的比例小于各种生产要素增加的比例，称之为规模报酬递减。

4. 机会成本（复旦大学 1996 年、2001 年研；中央财经大学 1997 年研；中国海洋大学 2000 年研；北京师范大学 2001 年、2004 年研；浙江工商大学 2002 年研；武汉大学 2002 年、2005 年研；北京邮电大学 2003 年研；东北大学 2004 年研；电子科技大学 2004 年研；中南大学 2004 年研；财政部财政科学研究所 2011 年研）

答：机会成本是指将一种资源用于某种用途，而未用于其他更有利的用途时所放弃的最大预期收益。机会成本的存在需要三个前提条件：①资源是稀缺的；②资源具有多种生产用途；③资源的投向不受限制。

5. 隐性成本（中央财经大学 1999 年、2009 年研；中国人民大学 2002 年、2005 年研；中南财经政法大学 2002 年研；华中科技大学 2005 年研）

答：隐性成本是相对于显性成本而言的，是指厂商本身所拥有的且被用于该企业生产过程中的那些生产要素的总价格。

隐性成本与厂商所使用的自有生产要素相联系，反映着这些要素在别处同样能被使用的事实。比如，某厂商在生产过程中，不仅会从劳动市场上雇用一定数量的工人，从银行取得一定数量的贷款或租用一定数量的土地，而且有时还会动用自己的土地和资金，并亲自管理企业。当厂商使用自有生产要素时，也要向自己支付利息、地租和薪金，所以这笔价值也应该计入成本之中。由于这笔成本支出不如显性成本那么明显，故被称为隐性成本。

6. 经济利润（复旦大学 1999 年研；武汉大学 2001 年研；东北大学 2004 年研）

答：经济利润是指属于企业所有者的、超过生产过程中所运用的所有要素的机会成本的一种收益。企业的会计利润，是厂商的总收益与会计成本的差，也就是厂商在申报应缴纳所得税时的账面利润。但是，西方经济学中的利润概念并不仅仅是会计利润，必须进一步考虑企业自身投入要素的代价，其中包括自有资本应得利息、经营者自身的才能及风险的代价等。这部分代价的总和至少应与该资源投向其他行业所能带来的正常利润率相等，否则，厂商便会将这部分资源用于其他途径的投资而获取利润或收益。在西方经济学中，这部分利润被称为正常利润。如果用会计利润再减去隐性成本，就是经济学意义上的利润的概念，称为经济利润，或超额利润。上述各种利润关系为：

企业利润＝会计利润＝总收益－显性成本

经济利润＝超额利润＝会计利润－隐性成本＝会计利润－正常利润

正常利润＝隐性成本

二、简答题

1. 假定收益递减规律永远成立，那么以下 A、B、C、D 四项叙述，各项分别是正确的还是错误的？为什么？

A. 如果平均产量超过了边际产量，则平均产量一定上升。

B. 如果边际产量等于平均产量，则平均产量一定达到最大。

C. 当边际产量达到最大时，总产量也达到最大。

D. 当总产量开始下降时，开始出现收益递减。（北京邮电大学 2010 年研）

答：A 项叙述是错误的。理由如下：就边际产量和平均产量的关系而言，只要边际产量小于平均产量，边际产量就会把平均产量拉下来，即平均产量一定下降。

B 项叙述是正确的。理由如下：就平均产量和边际产量来说，当边际产量大于平均产量时，平均产量曲线是上升的；当边际产量小于平均产量时，平均产量曲线是下降的；当边际产量等于平均产量时，平均产量曲线达极大值。

C 项叙述是错误的。理由如下：只要边际产量是正的，总产量总是增加的；只要边际产量是负的，总产量总是减少的；当边际产量为零时，总产量达最大值点。

D 项叙述是错误的。理由如下：当边际产量开始下降时，开始出现收益递减。

2. 生产要素最适组合的条件是什么？它是如何实现的？（湖南大学 2006 年研；东北师范大学 2008 年研；中南财经政法大学 2011 年研）

答：（1）要素的最佳组合是指以最小的成本生产最大产量的要素组合。在现实的生产经营决策中，要素的最优组合又具体表现为这样两种情况：一是在成本既定条件下，产量最大的要素组合；二是在产量既定条件下，成本最小的要素组合。但无论哪种情况，生产要素的最优组合条件都是 $MRTS_{LK} = \dfrac{MP_L}{MP_K} = \dfrac{\omega}{r}$。

（2）在完全竞争条件下，对厂商来说，商品的价格和生产要素的价格都是既定的，厂商可以通过对生产要素投入量的不断调整实现最大的利润，这可以用数学方法证明如下：

假定在完全竞争条件下，企业的生产函数为 $Q = f(L, K)$。既定的商品价格为 P，既定的劳动价格和资本价格分别为 w 和 r，π 表示利润，厂商的利润等于收益减去成本，即厂商的利润函数为：

$$\pi(L, K) = Pf(L, K) - (wL + rK)$$

利润最大化的一阶条件为：

$$\frac{\partial \pi}{\partial L} = P \frac{\partial f}{\partial L} - \omega = 0$$

$$\frac{\partial \pi}{\partial K} = P \frac{\partial f}{\partial K} - r = 0$$

根据上述两式，可得：$\dfrac{\dfrac{\partial f}{\partial L}}{\dfrac{\partial f}{\partial K}} = \dfrac{MP_L}{MP_K} = \dfrac{\omega}{r}$

这和生产要素最优组合的条件是相同的。因此，在完全竞争条件下，追求利润最大化的厂商可以得到最优的生产要素组合。

3. 经济学家眼中的一个企业利润与会计师核算出来的该企业的会计利润有何不同？（武汉大学 2005 年研）

答：经济学家眼中的企业利润是经济利润，即总收益扣除机会成本后得到的利润。这里的机会成本是指把一定经济资源用于生产某种产品时所放弃的使用该经济资源在其他生产用途中所能得到的最高收入。机会成本与一般意义上的会计成本不同，它不只包含了生产中直接支付的生产费用，而且把生产中使用自有生产要素所花费的隐性成本也包括在内。

会计师所核算的会计利润是指总收益除去会计成本后的利润。会计成本又称为显性成本，就是在生产中所花费的货币支出，包括雇员工资，购买原材料、燃料及添置或租用设备的费用、利息、保险、广告费以及税金等。

由上述定义就可以看出经济利润与会计利润的不同，经济利润包含了隐性成本，而会计利润则不包含。经济学之所以强调经济利润，是因为经济利润与机会成本有关。从机会成本的角度考虑问题，要求经济主体把每种生产要素用在取得最佳经济效益的用途上，即做到物尽其用，人尽其才。否则，所损失的潜在利益将超过所取得的现实收益，生产要素的配置不够合理，将造成生产资源的浪费。而会计师只从自身取得的收益出发，并不考虑资源配置的合理程度。

4. 说明短期总产量曲线和短期总成本曲线之间的关系。（武汉大学 2002 年研；华中科技大学 2003 年研；华北电力大学 2004 年研）

答：在技术水平和要素价格既定不变的前提下，成本函数与生产函数存在着直接对偶关系。成本函数是在生产函数的基础上建立起来的。短期生产函数与短期成本函数之间，相应地，短期总产量曲线和短期总成本曲线之间，都存在着密切的关系。

在短期内，假定企业仅用劳动和资本两种要素生产一种产品，其中，劳动的投入量是可变的，资本的投入量是不变的。企业的短期生产函数和要素的价格两者共同确定了短期总成本函数，即有：

$$STC(Q) = TVC(Q) + TFC = \omega \cdot L(Q) + r \cdot \overline{K}$$

其中，$W \cdot L(Q)$ 为可变成本部分，$r \cdot \overline{K}$ 为固定成本部分，两部分之和构成短期总成本。根据上式，可以很容易地由厂商的短期总产量曲线求得相应的厂商的短期总成本曲线。由短期总产量曲线推导相应的短期总成本曲线的具体做法是：在总产量曲线上，找到与每一产量水平相对应的可变要素劳动的投入量 L，再用所得的 L 去乘已知的劳动价格 ω，便可得到每一产量水平上的可变成本。将可变成本曲线向上垂直移动 $r \cdot \overline{K}$ 单位，就能得到总成本曲线。

从曲线的变动趋势来看，总产量曲线随投入要素数量的增加变得越来越平缓，而总成本曲线则随产量的增加变得越来越陡直。

5. 长期平均成本曲线与短期平均成本曲线均呈先降后升的 U 形特征，其成因有何不同？（中国人民大学 1999 年研；中国海洋大学 2001 年、2002 年研；武汉大学 2002 年研）

答：虽然短期平均成本曲线和长期平均成本曲线都呈 U 形，但二者形成 U 形的原因是不同的。

（1）短期平均成本（SAC）曲线之所以呈 U 形，即 SAC 最初递减然后转入递增，是因为产量达到一定数量前每增加一个单位的可变要素所增加的产量超过先前每单位可变要素的平均产量，这表现为平均可变成本随产量的增加而递减（这是由于一开始随着可变要素的投入和产量的增加，固定要素生产效能的发挥和专业化程度的提高使得边际产量增加）。而当产量达到一定数量后，由于边际报酬递减规律的作用，随着投入可变要素的增多，每增加一单位可变要素所增加的产量小于先前的可变要素的平均产量，即曲线自此开始转入递增。

（2）长期平均成本（LAC）曲线之所以呈 U 形，是由规模的经济或不经济决定的。随着产量的扩大，使用的厂房设备的规模增大，因而产品的生产经历规模报酬递增的阶段，这表现为产品的单位成本随产量增加而递减。长期平均成本经历一个递减阶段以后，最好的资本设备和专业化的利益已全被利用，这时可能进入报酬不变，即平均成本固定不变阶段。而由于企业的管理这个生产要素不能像其他要素那样增加，因而随着企业规模的扩大，管理的困难和成本越来越大，长期平均成本将最终转入递增。

6. 试说明长期平均成本的变化与规模收益的关系。（西南财经大学 2001 年研）

答：长期平均成本的变化与规模收益具有密切的关系。规模扩大常常带来规模报酬递增，至少在一定范围内是这样。在递增到一定点后，会在一个或长或短的时期内保持不变，然后随着规模的进一步扩大而发生递减的变化。当规模报酬处于递增阶段时，产量增加的比例大于投入增加的比例，这必然会导致长期平均成本下降，显示出规模经济。根据同一种原因，当规模报酬不变时，平均成本不变；当规模报酬递减时，平均成本随产量增加而上升，显示为规模不经济。

7. 为什么说长期平均成本曲线是短期平均成本曲线的包络线？（南开大学 2009 年研；南京财经大学 2010 年研）

答：如图 4-1 所示，三条短期平均成本曲线 SAC_1、SAC_2 和 SAC_3 各自代表了三个不同的生产规模。在长期，厂商可以根据生产要求，选择最优的生产规模进行生产。假定厂商生产 Q_1 的产量，则厂商会选择 SAC_1 曲线所代表的生产规模，以 OC_1 的平均成本进行生产。而对于产量 Q_1 而言，平均成本 OC_1 是低于其他任何生产规模下的平均成本的。假定厂商生产的产量为 Q_2，则厂商会选择 SAC_2 曲线所代表的生产规模进行生产，相应的最小平均成本为 OC_2；假定厂商生产的产量为 Q_3，则厂商会选择 SAC_3 曲线所代表的生产规模进行生产，相应的最小平均成本为 OC_3。

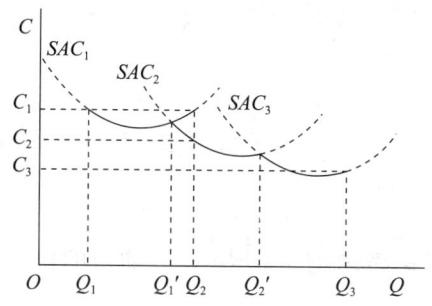

图 4-1 最优生产规模的选择

与短期不同的是，在长期生产中，厂商总是可以在每一产量水平上找到相应的最优的生产规模进行生产。沿着图中所有的 SAC 曲线的实线部分，厂商总是可以找到长期内生产某一产量的最低平均成本的。由于在长期内可供厂商选择的生产规模是很多的，在理论分析中，可以假定生产规模可以无限细分，从而可以有无数条 SAC 曲线，于是便得到图 4-2 中的长期平均成本 LAC 曲线。显然，长期平均成本曲线是无数条短期平均成本曲线的包络线。在这条包络线上，在连续变化的每一个产量水平，都存在 LAC 曲线和一条 SAC 曲线的相切点，该 SAC 曲线所代表的生产规模就是生产该产量的最优生产规模，该切点所对应的平均成本就是相应的最低平均成本。LAC 曲线表示厂商在长期内在每一产量水平上可以实现的最小的平均成本。

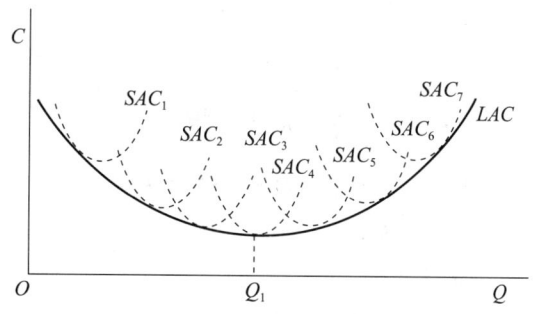

图 4-2 长期平均成本曲线

三、计算题

1. 假设厂商的生产函数为 $y = 10L^2 - L^3$。

（1）求厂商生产合理区域。

（2）已知价格 $P=1$ 和工资 $w=12$，求最优要素使用量。（华南师范大学 2011 年研）

解：（1）厂商生产合理区域就是平均产量最大值点（此时边际产量等于平均产量）到边际产量为 0 的点之间的区域。令平均产量 $AP_L = y/L = 10L - L^2$ 一阶导数为 0，得平均产量最大时的劳动投入量为 $L=5$。令边际产量 $MP_L = y' = 20L - 3L^2$ 为 0，得边际产量为 0 时的劳动投入量为 $L=\frac{20}{3}$（舍去 0 值），因此厂商生产合理区域为 $5<L<\frac{20}{3}$。

（2）利润函数为 $\pi=TR-TC=Py-wL=10L^2-L^3-12L$，令其一阶导数为 0，得 $\pi'=20L-3L^2-12=0$ 可得 $L_1=6$，$L_2=\frac{2}{3}$（舍去，因为这是利润最小化的投入量），所以最优要素投入量为 $L=6$。

2. 已知某企业的生产函数为 $Q=L^{\frac{2}{3}}K^{\frac{1}{2}}$，劳动力的价格为 $w=2$，资本的价格为 $r=1$，求：

（1）劳动力 L 与资本 K 的最优组合。

（2）当成本 $C=3000$ 时，企业实现的最大产量 Q 的均衡值。（中央财经大学 2009 年研）

解：（1）根据企业的生产函数，可得出劳动和资本的边际产量，即：

$$MP_L=\frac{dQ}{dL}=\frac{2}{3}L^{-\frac{2}{3}}K^{\frac{1}{3}}$$

$$MP_L=\frac{dQ}{dK}=\frac{1}{3}L^{\frac{2}{3}}K^{-\frac{1}{3}}$$

根据企业实现既定成本条件下产量最大化的均衡条件，有：

$$\frac{MP_L}{MP_K}=\frac{\omega}{r}$$

于是有：

$$\frac{\frac{2}{3}L^{-\frac{1}{3}}K^{\frac{1}{3}}}{\frac{1}{3}L^{\frac{2}{3}}K^{-\frac{2}{3}}}=\frac{2}{1}$$

整理得：$L=K$，即劳动力与资本的最优组合是两种投入要素投入数量相等。

（2）把 $L=K$ 代入等成本线 $2L+K=3\,000$，解得：$L^*=K^*=1\,000$，将 $L^*=K^*=1\,000$ 代入生产函数，可求得最大产量：

$$Q^*=(L^*)^{\frac{2}{3}}(K^*)^{\frac{1}{3}}=1\,000^{\frac{2}{3}+\frac{1}{3}}=1\,000$$

即当成本为 $C=3\,000$ 时，企业实现的最大产量 Q 的均衡值为 $1\,000$。

3. 厂商的生产函数为 $Q=L^{\frac{3}{8}}K^{\frac{5}{8}}$，又设 $P_L=3$（元），$P_K=5$（元）。

（1）求产量 $g=10$ 的最低成本支出和使用的 L 和反的数量。

（2）求产量 $g=25$ 的最低成本支出和使用的 L 和反的数量。

（3）求总成本为 160 元时厂商均衡的 g、I 的值。（东华大学 2010 年研）

解：（1）为了实现既定产量条件下的最小成本，要使两要素的边际技术替代率等于两要素的价格比率，即有：

$$MRTS_{LK}=\frac{MP_L}{MP_K}=\frac{3K}{5L}=\frac{P_L}{P_K}=\frac{3}{5}\Rightarrow K=L$$

$$10=L^{3/8}K^{5/8}$$

代入可得 $K = L = 10$。

因此，最低成本支出 $C = P_L L + P_K K = 3 \times 10 + 5 \times 10 = 80$。

（2）当产量 $Q = 25$ 时，按照（1）的求法可得 $K = L = 25$。

因此，最低成本支出 $C = P_L L + P_K K = 3 \times 25 + 5 \times 25 = 200$。

（3）为了实现既定成本条件下的最大产量，也要使两要素的边际技术替代率等于两要素的价格比率，即有：

$$MRTS_{LK} = \frac{MP_L}{MP_K} = \frac{3K}{5L} = \frac{P_L}{P_K} = \frac{3}{5} \Rightarrow K = L$$

$$160 = 3L + 5K$$

代入可得 $K = L = 20$。

均衡总产量 $Q = L^{\frac{3}{8}} K^{\frac{5}{8}} = 20$。

4. 已知生产函数 $Q = \min（L, 4K）$，求：

（1）当产量 $Q = 32$ 时，L 与 K 值分别是多少？

（2）如果生产要素的价格分别为 $P_L = 2$，$P_K = 5$，则生产 100 单位产量时的最小成本是多少？（北京邮电大学 2006 年研）

解：（1）由生产函数的形式可得，$Q = \min（L, 4K）$ 是一个列昂惕夫生产函数。由列昂惕夫生产函数的性质可得，厂商处于最优生产情形时，$Q = L^* = 4K^*$。

因此，当产量 $Q = 32$ 时，$L^* = 32$，$K^* = 8$。

即当产量 $Q = 32$ 时，L 与 K 值分别是 32 和 8。

（2）当产量 $Q = 100$ 时，最优的要素投入为：$L^* = 100$，$K^* = 25$。

劳动和资本的价格分别为 $P_L = 2$，$P_K = 5$，所以此时最小成本为：

$$C\min = 2 \times 100 + 5 \times 25 = 325$$

即如果生产要素的价格分别为 $P_L = 2$，$P_K = 5$，则生产 100 单位产量时的最小成本是 325。

5. 假设一家厂商用两种生产要素生产一种产品，其生产函数为：$y = (X_1^{-1} + X_2^{-1})^{-1/2}$，其中 X_1 和 X_2 代表要素 1 和 2 的投入数量。产品和要素的价格分别为 P、r_1 和 r_2，请按下面的要求回答问题：

（1）判断该生产技术的规模经济状况；

（2）计算两种要素的边际技术替代率 $MRTS_{12}$；

（3）计算该厂商对要素 1 和 2 的需求；

（4）如果要素的价格上涨，讨论该厂商利润将发生怎样的变化。（中国人民大学 2009 年研）

解：（1）根据生产函数可判断生产技术的规模经济状况，即有：

$$f(\alpha X_1, \alpha X_2) = ((\alpha X_1)^{-1} + (\alpha X_2)^{-1})^{-1/2}$$
$$= \alpha^{1/2}(X_1^{-1} + X_2^{-1})^{-1/2}$$
$$= \alpha^{1/2} f(X_1, X_2) < \alpha f(X_1, X_2)$$

所以，该生产技术为规模经济递减。

（2）要素 1 对要素 2 的边际技术替代率为：

$$MRTS_{12} = \frac{MP_1}{MP_2} = \frac{-\frac{1}{2}(X_1^{-1}+X_2^{-1})^{-3/2}(-X_1^{-2})}{-\frac{1}{2}(X_1^{-1}+X_2^{-1})^{-3/2}(-X_2^{-2})} = \left(\frac{X_2}{X_1}\right)^2$$

（3）根据厂商利润最大化条件可知：

$$MRTS_{12} = \frac{MP_1}{MP_2} = \left(\frac{X_2}{X_1}\right)^2 = \frac{r_1}{r_2}$$

所以，该厂商对要素 2 和 1 的需求之比为 $\left(\frac{r_1}{r_2}\right)^{\frac{1}{2}}$。

（4）如果要素价格上涨，在成本不变的条件下，产量会减少，因而利润会下降。

6. 已知某企业的成本函数为 $TC(Q) = 0.04Q^3 - 0.8Q^2 + 10Q + 5$，指出其中的固定成本、可变成本、平均成本和边际成本；计算平均成本和平均可变成本的最小值和此时的边际成本值。（华中科技大学 2006 年研）

解：（1）从企业的成本函数 $TC(Q) = 0.04Q^3 - 0.8Q^2 + 10Q + 5$ 可得，固定成本为 $TFC = 5$；可变成本为：$TVC = 0.04Q^3 - 0.8Q^2 + 10Q$；平均成本为：$AC = \frac{TC(Q)}{Q} = 0.04Q^2 - 0.8Q + 10 + \frac{5}{Q}$；边际成本为：$MC = \frac{dTC}{dQ} = 0.12Q^2 - 1.6Q + 10$。

（2）当平均成本最小时，$\frac{dAC}{dQ} = 0.08Q - 0.8 - \frac{5}{Q^2} = 0$，解得 $Q \approx 10.5$，

最小平均成本为：$AC_{min} \approx 6.4$，此时边际成本为：$MC \approx 6.4$。

当平均可变成本最小时，$\frac{dAVC}{dQ} = 0.08Q - 0.8 = 0$，解得 $Q = 10$，

最小平均可变成本为：$AVC_{min} = 6$，此时边际成本为：$MC = 6$。

7. 已知 $Q = L^{\frac{1}{2}} K^{\frac{1}{2}}$，$K = 4$，$P_K = 4$，$P_L = 10$。

（1）求 L 的产量函数；

（2）求总成本，边际成本，平均成本函数；

（3）当总收益最大时，求产量。（山东大学 2004 年研）

解：（1）由生产函数可得出劳动和资本的边际产量，即：

$$MP_L = \frac{1}{2}L^{-\frac{1}{2}}K^{\frac{1}{2}}, \quad MP_K = \frac{1}{2}L^{\frac{1}{2}}K^{-\frac{1}{2}}$$

由生产者均衡条件 $\frac{MP_L}{MP_K} = \frac{P_L}{P_K}$ 可得 $\frac{K}{L} = \frac{P_L}{P_K} = \frac{5}{2}$，即 $K = \frac{5}{2}L$。

将上式代入生产函数 $Q = L^{\frac{1}{2}} K^{\frac{1}{2}}$，可得 L 的产量函数为 $L = \frac{\sqrt{10}}{5}Q$。

（2）总成本 $TC = P_l L + P_k K = 10 \times \frac{\sqrt{10}}{5}Q + 4 \times \frac{\sqrt{10}}{2}Q = 4\sqrt{10}Q$，

边际成本 $MC = TC' = 4\sqrt{10}$，

平均成本函数 $AC = \dfrac{TC}{Q} = 4\sqrt{10}$。

（3）总收益最大的均衡条件是 $\dfrac{MP_L}{MP_K} = \dfrac{P_L}{P_K}$。

当 $K = 4$ 时，可得：$L = \dfrac{8}{5}$，

总产量 $Q = L^{\frac{1}{2}}K^{\frac{1}{2}} = \dfrac{8}{5}^{\frac{1}{2}} 4^{\frac{1}{2}} = \dfrac{4\sqrt{10}}{5}$。

8. 某公司有如下生产函数：$Q(K, L) = 3\ln K + 2\ln L$。若资本价格为 4 元，劳动价格为 6 元，问：

（1）若现在公司已经拥有资本 $K = 1800$ 单位，为了使生产成本最小，该公司应雇用多少劳动力？

（2）若劳动为固定要素，资本是变动要素，厂商生产产品的边际成本是多少？（对外经济贸易大学 2009 年研）

解：（1）根据生产函数，可得劳动和资本的边际产量，即：

$$MP_L = \dfrac{2}{L},\ MP_k = \dfrac{3}{K}$$

根据既定产量条件下的成本最小化均衡条件 $\dfrac{MP_L}{MP_K} = \dfrac{\omega}{r}$，有：

$$\dfrac{\frac{2}{L}}{\frac{3}{K}} = \dfrac{6}{4}$$

当 $K = 1\,800$ 时，可得：$L = 800$，即若现在公司已经拥有资本 $K = 1800$ 单位，为了使生产成本最小，该公司应雇用 800 单位劳动力。

（2）$TC(Q) = TFC + TVC(Q) = 6\overline{L} + 4K$，

由生产函数 $Q(K, L) = 3\ln K + 2\ln L$，可得：$K = e^{\frac{Q - 2\ln \overline{L}}{3}}$，

可得：$TC(Q) = 6\overline{L} + 4e^{\frac{Q - 2\ln \overline{L}}{3}}$，

则：$MC(Q) = \dfrac{\Delta TC(Q)}{\Delta Q} = \dfrac{4}{3}e^{\frac{Q - 2\ln \overline{L}}{3}}$，即若劳动为固定要素，资本是变动要素，厂商生产产品的边际成本是 $\dfrac{4}{3}e^{\frac{Q - 2\ln \overline{L}}{3}}$。

9. 设一厂商的生产函数为：$Q = L^{\frac{1}{3}}K^{\frac{2}{3}}$，要素 L 与 K 的价格分别为 4 元与 3 元，求厂商的成本函数。（华中科技大学 2007 年研）

解：由厂商的生产函数可得出边际产量，可得：

$$MP_L = \dfrac{1}{3}L^{-\frac{2}{3}}K^{\frac{2}{3}},\ MP_K = \dfrac{2}{3}L^{\frac{1}{3}}K^{-\frac{1}{3}}。$$

根据生产者均衡条件 $\frac{MP_L}{MP_K} = \frac{\omega}{r}$，即有：$\frac{K}{2L} = \frac{4}{3}$，

成本方程为：$TC = 4L + 3K$，

结合生产函数：$Q = L^{\frac{1}{3}} K^{\frac{2}{3}}$，

联立可得：$TC = 3^{\frac{5}{3}} Q$，此即为厂商的成本函数。

四、论述题

1. 资本的边际生产力递减规律与技术进步导致的生产率提高之间有何关系？边际生产力递减是如何体现在现实中的？请举例说明。（南开大学 2005 年研）

答：（1）资本的边际生产力递减规律与技术进步导致的生产率提高之间的关系

资本的边际生产力递减规律是指在其他条件不变时，连续将资本的投入量增加到一定数量之后，总产出的增量即资本的边际产量将会出现递减的现象。一般认为，边际生产力递减规律并不是根据经济学中的某种理论或原理推导出来的规律，它是根据对实际的生产和技术情况的观察所做出的经验性概括，反映了生产过程中的一种纯技术关系。同时，该规律只有在下述条件都具备时才会发生作用：生产技术水平既定不变；除一种投入要素可变外，其他投入要素均固定不变；可变的生产要素投入量必须超过一定点。

在不增加投入的情况下，产量却有所增加，这种情况被认为发生了技术进步。技术进步可由两个层次观察到：第一，产量不变时，所使用的要素投入减少；第二，要素投入不变时，其所生产的产量增加。

显然，按照边际生产力递减规律，在不存在技术进步时，总产出最终停止增长。可是，现实的经济实践表明，总产出并没有停止增长，原因是技术进步提高了要素的生产率，保证了总产出的持续增长。技术进步导致生产率的提高不仅阻止了要素边际生产力的递减，还一定程度上提高了要素的边际生产力，通过资本、劳动等加强型维持产出的增长。

可以说，边际生产力递减规律是短期生产的一条基本规律。技术进步导致的生产率提高，则是长期生产的结果。

（2）边际生产力递减规律在现实中的体现

边际生产力递减规律在现实中的例子很多，比如，对于给定的 1 公顷麦田来说，在技术水平和其他投入不变的前提下，考虑使用化肥的效果。如果只使用一公斤化肥，那可想而知，这一公斤化肥所带来的总产量的增加量即边际产量是很小的，可以说是微不足道的。但随着化肥使用量的增加，其边际产量会逐步提高，直至达到最佳的效果即最大的边际产量。但必须看到，若超过化肥的最佳使用量后，再继续增加化肥使用量，就会对小麦生长带来不利影响，化肥的边际产量就会下降。过多的化肥甚至会烧坏庄稼，导致负的边际产量。

2. 规模报酬的递增、不变和递减这三种情况与可变比例生产函数的报酬递增、不

变和递减这三种情况的区别何在？"规模报酬递增的厂商不可能会面临要素报酬递减的现象"，这个命题是否正确？为什么？（厦门大学 2004 年研）

答：（1）规模报酬的递增、不变和递减这三种情况与可变比例生产函数的报酬递增、不变和递减的区别如下：规模报酬问题论及的是厂商的生产规模本身发生变化（假设该厂商的厂房、设备等固定要素和劳动、原材料等可变要素发生了同比例变化）相应的产量是递增、不变还是递减，或者是说厂商根据经营规模大小（产销量大小）设计不同的工厂规模；而可变比例生产函数的报酬递增、不变和递减所讨论的是在该厂商的生产规模已经固定下来，即厂房、设备等固定要素既定不变，可变要素的变化引起的产量（报酬）递增、不变及递减三种情况。

（2）"规模报酬递增的厂商不可能会面临要素报酬递减的现象。"这个命题是错误的。规模报酬和可变要素报酬是两个不同的概念。规模报酬问题讨论的是一座工厂本身规模发生变化时的产量变化，而可变要素报酬问题论及的则是厂房规模已经固定下来，增加可变要素时相应的产量变化。

事实上，当厂商经营规模扩大时，在给定技术状况下，要素的生产效率提高，即生产表现出规模报酬递增。即便在规模报酬递增情况下，随着可变要素投入增加到足以使固定要素得到最有利效用时，继续增加可变要素投入，总产量的增量即边际产量也会出现递减现象。所以，规模报酬递增的厂商也可能面临要素报酬递减的现象。

3. 证明一般行业短期边际成本曲线 MC 与平均总成本曲线 AC、平均可变成本曲线 AVC 相交，且交点为 AC 和 AVC 的最低点。（中央财经大学 2009 年研）

答：（1）平均总成本曲线 AC、平均可变成本曲线 AVC 和边际成本曲线 MC 的关系边际成本曲线函数方程为：

$$MC(Q) = \frac{dTVC(Q)}{dQ}$$

此函数方程表明，在短期内的总成本中，由于有一部分要素是固定不变的，所以，边际成本（MC）随着产量的变动，只取决于可变成本（TVC）的变动量。而可变要素的边际报酬随其数量的增加会有先递增而后递减的变化。因此，MC 曲线会有先下降而后上升的变化。

平均成本（AC）曲线由于是平均固定成本（AFC）曲线与平均可变成本（AVC）曲线叠加的结果，其函数方程为：

$$AC(Q) = \frac{TFC(Q)}{Q} + \frac{TVC(Q)}{Q}$$

因此，AC 曲线必然是一条先下降后上升的 U 形曲线，但是它由下降到上升的转折点要晚于 MC 曲线。于是 MC 曲线必然会与 AC 曲线相交。根据两条曲线的不同性质可知，当 MC < AC 时，每增加一单位产品，单位产品的平均成本比以前要小些，所以 AC 曲线是下降的；当时，每增加一单位产品，单位产品的平均成本比以前要大些，所以 AC 曲线是上升的。这样，MC 曲线只能在 AC 曲线最低点与之相交。如图 4－3 所示，两曲线相交于 B 点，B 点便是曲线的最低点。

平均可变成本（AVC）曲线的函数方程为：

$$AVC(Q) = \frac{TVC(Q)}{Q}$$

AVC 曲线也是一条先下降后上升的 U 形曲线，同上，根据 AVC 曲线与 MC 曲线的性质可知，MC 曲线只能在 AVC 曲线最低点与之相交。如图 4-3 所示，两曲线相交于 A 点，A 点便是 AVC 曲线的最低点。

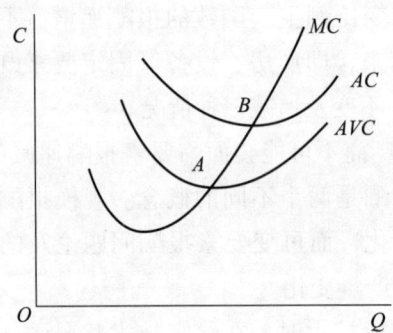

图 4-3　短期边际成本曲线 MC 与平均总成本曲线 AC、平均可变成本曲线 AVC

（2）AC、AVC 和 MC 曲线关系的证明过程：

①AC 曲线和 MC 曲线的关系可以用数学证明如下：

$$\frac{dAC}{dQ} = \frac{d}{dQ}\left(\frac{TVC}{Q}\right) = \frac{TVC'Q - TVC}{Q^2} = \frac{1}{Q}\left(TVC' - \frac{TVC}{Q}\right) = \frac{1}{Q}(MC - AC)$$

由于 $Q > 0$，所以当 $MC < AC$ 时，AC 曲线的斜率为负，AC 曲线是下降的；当 $MC > AC$ 时，AC 曲线的斜率为正，AC 曲线是上升的；$MC = AC$ 时，AC 曲线的斜率为 0，AC 曲线达到极小值点。

②AVC 曲线和 MC 曲线的关系可以用数学证明如下：

$$\frac{dAVC}{dQ} = \frac{d}{dQ}\left(\frac{TVC}{Q}\right) = \frac{TVC'Q - TVC}{Q^2} = \frac{1}{Q}\left(TVC' - \frac{TVC}{Q}\right) = \frac{1}{Q}(MC - AVC)$$

由于 $Q > 0$，所以当 $MC < AVC$ 时，AVC 曲线的斜率为负，AVC 曲线是下降的；当 $MC > AVC$ 时，AVC 曲线的斜率为正，AVC 曲线是上升的；$MC = AVC$ 时，AVC 曲线的斜率为 0，AVC 曲线达到极小值点。

4. 请论证生产和成本理论的对偶性。（南开大学 2007 年研）

答：生产理论和成本理论是厂商理论中同一个问题的两个方面。在技术水平和要素价格给定不变的前提下，生产函数与成本函数存在着对偶关系，具体体现为：短期内，产量曲线与成本曲线存在着对偶关系。如果说短期产量曲线是由边际报酬递减规律所决定的，那么短期成本曲线则是由短期产量曲线所决定的。下面以只有一种要素可以变动的情况为例，短期边际成本和平均成本与边际产量和平均产量曲线之间的关系分别分析如下：

（1）边际产量和边际成本之间的关系：

$$TC(Q) = TVC(Q) + TFC$$
$$= w \cdot L(Q) + TFC$$

式中，TFC 为常数。

由上式可得：$MC = \dfrac{dTC}{dQ} = w \cdot \dfrac{dL}{dQ}$

即：$MC = w \cdot \dfrac{1}{MP_L}$

由此可得以下两点结论：

第一，边际成本 MC 和边际产量 MP_L 两者的变动方向是相反的。具体地讲，由于边际报酬递减规律的作用，可变要素的边际产量 MP_L 是先上升，达到一个最高点以后再下降，所以，边际成本 MC 是先下降，达到一个最低点以后再上升。MP_L 曲线的上升段对应 MC 曲线的下降段；MP_L 曲线的下降段对应 MC 曲线的上升段；MP_L 曲线的最高点对应 MC 曲线的最低点。

第二，由以上的边际产量和边际成本的对应关系可以推知，总产量和总成本之间也存在着对应关系。当总产量 TP_L 曲线下凸时，总成本 TC 曲线和总可变成本 TVC 曲线是下凹的；当总产量曲线 TP_L 下凹时，总成本 TC 曲线和总可变成本 TVC 曲线是下凸的；当总产量 TP_L 曲线存在一个拐点时，总成本 TC 曲线和总可变成本 TVC 曲线也各存在一个拐点。

（2）平均产量和平均可变成本之间的关系：

$$AVC = \frac{TVC}{Q} = w \cdot \frac{L}{Q} = w \cdot \frac{1}{AP_L}$$

由此可得以下两点结论：

第一，平均可变成本 AVC 和平均产量 AP_L 两者的变动方向是相反的。前者递增时，后者递减；前者递减时，后者递增；前者的最高点对应后者的最低点。

第二，由于 MC 曲线与 AVC 曲线交于 AVC 曲线的最低点，MP_L 曲线与 AP_L 曲线交于 AP_L 曲线的最高点，所以，MC 曲线和 AVC 曲线的交点与 MP_L 曲线和 AP_L 曲线的交点是对应的。

（3）总成本曲线随着产量的增加而递增。由于边际成本是先减后增的，且反映了总成本增加的速度，因而总成本曲线在边际成本递减阶段，增长速度越来越慢；相反，总成本曲线在边际成本递增阶段，增长速度加快。

考研真题及解答（五）

一、名词解释

1. 完全竞争市场（中央财经大学 2004 年研；山东大学 2007 年研）

答：从厂商数目、产品差别程度、厂商对价格控制的程度以及厂商进出一个行业的难易程度这些特点，按照竞争激烈程度，市场和市场中的厂商可分为四类：完全竞争、垄断竞争、寡头和完全垄断。其中，完全竞争是竞争最为激烈的市场，其市场效率也是最高的。

完全竞争市场必须具备以下四个条件：①市场上有大量的买者和卖者，买者和卖者都是价格的接受者（Price-takers）；②市场上每一个厂商提供的商品都是完全同质的，即厂商之间提供的商品是完全无差别的；③所有的资源具有完全的流动性，意味着厂商进入或退出一个行业是完全自由和毫无困难的；④信息是完全的。

由于在完全竞争市场上，厂商可以自由进出市场，因此长期均衡价格必定等于产品长期平均成本的最小值，也就是说厂商都具有相同的最高生产效率。

在现实经济生活中，真正意义上的完全竞争市场是不存在的，通常可将一些农产品市场看成是比较接近完全竞争市场。虽然这种理想的完全竞争市场很难在现实中存在，但是，完全竞争市场的资源利用最优、经济效率最高，可以作为经济政策的理想目标。所以，经济学家总是把对完全竞争市场的分析当作市场理论的主要内容，并把它作为一个理想情况，以便和现实比较。

2. 停止营业点（上海财经大学 2000 年研；中国青年政治学院 2007 年研；北京邮电大学 2010 年研）

答：停止营业点是指一个已经投入生产的企业，在生产中总有这样一点，当根据利润最大化原则确定的产量大于这一点所代表的产量时，仍可以继续生产，小于这一点所代表的产量时，就只好关闭。该点就是企业的停止营业点。

一个已经投入生产的企业是否必须关闭的条件不在于它是否盈利，而在于它关闭后的亏损与生产时的亏损哪种更大。如果关闭后的亏损比生产时的亏损更大，则应继续生产；如果生产时的亏损比关闭后的亏损更大，则必须关闭。实际上关闭后也是有亏损的，其亏损就是固定成本。因此，是否关闭就视生产时的亏损是否大于固定成本，若不大于，就可继续生产；若大于，就必须停止营业。企业的停止营业点可用图 5－1 说明：图中 E 点即平均可变成本最低点，就是企业停止营业点。

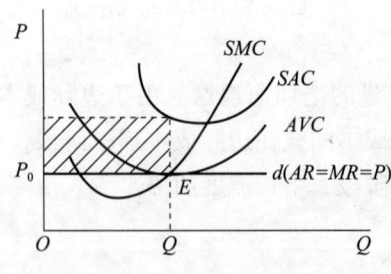

图 5－1　停止营业点

3. 生产者剩余（江西财经大学 2004 年、2005 年研；中央财经大学 2007 年研；上海财经大学 2007 年；对外经济贸易大学 2007 年研；云南大学 2008 年研；中国人民银行研究生部 2011 年研）

答：生产者剩余指厂商在提供一定数量的某种产品时实际接受的总支付和愿意接

受的最小总支付之间的差额。它通常用市场价格线以下、厂商的供给曲线（即 SMC 曲线的相应部分）以上的面积来表示，如图 5-2 中的阴影部分面积所示。

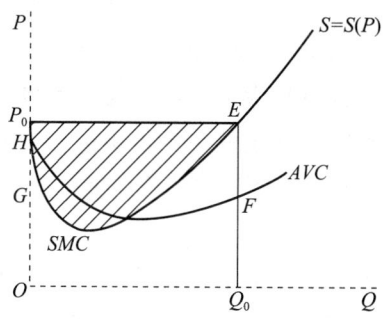

图 5-2 生产者剩余

生产者剩余也可以用数学公式定义。令反供给函数为 $PS=f(Q)$，且市场均衡价格为 P_o，厂商的供给量为 Q_o，则生产者剩余为：

$$PS = P_o Q_o$$

就单个生产者而言，生产者剩余是生产者所获得的价格超出边际成本的部分。就整个市场而言，生产者剩余是供给曲线以上、市场价格以下部分。

二、简答题

1. 完全竞争市场必须具备哪些条件？（辽宁大学 2005 年研；中南财经政法大学 2009 年研）

答：完全竞争市场必须具备以下四个条件：

（1）**市场上有大量的买者和卖者**

由于市场上有无数的买者和卖者，所以，相对于整个市场的总需求量和总供给量而言，每一个买者的需求量和每一个卖者的供给量都是微不足道的。任何一个买者买与不买，或买多与买少，以及任何一个卖者卖与不卖，或卖多与卖少，都不会对市场的价格水平产生任何的影响。于是，在这样的市场中，每一个消费者或每一个厂商对市场价格没有任何的控制力量，他们每一个人都只能被动地接受既定的市场价格，他们被称为价格接受者。

（2）**市场上每一个厂商提供的商品都是完全同质的**

由于提供的商品都是完全同质的，因此，在一般情况下，单个厂商既不会单独提价，也不会单独降价。

（3）**所有的资源具有完全的流动性**

所有的资源具有完全的流动性意味着厂商进入或退出一个行业是完全自由和毫无困难的。所有资源可以在各厂商之间和各行业之间完全自由地流动，不存在任何障碍。这样，任何一种资源都可以及时地投向能获得最大利润的生产，并及时地从亏损的生产中退出。在这样的过程中，缺乏效率的企业将被市场淘汰，取而代之的是具有效率的企业。

（4）信息是完全的

信息的完全性即市场上的每一个买者和卖者都能掌握与自己的经济决策有关的一切信息。这样，每一个消费者和每一个厂商可以根据自己所掌握的完全的信息，做出自己的最优的经济决策，从而获得最大的经济利益。而且，由于每一个买者和卖者都知道既定的市场价格，都按照这一既定的市场价格进行交易，这也就排除了由于信息不通畅而可能导致的一个市场同时按照不同的价格进行交易的情况。

符合以上四个假定条件的市场被称为完全竞争市场。可以看出，理论分析中所假设的完全竞争市场的条件是非常苛刻的。在现实经济生活中，真正符合以上四个条件的市场是不存在的。通常情况下，将一些农产品市场，如大米市场、小麦市场等，看成是比较接近完全竞争市场的。

2. 在完全竞争市场上，为什么厂商是一个价格接受者？（西南财经大学 2001 年研）

答：在完全竞争市场上，厂商所面临的需求曲线是一条由既定的市场均衡价格水平出发的水平线。该曲线表示：完全竞争厂商只是市场的接受者。在完全竞争市场上，厂商是一个价格的接受者，这是由完全竞争市场的条件所决定的：

（1）完全竞争市场存在大量的买者和卖者，这就使单个厂商的行为无法影响到其他微观主体的行为，单个厂商的定价不会影响整个市场的定价。

（2）产品的同质性说明厂商的价格必须和市场相一致。如果厂商的价格高于市场价格，则其销售量为零，而由于单个厂商的生产无法影响整个市场的需求和供给，因此厂商生产的产品都能够以市场价格销售出去，且利润为零。

综上所述，在完全竞争市场上，厂商是一个价格接受者，对价格没有制定权。

3. 短期个别厂商的供给曲线是如何形成的？它与短期市场供给曲线有何关系？（辽宁大学 2002 年、2003 年研；西南财经大学 2003 年研；中南财经政法大学 2010 年研）

答：（1）短期个别厂商的供给曲线的形成

在完全竞争的条件下，厂商根据 $P=MC$ 确定在每一价格水平下能给其带来最大利润的产量，如图 5-3 所示。因此，平均可变成本曲线之上的边际成本曲线就是厂商的短期供给曲线。由于边际报酬递减规律的作用，厂商的边际成本递增，因而完全竞争厂商的短期供给曲线是一条向右上方倾斜的曲线。

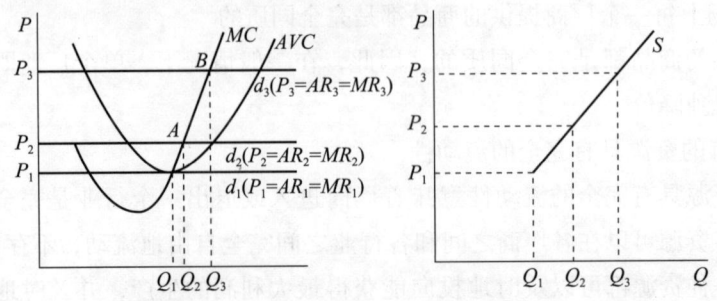

图 5-3 完全竞争厂商短期供给曲线

图 5-3 中，根据 $P=MC$ 的短期均衡条件，当商品的价格为 P_1 时，厂商所选择的最优产量为 Q_1；当商品的价格为 P_2 时，厂商所选择的最优产量为 Q_2；当商品的价格为 P_3 时，厂商所选择的最优产量为 Q_3；等等。在短期均衡点上，商品价格和厂商的最优产量之间的对应关系可以明确地表示为以下的函数关系：$Q_S=f(P)$，此式是完全竞争厂商的短期供给函数。此外，短期供给曲线之所以是高于平均可变成本曲线的那部分边际成本曲线，是因为边际成本曲线与平均可变成本曲线的交点即为厂商的停止营业点。

（2）短期个别厂商的供给曲线与短期市场供给曲线的关系

任何一个行业的供给量都是该行业中所有厂商供给量的总和，完全竞争行业也同样如此。据此，假定生产要素的价格是不变的，那么，完全竞争行业的短期供给曲线就是由行业内所有厂商的短期供给曲线的水平加总而构成的。或者说，把完全竞争行业内所有厂商的 SMC 曲线上等于和高于曲线 AVC 最低点的部分水平相加，便构成该行业的短期供给曲线。

由于行业的短期供给曲线是单个厂商的短期供给曲线的水平相加，所以，行业的短期供给曲线也是向右上方倾斜的。而且，行业短期供给曲线上的每一点都表示在相应价格水平下能够使全体厂商获得最大利润（或最小亏损）的行业的短期供给量。

4. 简述完全竞争市场长期均衡的实现过程和特点。（中国海洋大学 2001 年研；辽宁大学 2002 年研；江西财经大学 2007 年研；东北师范大学 2007 年研；上海财经大学 2007 年研；中南财经政法大学 2010 年研）

答：（1）完全竞争市场长期均衡的实现过程

在长期中，所有的生产要素投入量都是可变的，完全竞争厂商通过对全部生产要素投入量的调整来实现利润最大化的均衡条件 $MR=LMC$。在完全竞争市场价格给定的条件下，厂商在长期生产中对全部生产要素的调整可以表现为两个方面，一方面表现为对最优的生产规模的选择，另一方面表现为进入或退出一个行业的决策。

①厂商对最优生产规模的选择

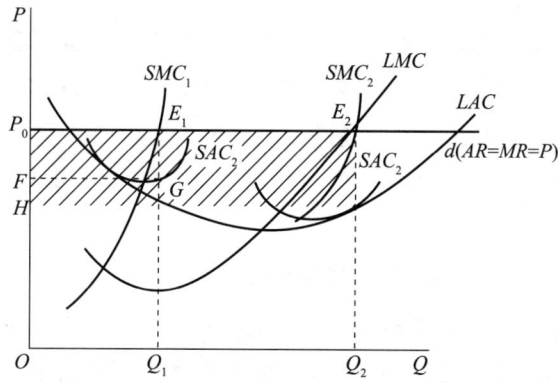

图 5-4 长期生产中厂商对最优生产规模的选择

与短期不同,在长期内,所有的生产要素投入量都是可变的,从而厂商可以通过调整生产规模以实现长期利润最大化。从图 5-4 可以看出,在长期,厂商通过对最优生产规模的选择,使自己的状况得到改善,从而获得了比在短期内所能获得的更大的利润。

②厂商进出一个行业

通过图 5-5 可以看出,完全竞争厂商的长期均衡出现在 LAC 曲线的最低点。这时,生产的平均成本降到长期平均成本的最低点,商品的价格也等于最低的长期平均成本。即完全竞争厂商的长期均衡条件为:

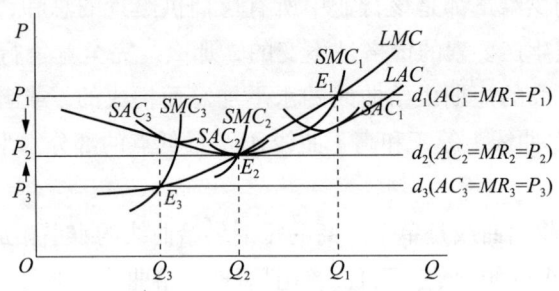

图 5-5 厂商进入或退出行业

$MR = LMC = SMC = LAC = SAC$ 式中,$MR = AR = P$,此时,单个厂商的利润为零。

(2) 完全竞争市场长期均衡状态的特点

①在行业达到长期均衡时生存下来的厂商都具有最高的经济效率、最低的成本。

②在行业达到长期均衡时生存下来的厂商只能获得正常利润。如果有超额利润,新的厂商就会被吸引进来,造成整个市场的供给量扩大,使市场价格下降到各个厂商只能获得正常利润为止。

③在行业达到长期均衡时,每个厂商提供的产量,不仅必然是其短期平均成本曲线最低点的产量,而且必然是其长期平均成本曲线最低点的产量,如图 5-5 所示。

5. 为什么在完全竞争市场中行业处于长期均衡状态时,各厂商只能获得正常利润?(财政部财政科学研究所 2002 年、2009 年研;江西财经大学 2004 年研)

答:在完全竞争市场中,由于厂商进入或退出一个行业是完全自由和毫无困难的,导致行业处于长期均衡状态时,各厂商只能获得正常利润,即单个厂商的利润为零。下面结合图 5-6 来进行分析。

如图 5-6 所示,如果开始时的市场价格较高为 P_1,根据利润最大化原则,厂商选择的产量为 Q_1。此时,厂商获得利润(对应的短期平均成本曲线在边际收益曲线的下方),这便会吸引一部分厂商进入到该行业生产中来。随着行业内厂商数量的逐步增加,市场上的产品供给就会增加,市场价格就会逐步下降。相应地,单个厂商的利润就会逐步减少。只有当市场价格水平下降到使单个厂商的利润减少为零时,新厂商的进入才会停止。

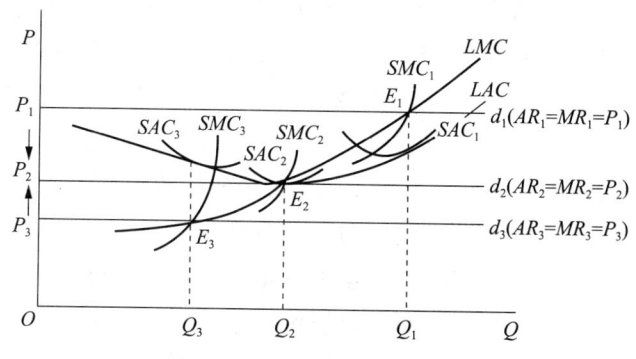

图 5-6 厂商进入或退出行业

相反，如果市场价格较低为 P_3 时，则厂商根据利润最大化原则选择的产量为 Q_3。此时，厂商是亏损的（对应的短期平均成本曲线在边际收益曲线的上方），这使得行业内原有厂商中的一部分退出该行业的生产。随着行业内厂商数量的逐步减少，市场上的产品供给就会减少，市场价格就会逐步上升。相应地，单个厂商的亏损就会逐步减少。只有当市场价格水平上升到使单个厂商的亏损减少为零时，原有厂商的退出才会停止。

总之，不管是新厂商的进入，还是原有厂商的退出，最后，这种调整一定会使市场价格达到等于长期平均成本的最低点的水平，即图中的价格水平。在这一价格水平，行业内的每个厂商既无利润，也不亏损，但都实现了正常利润。于是，厂商失去了进入或退出该行业的动力，行业内的每个厂商都实现了长期均衡，整个完全竞争市场也处于长期均衡状态。

6. 试评价完全竞争市场配置资源的效率。（山东大学 2000 年研）

答：在完全竞争市场的长期均衡状态下，厂商的平均成本、边际成本和边际收益相等，都等于市场价格，这意味着完全竞争市场是有效率的。

（1）从边际成本等于市场价格来分析。边际成本度量了社会生产一单位产品耗费资源的成本，而市场价格则衡量了消费者愿意支付给该单位产品的货币（或其他商品）数量，即社会给予该单位产品的价值评判。边际成本等于市场价格意味着，最后一单位的产量耗费的资源的价值恰好等于该单位产量的社会价值，此时该产量达到了最优。因为，如果边际成本大于市场价格，那么就意味着在消费者看来，最后一单位的产品不值那么多，从而减少该单位产品的生产会提高全社会的价值总和；反之，如果边际成本小于市场价格，那么增加生产会提高社会的价值总和。这说明，完全竞争企业的产量是最优的。

（2）再从平均成本等于市场价格来看，平均成本是生产者生产所有产量每单位所花费资源的费用，而市场价格是消费者购买所有产量每单位支付给生产者的收益。平均成本等于市场价格意味着，生产者提供该数量的产品所获得的收益恰好补偿企业的生产费用，从而企业没有获得超额利润，消费者也没有支付多余的费用，这对于买卖双方都是公平的。从另一角度来看，由于在完全竞争市场上，市场价格是一条水平的直线，而在企业处于长期均衡状态时，企业的边际收益和平均收益都等于市场价格，所以，企业提供的生产量恰好处于平均成本的最低点。这就是说，当提供该产量时，企业在现有的生产规模中选择了成本最低的一个。所以，完全竞争市场的生产在技术上是最优的，因为企业利用了现有技术提供的最低的生产成本。

（3）完全竞争市场的长期均衡是通过价格的自由波动来实现的。所以，当由于消费者的偏好、收入等因素变动引起市场需求发生变动或由于生产技术、生产要素供给等因素变动引起市场供给发生变动时，市场价格可以迅速做出反应，及时根据市场供求的状况进行调整。另外，由于在完全竞争市场上企业提供的产品没有任何差别，因而企业没有必要通过广告之类的宣传媒介强化自己的产品在消费者心目中的地位。所以，在完全竞争市场上不存在非价格竞争所带来的资源浪费。

三、论述题

1. 用图形推导完全竞争厂商的短期供给曲线。（中南财经政法大学 2009 年研）

答：在完全竞争市场上，厂商的短期供给曲线可以用短期边际成本曲线来表示，具体推导过程如下所述。

对完全竞争厂商来说，有 $P = MR$，完全竞争厂商的短期均衡条件又可以写成 $P = MC(Q)$，即：在每一个给定的价格水平 P，完全竞争厂商应该选择最优的产量 Q，使得 $P = MC(Q)$ 成立，从而实现最大的利润。这意味着在价格 P 和厂商的最优产量 Q 之间存在着一一对应的关系。

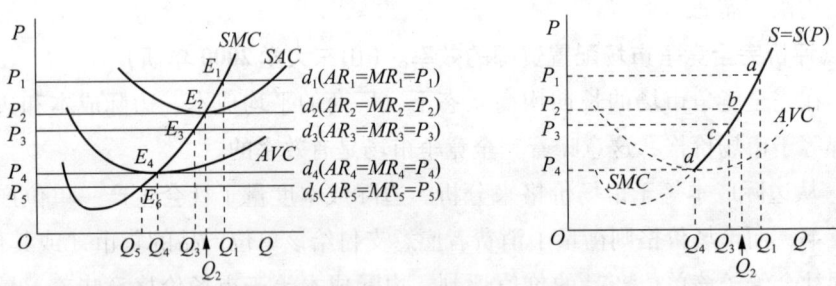

图 5-7 由完全竞争厂商的短期边际成本曲线到短期供给曲线

如图 5-7 所示，当市场价格分别为 P_1、P_2、P_3 和 P_4 时，厂商根据 $P = SMC$ 的原则，选择的最优产量顺次为 Q_1、Q_2、Q_3 和 Q_4。SMC 曲线上的 E_1、E_2、E_3 和 E_4 点表示了这些不同的价格水平与相应的不同的最优产量之间的对应关系。但必须注意到，厂商只有在 $P \geqslant AVC$ 时，才会进行生产，而在 $P < AVC$ 时，厂商会停止生产。所以，厂商的短期供给曲线应该用 SMC 曲线上大于和等于 AVC 曲线最低点的部分来表示，即用 SMC 曲线大于和等于停止营业点的部分来表示。

2. 论述完全竞争行业的长期供给曲线。（中南财经政法大学 2003 年研）

答：根据行业产量变化对生产要素价格所可能产生的影响，完全竞争行业可分为成本不变行业、成本递增行业和成本递减行业。这三类行业的长期供给曲线各具有自身的特征。下面根据完全竞争厂商和行业的长期均衡点来推导完全竞争行业的长期供给曲线。

（1）成本不变行业的长期供给曲线

成本不变行业是指该行业的产量变化所引起的生产要素需求的变化，不对生产要素的价格发生影响。在这种情况下，行业的长期供给曲线是一条水平线。

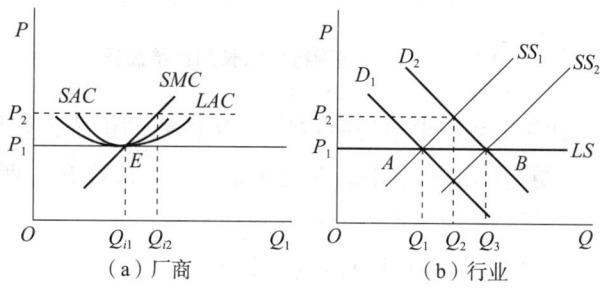

图 5-8 成本不变行业的长期供给曲线

在图 5-8 中，由市场需求曲线 D_1 和市场短期供给曲线 SS_1 的交点 A 所决定的市场均衡价格为 P_1。在价格水平 P_1，完全竞争厂商在 LAC 曲线的最低点 E 实现长期均衡，每个厂商的利润均为零。由于行业内不再有厂商的进入和退出，故称 A 点为行业的一个长期均衡点。

假设外在因素影响使市场需求增加，曲线 D_1 向右移至曲线 D_2 的位置，且与曲线 SS_1 相交，相应的市场价格水平由 P_1 上升到 P_2。在新的价格 P_2，厂商在短期内沿着既定生产规模的 SMC 曲线，将产量由 Q_{i1} 提高到 Q_{i2} 并获得利润。

从长期看，由于单个厂商获得利润，便吸引新厂商加入到该行业中来，导致行业供给增加。行业供给增加会产生两方面的影响。一方面，它会增加对生产要素的需求。但由于是成本不变行业，所以，生产要素的价格不发生变化，企业的成本曲线的位置不变。另一方面，行业供给增加会使厂商的 SS_2 曲线不断向右平移，随之，市场价格逐步下降，单个厂商的利润也逐步下降。这个过程一直要持续到单个厂商的利润消失为止，即 SS_1 曲线一直要移动到 SS_2 曲线的位置，从而使得市场价格又回到了原来的长期均衡价格水平 P_1，连接 A、B 这两个行业的长期均衡点的直线 LS 就是行业的长期供给曲线。

（2）成本递增行业的长期供给曲线

成本递增行业是指该行业产量增加所引起的生产要素需求的增加，会导致生产要素价格的上升。成本递增行业的长期供给曲线是一条向右上方倾斜的曲线。

在图 5-9 中，开始时单个厂商的长期均衡点 E_1 和行业的一个长期均衡点 A 是相互对应的。它们表示：在市场均衡价格水平 P_1，厂商在 LAC_1 曲线的最低点实现长期均衡，且每个厂商的利润为零。

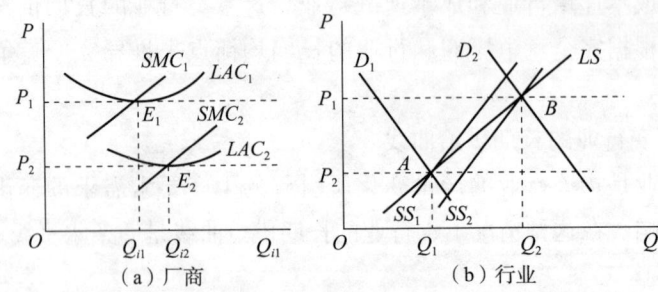

图 5-9 成本递增行业的长期供给曲线

假设市场需求增加使市场需求曲线向右移至 D_2 曲线的位置，并与原市场短期供给曲线 SS_1 相交形成新的更高的价格水平。在此价格水平，厂商在短期内将仍以 SMC_1 曲线所代表的既定的生产规模进行生产，并由此获得利润。

在长期，新厂商会由于利润的吸引而进入到该行业的生产中来，整个行业供给增加。一方面，行业供给增加，会增加对生产要素的需求。与成本不变行业不同，在成本递增行业，生产要素需求的增加使得生产要素的市场价格上升，从而使得厂商的成本曲线的位置上升，即图中的 LAC_1 曲线和 SMC_1 曲线的位置向上移动。另一方面，行业供给增加直接表现为市场的 SS_1 曲线向右平移。那么，这种 LAC_1 曲线和 SMC_1 曲线的位置上移和 SS_1 曲线的位置右移的过程，一直要持续到它们分别达到 LAC_2 曲线和曲线 SMC_2 的位置及 SS_2 曲线的位置，从而分别在 E_2 点和 B 点实现厂商的长期均衡和行业的长期均衡。此时，在由 D_2 曲线和 SS_2 曲线所决定的新的市场均衡价格水平 P_2，厂商在 LAC_2 曲线的最低点实现长期均衡，连接 A、B 这两个行业长期均衡点的线 LS 就是行业的长期供给曲线。

(3) 成本递减行业的长期供给曲线

成本递减行业是指该行业产量增加所引起的生产要素需求的增加，反而使生产要素的价格下降了。成本递减行业的长期供给曲线是向右下方倾斜的。

以图 5-10 进行分析。开始时，厂商在 E_1 点实现长期均衡，行业在 A 点实现长期均衡，E_1 点和 A 点是相互对应的。所不同的是，当市场价格上升，新厂商由于被利润吸引而加入到该行业中来的时候，一方面，在成本递减行业的前提下，行业供给增加所导致的对生产要素需求的增加，却使得生产要素的市场价格下降了，它使得图中原来的 LAC_1 曲线和 SMC_1 曲线的位置向下移动。另一方面，行业供给增加仍直接表现为 SS_1 曲线的位置向右移动。这两种变动一直要持续到厂商在 E_2 点实现长期均衡和行业在 B 点实现长期均衡为止。此时，在由 D_2 曲线和 SS_2 曲线所决定的新价格水平 P_2，厂商在 LAC_2 曲线的最低点实现长期均衡，连接 A、B 这两个行业长期均衡点的线 LS 就是行业的长期供给曲线。

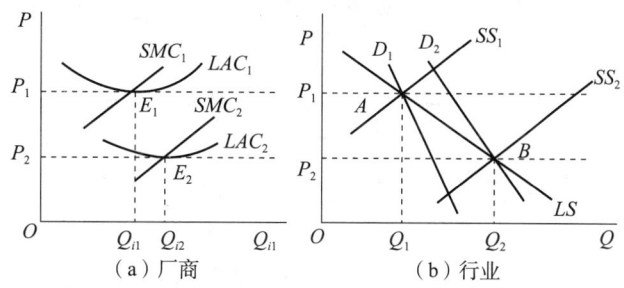

图 5-10 成本递减行业的长期供给曲线

考研真题及解答（六）

一、名词解释

1. 边际产品价值（中南财经政法大学 2003 年研；中国人民大学 2004 年研；辽宁大学 2005 年研；华中科技大学 2007 年研）

答：边际产品价值指在完全竞争条件下，厂商在生产中增加一个单位的某种生产要素投入所增加的产品的价值，等于边际产品（MP）与价格（P）的乘积，即 $VMP = MP \cdot P$。

2. 边际收益产品（中国人民大学 1998 年、2000 年研；中央财经大学 2000 年研；厦门大学 2003 年研；上海外国语大学 2005 年研；武汉大学 2007 年研）

答：边际收益产品是指在其他生产要素的投入量固定不变时追加一单位的某种生产要素投入所带来的收益。它等于边际产品（MP）与边际收益的乘积，即：$MRP = MR \cdot MP$。

边际收益产品是以收益表示的边际生产力，它受边际产品和边际收益两个因素的影响。由于边际产品是递减的，因而边际收益产品也是递减的，边际收益产品曲线向右下方倾斜。边际收益要视不同的市场曲线而定。在完全竞争市场上，厂商的边际收益等于价格，边际收益产品曲线与边际产品价值曲线重合，两条曲线按同一速度下降；在不完全竞争市场上，厂商面临一条倾斜的需求曲线，边际收益递减，边际收益小于价格，因而边际收益产品曲线与边际产品价值曲线不再重合，前者以更快的速度下降。

3. 准租金（中国人民大学 1999 年、2004 年研；华中科技大学 2002 年、2007 年研；中南财经政法大学 2004 年研；中央财经大学 2006 年研；江西财经大学 2007 年研）

答：准租金是对供给量暂时固定的生产要素的支付，即固定生产要素的收益。一般来说，准地租是某些质量较高的生产要素，在短期内供给不变的情况下所产生的一种超额收入。

4. 经济租金（财政部财政科学研究所 2004 年研；华中科技大学 2005 年研）

答：许多要素的收入尽管从整体上看不同于租金，但其收入的一部分却类似于租金,如果从该要素的全部收入中减去这部分收入并不影响要素的供给,则将这一部分要素收入称为经济租金。

5. 洛伦兹曲线(华中科技大学 2005 年研;中国青年政治学院 2007 年研;云南大学 2008 年研)

答:洛伦兹曲线由美国统计学家洛伦兹提出,因此得名。它是用以描述社会收入分配平均程度的曲线。将一国总人口按收入由低到高进行排队,考虑收入最低的任意百分比人口所得到的收入百分比,将人口累计百分比和收入累计百分比的对应关系描绘在图形上,就是洛伦兹曲线。

6. 基尼系数(北京邮电大学 2003 年研;上海理工大学 2004 年研;厦门大学 2006 年研;电子科技大学 2008 年研;南京财经大学 2009 年研;中国青年政治学院 2010 年研)

答:基尼系数是 20 世纪初意大利经济学家基尼根据洛伦兹曲线来判断收入分配公平程度的指标,是国际上用来综合考察居民内部收入分配差异状况的一个重要分析指标。

二、简答题

1. 简述完全竞争条件下单要素投入企业的生产要素需求曲线。(江西财经大学 2007 年研)

答:完全竞争厂商对生产要素的需求函数反映的是:在其他条件不变时,完全竞争厂商对要素 L 的需求量与要素价格之间的关系。要素需求函数可表示为:

$$P \cdot MP(L) = W$$

式中,$MP(L)$ 为边际产品,是要素的函数。由于产品价格 P 为既定常数,故上式显然确定了从要素价格到要素使用量 L 的一个函数关系,即确定了完全竞争厂商对要素的一个需求函数。

根据边际生产力递减的性质,可得出以下结论:随着要素价格的上升,厂商对要素的最佳使用量即需求量将下降。完全竞争厂商的要素需求曲线与边际产品价值曲线完全重合,向右下方倾斜。

2. 分析说明劳动供给曲线背弯的原因。(浙江工商大学 2002 年研;辽宁大学 2004 年研;清华大学 2004 年研;华北电力大学 2005 年研;西南财经大学 2006 年研;中国青年政治学院 2007 年、2010 年研;中央财经大学 2007 年研;中国人民大学 2008 年研;中南财经政法大学 2010 年研)

答:劳动供给曲线是描述人们提供的劳动和对劳动所支付的报酬之间关系的曲线。劳动供给曲线先有正斜率,后为负斜率,是一条向后弯曲的曲线,如图 6-1 所示。

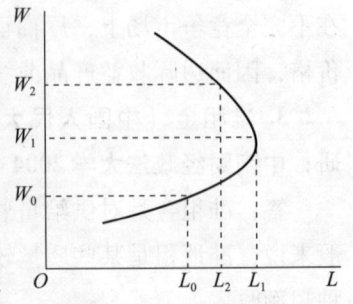

图 6-1 劳动供给曲线

劳动供给曲线之所以背弯，是因为劳动供给不仅是工资的函数，也是闲暇愿望的函数。当工资较低时，随着工资的上升，消费者被较高的工资吸引将减少闲暇，增加劳动供给量。在这个阶段，劳动供给曲线向右上方倾斜。但是，工资上涨对劳动供给的吸引力是有限的。当工资涨到%时，消费者的劳动供给量达到最大。此时如果继续增加工资，劳动供给量非但不会增加，反而会减少。

劳动供给曲线背弯的原因可以用收入效应和替代效应来分析。消费者的总效用由收入和闲暇两者带来的效用组成。事实上，劳动者的劳动供给行为可以表述为：在既定的时间约束下，合理地安排劳动和闲暇时间，以实现最大的效用满足。一般而论，工资率越高，对牺牲闲暇的补偿也就越大，劳动者宁愿放弃闲暇而提供劳动的数量也就越多。换言之，工资率提高，闲暇的机会成本相应也就越大，劳动者的闲暇时间也就越短。因此，工资率的上升所产生的替代效应使得劳动数量增加。同时，工资率的提高，使得劳动者收入水平提高。这时，劳动者就需要更多的闲暇时间。也就是说，当工资率提高以后，劳动者不必提供更多的劳动就可提高生活水平。这说明，工资率提供的收入效应使得劳动数量减少。

替代效应和收入效应是工资率上升的两个方面，如果替代效应大于收入效应，那么，工资率提高使得劳动数量增加，即劳动的供给曲线向右上方倾斜；反之，工资率的提高会使劳动数量减少，劳动供给曲线向左上方倾斜。在工资率较低的条件下，劳动者的生活水平较低，闲暇的成本相应也就较低，从而工资提高的替代效应大于收入效应，劳动的供给曲线向右上方倾斜。但是，随着工资率的进一步提高和劳动时间的增加，闲暇的成本增加，替代效应开始小于收入效应，结果劳动供给数量减少。基于以上原因，劳动的供给曲线呈现出背弯的形状。

考研真题及解答（七）

一、名词解释

1. 局部均衡（复旦大学 2000 年研；青岛大学 2001 年研；江西财经大学 2005 年研；北京师范大学 2008 年研）

答：局部均衡是指在假设其他市场不变的情况下，某一特定产品或要素的市场均衡。局部均衡分析研究的是单个（产品或要素）市场，其研究方法是把所考虑的某个市场从相互联系的整个经济体系的市场全体中"取出"来单独加以研究。

局部均衡是经济体系中单独一个消费者、一个商品市场或要素市场、一家厂商或一个行业的均衡状态。局部均衡分析即只考虑这个局部本身所包含的各因素的相互影响，相互作用，最终如何达到均衡状态。如在研究某产品市场的均衡时，就可假设其他各产品的供给、需求及价格不变，而只考虑该产品的价格和销售量如何通过它本身的供给和需求两种相反力量的作用达到均衡。

局部均衡分析都是以"其他情况不变"的假设为基础的，所以它具有一定的局限

性，但这并不影响它对很多问题研究的有效性。在一定的合理假设下，不但可以达到说明问题的目的，而且可使问题简单化、明了化。特别是把所研究的变量限于两个经济因素时，可以借助数、表、图进行综合分析，收到较好的效果。但在研究一些综合性问题时，局部均衡分析是不够的，必须运用一般均衡分析方法。

2. 一般均衡（青岛大学 2001 年研；辽宁大学 2003 年研；华中科技大学 2007 年研；北京邮电大学 2008 年研）

答：一般均衡是指在一个经济体系中，所有市场的供给和需求同时达到均衡的状态。一般均衡分析从微观经济主体行为的角度出发，考察每一种产品和每一个要素的供给和需求同时达到均衡状态所需具备的条件和相应的均衡价格以及均衡供销量应有的量值。

根据一般均衡分析，某种商品的价格不仅取决于它本身的供给和需求状况，而且还受到其他商品的价格和供求状况的影响。因此，某种商品的价格和供求均衡，只有在所有商品的价格和供求都同时达到均衡时，才能实现。1939 年，英国经济学家希克斯在《价值与资本》一书中用局部均衡分析方法去研究一般均衡问题，在局部均衡分析与一般均衡分析之间架起桥梁。当代经济学教材中一般都采用这种方法来说明一般均衡理论。

3. 帕累托改进（武汉大学 2002 年研；对外经济贸易大学 2008 年研）

答：如果对既定资源配置的状态予以改变，而这种改变使得至少有一个人的境况变好，同时其他任何人的境况没有因此变坏，则认为这种变化增加了社会福利，或称帕累托改进。利用帕累托标准和帕累托改进，可以定义最优资源配置，即如果对于既定的资源配置状态，所有的帕累托改进都不存在，即在该状态下，任意改变都不可能使至少有一个人的状况变好而又不使其他任何人的状况变坏，则这种资源配置状态为帕累托最优状态。

4. 帕累托最优状态（山东大学 2001 年研；北京师范大学 2001 年研；中南财经政法大学 2001 年、2011 年研；对外经济贸易大学 2001 年研；中国海洋大学 2001 年研；东北财经大学 2002 年研；武汉大学 2002 年研；北京大学 2004 年研；华中科技大学 2005 年、2008 年研；北京理工大学 2006 年研；南京航天航空大学 2006 年研；电子科技大学 2006 年、2008 年研；湖南大学 2007 年研；财政部财政科学研究所 2011 年研）

答：帕累托最优状态也称为帕累托最适度、帕累托最佳状态或帕累托最优原则等，是现代西方福利经济学中讨论实现生产资源的最优配置的条件的理论。它由意大利经济学家、社会学家 V·帕累托提出，因此得名。

帕累托指出，在社会既定的收入分配条件下，如果对收入分配状况的某种改变使每个人的福利同时增加，则这种改变使社会福利状况改善；如果这种改变让每个人的福利都减少了，或者一部分人福利增加而另一部分人福利减少，则这种改变没有使社会福利状况改善。

帕累托认为，最优状态应该是这样一种状态：在这种状态下，任何对该状态的改变都不可能使一部分人的福利增加，而又不使另一部分人的福利减少，这种状态就是一个非常有效率的状态。帕累托最优状态包括三个条件：①交换的最优状态：人们持有的既定收入所购买的各种商品的边际替代率，等于这些商品的价格的比率；②生产的最优状态：厂商在进行生产时，所有生产要素中任意两种生产要素的边际技术替代率都相等；③交换和生产的最优状态：所有产品中任意两种产品的边际替代率等于这两种产品在生产中的边际转换率。

如果所有的市场（产品市场和生产要素市场）均是完全竞争的，则市场机制的最终作用将会使生产资源达到最优配置。在帕累托最优这种理想的状态下，有限的生产资源得到最有效率的配置，产量最高，产品的分配也使社会成员的总体福利最大。

5. 生产可能性边界（辽宁大学 2002 年研；浙江工商大学 2004 年研；华中科技大学 2007 年研；中南财经政法大学 2009 年研）

答：生产可能性边界也称为社会生产可能性边界或生产可能性曲线，是指在其他条件（如技术、要素供给等）不变的情况下，一个社会用其全部资源所能生产的各种产品的最大数量的组合。由于整个社会的经济资源是有限的，当这些经济资源都被充分利用时，增加一定量的一种产品的生产，就必须放弃一定量的另一种产品的生产。整个社会生产的选择过程形成了一系列的产品间的不同产量组合，所有这些不同产量的组合就构成了生产可能性边界。假设一个社会把其全部资源用于 X 和 Y 两种商品的生产，那么其生产可能性边界可用图 7－1 表示。

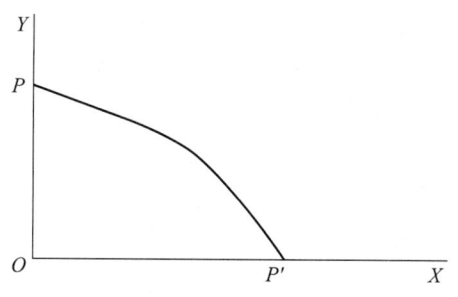

图 7－1　生产可能性边界

图 7－1 中曲线 PP' 为生产可能性曲线，表示一个社会在资源一定、技术一定的情况下所可能生产的 X 商品和 Y 商品的各种不同产量的组合。位于曲线右边的点是不能实现的，因为没有足够的资源；位于曲线左边的点可以实现，但没有利用或没有有效利用全部可供利用的资源。而位于曲线上的点则表示全部资源都得到了利用而又可以接受的组合。

生产可能性曲线向下倾斜是因为当全部资源都被利用时，要获得更多一些的一种产品，就必须以牺牲其他的产品的生产为代价。一条生产可能性曲线说明：边界以外无法达到的组合意味着资源的有限性；边界线上各种组合的存在意味着选择的必要；边界向下倾斜意味着机会成本。

6. 阿罗不可能性定理（华中科技大学 2003 年研；中央财经大学 2010 年研）

答：阿罗不可能性定理是阿罗分析市场一般均衡时得出的一个定理。阿罗认为，用投票的方式不可能把个人的偏好集中起来，形成合乎理性的社会偏好。即在非独裁的情况下，不可能存在适用于所有个人偏好类型的社会福利函数，这就是著名的阿罗不可能定理。

阿罗不可能定理包含两项重要假设：每个人的偏好是可以排序的；每个人的偏好次序是传递的。根据这两项假设，阿罗指出，要建立一种社会福利函数必定要违反他规定的下列五项条件的一项或若干项，否则社会福利函数就无法建立。这五项规定或条件为：①自由三元组条件：在所有选择方案中，至少有三个方案，对之允许有任何逻辑上可能的个人选择顺序。②社会选择正相关于个人价值条件：如果某一选择方案在所有人的选择顺序中地位上升或保持不变，且没有其他变化发生，则在社会选择顺序中，这一方案的地位上升，或至少不下降。③不相关的选择方案具有独立性条件：第一，任何两个选择方案的社会选择顺序仅仅依赖个人对这两个方案的选择顺序，与个人在其他不相关的备选对象上的选择顺序无关；第二，任何两个选择对象之间的社会偏好顺序仅仅依赖于个人相应的选择顺序，而与偏好强度等因素无关。④公民主权条件：社会选择顺序毕竟不是强迫的。⑤非独裁条件：选择规则不能是独裁的，即不存在这种情况：一个人的选择顺序就是社会的选择顺序，所有其他人的选择是无足轻重的。

阿罗证明了不存在一个选择规则或选择程序能够同时满足上述两个假设和五个条件，这表明由个人选择合乎逻辑地转化为社会选择的过程包含巨大的困难。

7. 公共选择理论（东北财经大学 2011 年研）

答：公共选择理论是一门介于经济学和政治学之间的新兴交叉学科，它是运用经济学的分析方法来研究政治决策机制如何运作的理论。

公共选择理论认为，人类社会由两个市场组成，一个是经济市场，另一个是政治市场。该理论进一步认为，在经济市场和政治市场上活动的是同一个人，没有理由认为同一个人在两个不同的市场上会根据两种完全不同的行为动机进行活动，即在经济市场上追求自身利益的最大化，而在政治市场上则是利他主义的，自觉追求公共利益的最大化。公共选择理论试图把人的行为的两个方面重新纳入一个统一的分析框架或理论模式，用经济学的方法和基本假设来统一分析人的行为的这两个方面，从而拆除传统的经济学在经济学和政治学这两个学科之间竖起的隔墙，创立使二者融为一体的新政治经济学体系。

公共选择理论的基本特征是：把经济学的研究对象拓展到以往被经济学家视为外部因素而由政治学研究的传统领域；把人类的经济行为和政治行为作为统一的研究对象，从实证分析的角度出发，以经济人为基本假定和前提，运用微观经济学的成本——效益分析方法，解释个人偏好与政府公共选择的关系，研究作为投票者的消费者如何对公共物品或服务的供给的决定表达意愿。

二、简答题

1. 什么是福利经济学第一定理？（南开大学 2005 年研）

答：福利经济学第一定理是指所有竞争性市场均衡都是帕累托有效的。也就是说，如果所有的个人和企业都是以自我利益为中心的价格接受者，则竞争性均衡具有帕累托最优效率。福利经济学第一定理隐含了以下三层意思：

（1）竞争均衡的结果是帕累托有效的，但它与分配无关，利润最大化只保证效率，不保证公平。

（2）竞争均衡是帕累托有效均衡，只有在竞争均衡实际存在时才有效，因此排除了较大的规模收益递增的区域。

（3）假定任何一家厂商的选择并不影响它的生产可能性边界，也就是说不存在生产的外部效应和消费的外部效应。

2. 为什么说完全竞争的市场机制符合帕累托最优状态？（中国人民大学 1998 年研；武汉大学 2001 年研；财政部财政科学研究所 2005 年研；西南财经大学 2007 年研；东北财经大学 2007 年研；中南财经政法大学 2009 年研；南开大学 2011 年研）

答：（1）帕累托最优状态是用于判断市场机制运行效率的一般标准。帕累托最优状态是指不可能存在资源的再配置使得在经济社会中其他成员的境况不变的条件下改善某些人的境况。一个经济实现帕累托最优状态，必须满足以下三个必要条件：①任何两种商品的边际替代率对于所有使用这两种商品的消费者来说都必须是相等的；②任何两种生产要素的边际替代率对于所有使用这两种生产要素的生产者来说都必须是相等的；③任何两种商品对于消费者的边际替代率必须等于这两种商品对于生产者的边际转换率。

（2）在完全竞争的市场结构条件下，如果经济当事人的行为满足连续性的假设，那么，当经济系统处于一般均衡状态时，帕累托最优状态的必要条件都通过一般均衡的价格比表示出来，从而使得这些条件得到满足。可见，完全竞争的市场结构可以实现帕累托最优状态。一般来说，消费者总是追求效用最大化，生产者总是追求利润最大化，这样完全竞争的市场结构必然能够实现帕累托最优状态所需要的三个条件。在西方经济学家看来，完全竞争市场之所以能成为满足帕累托最优的条件，可以从满足帕累托最优的三个必要条件方面分别加以说明：

从交换最适度的条件来看，在完全竞争条件下，每种商品的价格对所有的消费者来说都是相同的，是既定不变的。消费者为了追求效用最大化，一定会使其消费的两种商品的边际替代率等于其价格比。既然相同的商品的价格对所有的消费者来说都是相同的，那么，每一消费者购买任何两种商品的数量必使其边际替代率等于全体的消费者所面对的共同的价格比率。因此，就所有消费者来说，任何两种商品的边际替代率必定相同。

从生产最适度的条件来看，在完全竞争的条件下，任一要素的价格对任一产品生产者都是一样的,是既定不变的。生产者为了追求利润最大化,一定会使其使用的任一组生产要素的边际技术替代率等于它们的价格比率。既然相同的要素对所有的产品生产者都是相同的,那么每一个生产者购买并使用的任何两种要素的数量必使其边际技术替代率等于全体生产者所面对的共同的价格比。因此,就所有的产品生产者来说,任何一种生产要素的边际技术替代率必定相同。

从生产最适度与交换最适度相结合的条件来看,任何两种产品生产的边际转换率即为两种商品的边际成本之比,每一消费者对任何两种商品的边际替代率等于其价格比。而在完全竞争条件下,任何产品的价格等于边际成本。因此,对于任何两种产品来说,其生产的边际转换率等于任何消费者对这两种商品的边际替代率。

综上所述,在完全竞争条件下,帕累托最优的三个必要条件都可以得到满足。换而言之,在完全竞争的市场机制作用下,整个经济可以全面达到帕累托最优状态,这样的经济必定是最有效率的经济。

帕累托最优状态的分析是西方经济学论证"看不见的手"的原理的一个重要组成部分,它用帕累托标准验证了完全竞争市场的效率。但是,完全竞争符合帕累托最优标准表明的含义仍然受到严格的完全竞争市场的假设条件的限制。在现实经济中,任何一个条件遭到破坏都将引起帕累托效率的损失。所以说,有关完全竞争市场实现帕累托最优状态的证明只具有数学的意义。

3. 瓦尔拉斯定律认为,人们为了满足当前效用的最大化,会花光所有的收入进行消费。然而现实生活中并非如此,如何解释这一现象?是否人们的消费决策不是按当前效用最大化原则做出的?(清华大学 2003 年、2005 年研)

答:(1)在瓦尔拉斯的一般均衡模型体系中,商品和资源的总供给与总需求均相等,这一恒等关系就是瓦尔拉斯定律。换言之,瓦尔拉斯定律是指在一般均衡价格模型体系中,生产者愿意生产的各种商品的数量,正好等于消费者愿意购买的数量;居民愿意供给的资源数量,恰好等于厂商所需要的资源数量。

瓦尔拉斯定律认为,人们为了满足当前效用的最大化,会花光所有的收入进行消费。但现实生活中并非如此,产生这一现象的原因主要有:①生命周期假说与持久收入假说。生命周期假说认为每个人都根据他自己一生的全部预期收入来安排他的消费支出。也就是说,各个家庭的消费要受制于该家庭在其整个生命期间内所获得的总收入,而不仅仅局限于当期收入。②进行投资。人们对当期收入的支配,除了进行消费活动,还可以进行投资活动,从而在将来获得更多的收入。③作为遗产留给子女。当人们留下遗产给后代的时候,说明人们不只考虑自己的福利最大化,还会考虑到后代的福利水平。④对货币有特殊的偏好,人们将会把一部分收入以货币的形式贮藏起来。

(2)人们的消费决策不是按当前效用最大化原则做出的,而是进行跨时期消费决策,甚至跨整个生命周期的消费决策。也就是说,人们追求的效用最大化是总效用的最大化,而不是当期效用最大化。

4. 一个社会仅有 L 和 K 两种资源，现在生产衣服的 MRTS = 4，而生产食物的 MRTS = 3，问生产上是否有效率，为什么？如何改进？（北京大学 2007 年研）

答：该社会生产上是缺乏效率的。理由如下：

生产的帕累托最优要求任何一对生产要素之间的边际技术替代率在用这两种投入要素生产的所有商品中都相等，即该社会中，由于生产衣服和生产食物的边际技术替代率不相等，因此，生产没有实现帕累托最优，存在帕累托改进。

具体调整过程如下：生产衣服的 $MRTS = 4$ 意味着生产衣服的部门在保值产量不变的情况下愿意增加 1 单位的劳动而放弃 4 单位的资本；生产食物的 $MRTS = 3$ 意味着生产食物的部门愿意少用 1 单位的劳动而多使用 3 单位的资本从而保持其产量不变。

这样两个部门所使用要素之间就可以进行交换，生产食物的部门放弃 1 单位的劳动给生产衣服的部门，而生产衣服的部门得到 1 单位的劳动后愿意放弃 4 单位的资本，在补偿生产食物的部门所需要的 3 个单位的资本后还有 1 个单位资本的剩余（两部门的产量均未发生改变），现可用这剩余出来的 1 单位的资本或者给生产衣服的部门或者给生产食物的部门，都能提高产量，实现帕累托改进。一直调整，直到 L 和 K 在两部门的边际技术替代率相等，即实现帕累托最优状态。

5. 什么是帕累托最优状态？画图并说明交换的帕累托最优条件的关系式是如何得到的？（中国人民大学 2008 年研）

答：（1）帕累托最优状态的含义

帕累托最优状态是福利经济学中讨论实现生产资源最优配置的条件的理论。如果对于某种既定的资源配置状态，所有的帕累托改进（即既定的资源配置状态的改变使得至少有一个人的状况变好，而没有使其他任何人的状况变坏）均不存在，即在该状态上，任意改变都不可能使至少有一个人的状况变好而又不使其他任何人的状况变坏，则称这种资源配置状态为帕累托最优状态。只有同时满足交换的帕累托最优、生产的帕累托最优以及交换和生产的帕累托最优才能说达到了帕累托最优状态。

（2）交换的帕累托最优条件

交换的帕累托最优条件为：该条件可通过埃奇沃斯盒状图推导出来。如图7-2所示，埃奇沃斯盒状图画出了消费者 A、B 消费两种商品 X、Y 的无差异曲线。两条横轴表示消费者 A、B 消费 X 的数量，两条纵轴表示消费者 A、B 消费 Y 的数量。凸向原点 O_A 的实曲线 I_A、II_A、III_A 等为消费者 A 的无差异曲线，凸向原点 O_B 的虚曲线 I_B、II_B、III_B 等为消费者 B 的无差异曲线。A、B 两人的无差异曲线相切于 P_1、P_2、P_3。把所有这些切点用平滑的曲线连接就可得到契约曲线 CC'。无差异曲线相切的点会使消费者 A 和 B 同时达到一定收入水平的效用最大化，无差异曲线切点处消费者 A、B 有相同的边际替代率。契约曲线 CC' 就是帕累托最优点的轨迹，曲线上的点都实现最大满足的交换。

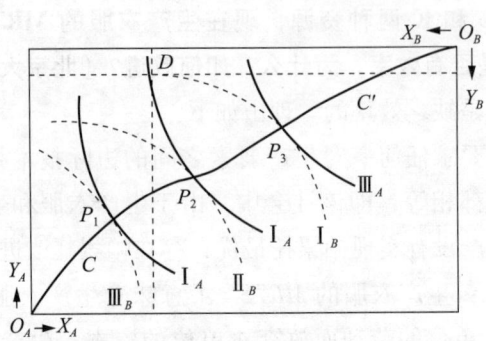

图 7-2 交换的帕累托状态

6. 简要说明为什么交换的最优条件加生产的最优条件不等于交换加生产的最优条件？（东北财经大学 2009 年研）

答：交换的最优条件加生产的最优条件并不等于交换加生产的最优条件。事实上，交换和生产的最优条件并不是将交换的最优条件和生产的最优条件简单地并列起来，其原因在于：交换的最优只是说明消费是最有效率的；生产的最优只是说明生产是最有效率的。两者的简单并列，只是说明消费和生产分开来看时各自独立地达到了最优，但并不能说明，当交换和生产综合起来看时，也达到了最优。

交换和生产的最优是要将交换和生产这两个方面综合起来，讨论交换和生产的帕累托最优条件。交换和生产的最优是指社会生产和交换同时达到最优的状况，即实现了交换和生产的帕累托最优状况。生产达到均衡并不能保证交换同时达到均衡；交换达到均衡也不能保证生产同时达到均衡。要使交换和生产同时达到均衡必须具备以下条件：任意两种商品的边际替代率必须等于它们的边际转换率。

可以发现，当 $MRS_{XY} = MRT_{XY}$ 时，达到了交换和生产的一般均衡。之所以作为一般均衡的条件，是因为只有符合这一条件，才能使生产满足消费者的需要，又使资源达到有效配置。

7. 为什么完全竞争市场可以实现帕累托最优？（暨南大学 2011 年研）

答：一般地，消费者总是追求效用（满足）极大化，生产者总是追求利润极大化，这样，市场的完全竞争结构必将使经济社会达到帕累托最适度状态，也就是说完全竞争能够实现帕累托最适度状态所需具备的三个条件。分别说明如下：

在完全竞争条件下，每种商品的价格对所有消费者来说都是相同的，既定不变的。而消费者为了追求效用极大化，一定会使其消费的任何两种商品的边际替代率等于其价格比率。既然相同商品的价格对所有消费者都是等同的，那么，每一消费者购买并消费的任何两种商品的数量必使其边际替代率等于全体消费者所面对的共同的价格比率。因此，就所有消费者来说，任何两种商品的边际替代率必定相同。

在完全竞争条件下，任一生产要素的价格对任一产品的生产者都是相同的，既定不变的。而生产者为了追求最大利润，一定会使其使用的任何一组生产要素的边际技术替代率等于它们的价格比率。既然相同要素的价格对所有产品的生产者都是等同的，那么，每一生产者购买并使用的任何两种要素的数量必使其边际技术替代率等于全体生产者所面对的共同的价格比率。因此，就所有产品的生产来说，任何一组要素的边际技术替代率必定相同。

任何两种产品生产的边际转换率即为这两种商品的边际成本之比。每一消费者对于任何两种商品的边际替代率等于其价格比率。而在完全竞争条件下，任何产品的价格等于其边际成本。因此，对任何两种产品来说，其生产的边际转换率必等于任何消费者对这两种商品的边际替代率。由此可见，完全竞争能够实现为达到帕累托最适度状态所需具备的三个条件。

8. 如何解决效率与公平之间的矛盾，对此，西方学者并无一致的答案。然而，大体说来，他们较为普遍的思路是"效率优先、兼顾公平"。论述效率优先的含义。（武汉大学2008年研）

答：所谓效率优先，就是在决定收入分配的问题上，首先考虑效率，把效率当作决定收入分配的第一位的因素。经济效率高，所得到的收入也高；反之，经济效率低，所得到的收入也低。只有在保证效率的基础上，才能考虑兼顾公平的问题。

要做到效率优先，就是要让市场机制在收入分配领域里充分地发挥作用，就是要让市场的供求关系去决定各种生产要素的价格，去决定收入的分配，也就是要承认个人的天赋能力的差别、承认后天努力的差别、承认努力结果（这些结果可能包含了纯粹运气的作用）的差别，总之，承认一切合法和合理的差别，并把这些差别与它们的结果即收入联系起来。在这里，所谓"合理"的和"合法"的差别就是指上述由于个人的"天赋""努力"或"运气"之类因素造成的差别，而不包括利用各种非法手段造成的差别。

按照西方经济学的观点，只有在竞争性的市场经济中来决定收入的分配才可以使各种经济资源达到最优的配置，才可以使经济的效率达到最大。任何对市场机制的不必要的和不恰当的干预都只能起到妨碍资源优化配置和降低经济效率的作用。市场机制通过奖勤罚懒、优胜劣汰的办法，刺激人们去努力工作、储蓄和投资。如果没有这一机制，社会就要寻找其他的替代办法。比如，积极鼓励"奉献精神"，或者，强制要求"完成任务"，等等。然而，在目前的社会发展阶段上，这些替代的办法至多也只能暂时地适用于少数社会成员，而不能长期适用于大多数社会成员。

9. 西方微观经济学是如何论证"看不见的手"的原理的？（华北电力大学2004年研）

答："看不见的手"的原理可以概括为：给定一些理想条件，单个家户和厂商在完全竞争经济中的最优化行为将导致帕累托最优状态。

依照于西方经济学的理论，市场机制是实现资源配置的基本方式。市场需求来源于消费者。消费者出于利己的动机，用既定的收入购买商品，按既定价格支付购买商品的费用，以实现最大的效用满足。通过产品市场供求机制，消费者的支付变为企业的收入。对应于既定的市场价格，为了获得最大的利润，厂商选择各种生产要素的使用量，以使得每一产量下的成本最低。同时，厂商必然使其产量处于价格等于边际成本之处。在完全竞争的长期均衡的情况下，市场价格等于厂商生产的边际成本，同时等于平均成本，这意味着厂商以最低的成本来进行生产。不仅如此，厂商生产的平均成本是企业家支付的生产要素的报酬，等于工资、利润（或利息）和地租的总和，它们分别补偿劳动、资本和土地在生产上所做出的贡献。

上述描绘的市场机制运行结果可以通过所有市场上的价格波动，在所有市场上同时达到，即经济处于一般均衡状态。在一般均衡状态下，在不减少任何一个成员的福利的情况下，无法再增加其他任何一个成员的福利，从而社会实现了帕累托最优。

依照帕累托最优标准，首先，从消费者消费最终产品来看。对于任意一个消费者而言，在既定的收入约束条件下，消费者可以按市场价格选择任意的商品和劳务。如果消费者只消费一种商品，其对于该商品的购买量取决于他对最后一单位商品的估价。如果估价超过价格，他就会购买；否则，他就不会购买。这样，当每个消费者达到均衡时，从整个经济体系来看，他们所消费的数量都是他们愿意持有的数量，任何数量的变动都不会使其中一个消费者得到好处。

其次，从企业使用生产要素生产最终产品来看。为了获得最大的利润，厂商必须选择最小成本的生产技术，以最合理的比例组织生产要素投入，从长期来看，厂商提供的产出倾向于使得技术最优、成本最低。市场机制在生产方面的效率不仅在于企业合理使用生产要素数量，而且表现在资源在企业之间的配置。如果企业只使用一种生产要素，则企业使用该种生产要素的数量恰好使得边际产品的价值等于要素的价格。只要一种生产要素的边际产品价值超过该要素的价格，企业就会更多地使用它。而在完全竞争条件下，要素价格对所有厂商都相同，因而该种生产要素为所有的企业所生产的边际产品的价值都相等。尽管不同的企业可以使用不同的生产技术，但从边际的意义上来看，谁也不能从单位生产要素中获得更多。任何使得生产要素在企业之间分配数量变动的再配置，都是缺乏效率的。

最后，从生产和消费两个方面来看。就一种特定的商品而言，价格既反映了消费者对于最后一单位商品的评价，又反映了企业生产最后一单位商品的成本。在完全竞争市场上，消费者对于不同商品数量的评价通过需求曲线表现出来，而企业生产不同产量时的边际成本则体现在供给曲线之中。因此，当竞争的市场处于均衡时，需求量等于供给量，企业提供了消费者想要的数量。任何其他的生产数量都不是最优的。若消费者的评价超过企业的边际成本，那么增加生产会增进社会福利；反之，若消费者的评价低于企业的边际成本，则减少生产会增进社会福利。同样地，在多种商品情况下，当市场处于均衡时，消费者与企业将面临同样的价格，企业按利润最大化提供产品组合所决定的边际成本之比等于消费者效用最大化的产品组合所决定的边际效用之比。故完全竞争市场能够提供消费者想要的产品组合。

综上所述，完全竞争市场使得消费最优、生产成本最低，并且资源得到最合理的配置，使得企业能够生产出消费者所需要的商品组合。因此，在帕累托效率意义下，完全竞争市场是有效率的。需要指出，以上得到的有关市场机制效率的分析是建立在完全竞争条件下的。一旦完全竞争要求的一系列条件不能得到满足，市场机制就会出现失灵。

10. 请用规模经济递增，规模经济不变和规模经济递减，来分析福利经济学的第一定理和第二定理。（中国人民大学2010年研）

答：（1）规模报酬变化是指在其他条件不变的情况下，企业内部各种生产要素按相同比例变化时所带来的产量变化。企业规模报酬变化可以分为规模报酬递增、规模报酬不变和规模报酬递减三种情况。产量增加的比例大于各种要素增加的比例，称之为规模报酬递增；产量增加的比例等于各种要素增加的比例，称之为规模报酬不变；产量增加的比例小于各种要素增加的比例，称之为规模报酬递减。

福利经济学第一定理：这一定理是要评估一下瓦尔拉斯一般均衡。其基本思想是，如果市场是竞争性的，则它会达到瓦尔拉斯均衡，而瓦尔拉斯均衡必然是一种帕累托有效配置。

福利经济学第二定理：帕累托最优可以通过瓦尔拉斯式的竞争性均衡来实现。它是从另一个角度对市场机制的肯定。即：若想实现某种帕累托最优，可以借助于市场机制。

（2）福利经济学第一定理这一结论的成立，只有当竞争均衡实际存在时才有意义，具体地说，它排除了较大的规模收益递增的区域。在纯粹交换经济的情况下，只要消费者显示出凸的偏好，每一种帕累托有效配置就有可能是一个竞争均衡。在一个包含着生产的经济中，会得出同样的结果，但这时不仅要求消费者的偏好是凸的，而且要求企业的生产集也是凸的，这一要求完全排除了规模报酬递增的情况。总之，只有在规模报酬不变或递减时，福利经济学第二定理才能够成立，任何帕累托有效率配置都可以通过竞争市场来达到。

11. 简述帕累托效率的含义，说明对我国收入分配的意义。（武汉大学2011年研）

答：（1）帕累托效率又称经济效率，它是指这样一种资源配置状态，在这种状态下，任何改变都不可能使至少一个人的状况变好而又不使任何人的状况变坏，也就是一种不存在所谓帕累托改进的状态，这种状态在西方经济学里也被称为帕累托效率或帕累托最优。

（2）经济学认为，帕累托效率是一种最优效率的均衡状态，而完全竞争经济的一般均衡状态就可以达到帕累托效率。在完全竞争条件下，无论是在产品市场，还是在要素市场，单个消费者和单个厂商的经济活动都表现为在市场机制的作用下各自追求自身经济利益最大化的过程。正是在这一过程中，每个产品市场和每个生产要素市场，进而所有的市场，都实现了供求相等的均衡状态。在这样的完全竞争的均衡状态中，每一种产品都以最低的成本被生产出来，每一种产品也都以最低的价格在市场上出售，消费者获得最大的满足，厂商获得最大的利润，生产要素的提供者根据各自对生产的贡献都得到了相应的报酬。微观经济学中的一般均衡理论进一步证明完全竞争条件下，所有单个市场同时均衡的状态是可以存在的。福利经济学则以一般均衡理论为出发点，进而论述一般均衡状态符合"帕累托最优状态"或"帕累托效率"。这样，在市场均衡状态下，整个经济社会实现了有效率的资源配置，同时社会福利最大。

帕累托效率对我国的收入分配具有一定的指导意义，主要体现在如何处理分配中的公平和效率问题。经济学中，公平是指收入更加平等地分配，而效率是指资源的更加优化的配置。效率和公平这两个目标有时是相互促进的，但在很多情况下却是相互矛盾的。为此，思路就是"效率优先，兼顾公平"，这和党的十七大进一步提出的"初次分配和再分配都要处理好效率和公平的关系，再分配更加注重公平"是吻合的。效率优先就是让市场机制在收入分配领域充分发挥作用，就是让市场的供求关系去决定各种生产要素的价格，去决定收入的分配，因为只有这样，才可以使各种经济资源达到最优的配置，才可以使经济的效率达到最大。当然，我国当前的收入分配一定要注意不能一味地追求效率，公平的重要性越来越突出。

三、论述题

1. 试述微观经济学中的一般经济均衡的模型与意义。（武大 2003 年试）

答：在现实的经济生活中，存在众多的市场。在这些市场中，供给者和需求者相互联系，共同制约。其中任何一个市场上的需求或供给发生变动，不仅影响它们各自市场上的价格，而且影响到其他市场的供求，从而使得许多市场价格发生变动。一般均衡分析就是讨论当影响某一个市场上的供给或需求的因素发生变动后，能否存在一系列价格，使得所有的市场同时处于均衡的问题。

所谓一般均衡系指所有的市场同时处于均衡的一种状态，它是相对于局部均衡而言的。具体地讲，就单个消费者来说，他面对既定的市场价格，使用现有的资源，通过购买和出售，来实现自身的效用最大化。此时，消费者处于均衡，从而形成对产品（组合）的需求。所有消费者需求的总和构成了商品的市场需求。

单个生产者在既定的价格下购买生产要素，利用成本最低的生产技术生产各种产品的组合，并以既定的市场价格出售。当厂商获得最大利润时，厂商处于均衡，从而形成对产品的供给。所有厂商供给的总和构成了产品的市场供给。如果所有厂商的成本函数相同，那么在厂商处于均衡时，厂商的超额利润为零。

对所有的商品而言，当消费者的超额市场需求（消费者的需求量减最初拥有量）恰好等于厂商的市场供给时，市场处于一般均衡状态。可以证明，如果所有经济当事人的需求和供给函数都是连续的，并且消费者的效用最大化行为满足预算约束，那么对于任意价格，瓦尔拉斯定律成立，并且存在一系列价格，使得所有的市场同时处于均衡。

在一般均衡的实现过程中，除了经济当事人需要满足的条件以外，最终均衡的实现还要借助于市场机制的自发调节，即市场拍卖者的存在。在完全竞争的条件下，价格就是反映市场供求变动的晴雨表。如果某一行业的利润较高，其他行业中的资源就会转移到该行业中来。这样，在市场机制中如同存在一个拍卖者，他根据市场的供求变动调整资源的配置：如果在某一个价格水平下需求量超过供给量，那么他就提高价格；反之，他就降低价格，直到所有的市场上的供给等于需求为止。如同单个商品的价格决定一样，市场机制的自发作用决定一系列的市场均衡价格，使得经济处于一般均衡状态。

一般均衡模型除了论证"看不见的手"的目的以外，其分析也是建立在严格的假设基础之上的，所以需要特别注意其实现的条件。①一般均衡的实现需要完全竞争的市场条件，所以有关完全竞争市场的假设条件对一般均衡的实现起到重要的作用，从而使得一般均衡分析至多具有理论意义。②有关经济当事人行为的连续性等假设过于严格，有关拍卖者的假设也需要经济当事人有超常的信息处理能力。③关于一般均衡存在性的证明也只是为一个数学问题提供了一个数学解。

2. 论述市场的效率。（深圳大学 2005 年试）

答：一个市场有效率就是指该市场实现了帕累托效率，可以从以下几个方面来分析市场的效率：

（1）市场效率的评价标准

意大利经济学家帕累托从福利经济学的角度定义了一个社会评价标准：当社会中一些人的境况变好就必定要使另一些人的境况变坏时，这个社会就处在一种理想状态中。这种状态就是帕累托效率或帕累托最优。其有两层含义：第一个层次是微观经济意义上的资源运用效率。它是指一个生产单位、一个区域或一个部门如何组织并运用有限的资源，使之发挥出最大作用，从而避免浪费现象。即用一定量的生产要素生产出最大价值的产品。第二个层次是宏观经济意义上的资源配置效率，它是指如何在不同生产单位、不同区域与不同行业之间分配有限的经济资源。如果一个经济体系能够做到有效地分配资源和运用资源，就可以认为这个经济体系是高效率的，也可以说，这种效率就是帕累托效率。

帕累托最优状态是用于判断市场机制运行效率的一般标准。一个帕累托最优状态或市场机制有效率的运行结果是指这样一种状态，不可能存在资源的再配置使得在经济社会中其他成员的境况不变的条件下改善某些人的境况。理解境况变好对于应用帕累托标准判断经济运行的效率是重要的。一般来说，一个人的行为，特别是交换行为，可以显示出变好还是变坏。

（2）实现市场有效率的条件

实现帕累托最优状态需要满足一系列重要的必要条件。①任意两个消费者对任意两种商品进行交换的边际替代率都相同。②任何两个厂商使用一种生产要素生产同一种产品的边际产量都相等；任何两种生产要素生产同一种商品的边际技术替代率都相等；任意两个厂商使用既定生产要素生产任意两种产品的边际产品转换率都相等。③消费者对任意两种产品的边际替代率都等于生产者对这两种产品的转换率。

（3）不同市场结构效率的比较

在完全竞争的市场结构条件下，如果经济当事人的行为满足连续性的假设，那么，当经济系统处于一般均衡状态时，帕累托最优状态的必要条件都通过一般均衡的价格比表示出来，从而使得这些条件得到满足。可见，完全竞争的市场结构可以实现帕累托最优状态。在不同市场的长期均衡条件下，单个厂商的产量与价格水平是不相同的。完全竞争厂商的长期均衡点的位置位于长期平均成本 LAC 曲线的最低点，它表示相对于其他市场结构下的单个厂商的长期均衡而言，完全竞争厂商长期均衡时产量最高，价格最低；且生产成本降到长期平均成本的最低点，消费者支付的商品价格也相当于长期平均成本的最低水平，单个厂商的利润 $\pi=0$。相反，在垄断市场，获得超额利润的垄断厂商在长期均衡时产量相对来说是最低的，而价格水平相对来说又是最高的。至于垄断竞争市场上的单个厂商长期均衡时的情况则比较接近完全竞争厂商长期均衡时的情况，单个垄断竞争厂商长期均衡时的产量比较高，价格比较低，且单个厂商的利润 $\pi=0$。至于寡头市场上单个厂商长期均衡时的情况则比较接近垄断厂商长期均衡时的情况，单个寡头厂商长期均衡时的产量比较低，价格比较高，且单个厂商通常获得利润，即 $\pi>0$。

所以，完全竞争市场的经济效率最高，垄断市场的经济效率最低。而垄断竞争市场的经济效率比较接近完全竞争市场；寡头市场的经济效率则比较接近垄断市场。

（4）对帕累托效率的评价

帕累托最优状态的分析是西方经济学论证"看不见的手"的原理的一个重要组成部分，它用帕累托标准验证了完全竞争市场的效率。然而，这种分析具有较强的意识形态的用意，掩盖了经济中的生产关系。①帕累托最优状态可以在其中一个经济当事人没有任何消费量的条件下实现。这和社会的一般准则是不一致的。②完全竞争符合帕累托最优标准表明的含义仍然受到严格的完全竞争市场的假设条件的限制。在现实经济中，任何一个条件遭到破坏都将引起帕累托效率的损失。③有关完全竞争市场实现帕累托最优状态的证明同样只具有数学的意义。

3. 论述并推导生产和交换的帕累托最优条件。（华中科大 2002 年试）

答：帕累托最优状态也称为帕累托最适度、帕累托最佳状态或帕累托最优原则等，是现代西方福利经济学中讨论实现生产资源的最优配置的条件的理论。由意大利经济学家、社会学家 V·帕累托提出，并因此得名。帕累托指出，在社会既定的收入分配条件下，如果对收入分配状况的某种改变使每个人的福利同时增加，则这种改变使社会福利状况改善；如果这种改变让每个人的福利都减少了，或者一部分人福利增加而另一部分人福利减少，则这种改变没有使社会福利状况改善。帕累托认为，最优状态应该是这样一种状态：在这种状态下，任何对该状态的改变都不可能使一部分人的福利增加，而又不使另一部分人的福利减少，这种状态就是一个非常有效率的状态。

（1）将生产契约曲线转换到以商品为坐标量的平面直角图上便可得到转换曲线（生产可能性曲线）。生产可能性曲线是指在其他条件（如技术、要素供给等）不变的情况下，生产产品 X 与 Y 所能达到的最大产量的组合。其线上的每一点必会满足

$MRTS_{LK}^X = MRTS_{LK}^Y$。

生产可能性曲线具有如下特征：①生产可能性曲线的斜率为负。②生产可能性曲线凹向原点，即曲线自上而下变得越来越陡峭。③边际产品转换率等于两种产品的边际成本之比。

（2）将契约曲线转换到以效用为坐标量的平面直角图上便可得到效用可能性曲线。利用生产可能性曲线和效用可能性曲线可以得到生产和交换的帕累托最优状态。

（3）在生产与交换两者之间，任何一对商品间的生产的边际转换率等于消费这两种商品的每个个人的边际替代率。即 $MRS_{XY}^A = MRS_{XY}^B = MRT_{XY}$。只要 MRT 与 MRS 不等，重新配置资源都会使消费者受益。只有 MRS = MRT 时，才能使生产满足消费者的需要，又使资源达到有效的配置，实现生产和交换的帕累托最优状态。

4. 为什么说完全竞争的市场机制符合帕累托最优状态？（武大 2001 年试；人大 1998 年试）

答：（1）帕累托最优状态是用于判断市场机制运行效率的一般标准。帕累托最优状态是指不可能存在资源的再配置使得在经济社会中其他成员的境况不变的条件下改善某些人的境况。一个经济实现帕累托最优状态，必须满足三个必要条件：①任何两种商品的边际替代率对于所有使用这两种商品的消费者来说都必须是相等的；②任何两种生产要素的边际替代率对于任何使用这两种生产要素的生产者来说都必须是相等的；③任何两种商品对于消费者的边际替代率必须等于这两种商品对于生产者的边际商品转换率。

（2）在完全竞争的市场结构条件下，如果经济当事人的行为满足连续性的假设，那么，当经济系统处于一般均衡状态时，帕累托最优状态的必要条件都通过一般均衡的价格比表示出来，从而使得这些条件得到满足。可见，完全竞争的市场结构可以实现帕累托最优状态。一般来说，消费者总是追求效用最大化，生产者总是追求利润最大化，这样市场的完全竞争结构必然能够实现帕累托最适度状态所需要的三个条件。在西方经济学家看来，完全竞争市场之所以能满足帕累托最适度的条件，可以从满足帕累托最适度的三个必要条件分别加以说明。①从交换最适度的必要条件来看，在完全竞争条件下，每种商品的价格对所有的消费者来说都是相同的，是既定不变的。消费者为了追求效用最大化，一定会使其消费的两种商品的边际替代率等于其价格之比，既然相同的商品的价格对所有的消费者来说都是相同的，那么，每一消费者购买任何两种商品的数量必使其边际替代率等于全体的消费者所面对的共同的价格比率，因此，就所有消费者来说，任何两种的边际替代率必定相同。②从生产最适度的条件来看。在完全竞争的条件下，任一要素的价格对任一产品生产者都是一样的，是既定不变的，生产者为了追求利润最大化，一定会使其使用的任一组生产要素的边际技术替代率等于它们的价格比率。既然相同的要素对所有的产品生产者都是相同的，那么每一个生产者购买并使用的任何两种要素的数量必使其边际技术替代率等于全体生产者所面对的共同的价格比，因此，就所有的产品生产者来说，任何一种生产要素的边际技术替代率必定相同。③从生产最适度与交换最适度相结合的条件来看,任何两种产品生产的边际转换率即为两种商品的边际成本之比,每一消费者对任何两种商品的边际替代率等于其价格之比。而在完全竞争条件下,任何产品的价格等于边际成本,因此,对于任何两种产品来说,其生产的边际转换率等于任何消费者对这两种商品的边际替代率。

综上所述,在完全竞争条件下,帕累托最优的三个必要条件都可以得到满足。换而言之,在完全竞争的市场机制作用下,整个经济可以全面达到帕累托的最优状态,这样的经济必定是最有效率的经济。

(3)帕累托最优状态的分析是西方经济学论证"看不见的手"的原理的一个重要组成部分,它用帕累托标准验证了完全竞争市场的效率。但是,完全竞争符合帕累托最优标准表明的含义仍然受到严格的完全竞争市场的假设条件的限制。在现实经济中,任何一个条件遭到破坏都将引起帕累托效率的损失。所以说,有关完全竞争市场实现帕累托最优状态的证明只具有数学的意义。

考研真题及解答(八)

一、名词解释

1. 市场失灵(北京师范大学 2001 年研;北京工业大学 2005 年研;中国青年政治学院 2008 年研;南京财经大学 2010 年研)

答:市场失灵是指由于完全竞争市场以及其他一系列理想化假定条件在现实中并不存在,导致现实的市场机制在很多场合下不能实现资源的有效配置,不能达到帕累托最优状态的情形。垄断、外部影响、公共物品以及不完全信息都是导致市场失灵的重要原因和主要表现。

2. 外部性(武汉大学 2002 年研;北京师范大学 2004 年研;辽宁大学 2005 年研;南开大学 2005 年研;对外经济贸易大学 2007 年研;中央财经大学 2009 年研)

答:外部性也称为外溢性、相邻效应,指一个经济活动的主体对他所处的经济环境的影响。外部性的影响会造成私人成本和社会成本之间或私人收益和社会收益之间的不一致,这种成本和收益的差别虽然会相互影响,却没有得到相应的补偿,因此容易造成市场失灵。

外部性的影响方向和作用结果具有两面性,可以分为外部经济和外部不经济。那些能为社会和其他个人带来收益或能使社会和其他个人降低成本支出的外部性称为外部经济,它是对个人或社会有利的外部性;那些能够引起社会和其他个人成本增加或导致收益减少的外部性称为外部不经济,它对个人或社会是不利的。福利经济学认为,除非社会上的外部经济效果与外部不经济效果正好相互抵消,否则外部性的存在使得帕累托最优状态不可能达到,从而也不能达到个人和社会的最大福利。

3. 科斯定理(中国海洋大学 2000 年研;复旦大学 2001 年、2002 年研;东北大学

2003年研；辽宁大学2003年研；武汉大学2004年研；中国人民大学2006年研；北京师范大学2006年研；北京理工大学2006年研；南开大学2006年研；湖南大学2007年研；中央财经大学2007年、2008年研；财政部财政科学研究所2010年研）

答：科斯定理是一种产权理论。科斯本人并未将科斯定理写成文字，科斯定理的提出是由其好友斯蒂格勒首先根据科斯于20世纪60年代发表的《社会成本问题》这篇论文的内容概括出来的。其内容是：只要财产权是明确的，并且其交易成本为零或者很小，则无论在开始时将财产权赋予谁，市场均衡的最终结果都是有效率的。

科斯定理进一步扩大了"看不见的手"的作用。按照该定理，只要那些假设条件成立，则外部影响就不可能导致资源配置不当。或者从另一角度来说，在所给条件下，市场力量足够强大，总能够使外部影响以最经济的办法来解决，从而仍然可以实现帕累托最优状态。西方学者认为，明确的财产权及其转让可以使得私人成本（或利益）与社会成本（或利益）趋于一致。以污染问题为例，科斯定理意味着，一旦所需条件均被满足，则污染者的私人边际成本曲线就会趋于上升，直到与边际社会成本曲线完全重合，从而污染者的利润最大化产量将下降至社会最优产量水平。

科斯定理解决外部影响问题在实际中并不一定真的有效。资产的财产权不一定总是能够明确地加以规定；已经明确的财产权不一定总是能够转让；分派产权会影响收入分配，而收入分配的变动可能造成社会不公平，引起社会动乱。在社会动乱的情况下，就谈不上解决外部影响的问题了。

4. 公共物品（青岛大学2001年研；武汉大学2002年研；中国政法大学2003年研；浙江工商大学2004年研；江西财经大学2004年、2005年研；南开大学2005年研；北京化工大学2006年研；东北财经大学2006年研；北京师范大学2007年研；财政部财政科学研究所2007年研；中国传媒大学2008年研；南京财经大学2008年研；北京邮电大学2010年研；中央财经大学2011年研）

答：公共物品与私人物品相对应，是供集体共同消费的物品。萨缪尔森和诺德豪斯给公共物品下了这样的定义："公共物品是这样一些物品，它们的利益不可分割地被扩散给全体社会成员，无论个人是否想要购买这种公共物品。要使公共物品有效率地被提供出来经常需要政府的行动。"公共物品具有与私人物品相对应的两个特性：

（1）非排他性。一种公共物品可以同时供一个以上的人消费，任何人对某种公共物品的消费，都不排斥其他人对这种物品的消费，也不会减少其他人由此而获得的满足。

（2）非竞用性。公共物品是提供给一切消费者的，无法在消费者之间进行分割。

由于公共物品既没有排他性又没有竞用性，所以能够从公共物品获益的人可以避开为公共物品付出费用，这称为"免费搭便车问题"。在公共物品的提供上，人们总是希望由别人来提供，而自己坐享其成。要使公共物品有效率地被提供出来，经常需要政府的行动。

5. 公地的悲剧（武汉大学2004年研）

答：公共资源是指所有权是大家的、公共的，使用权、收益权归属却比较模糊的那类资源。例如，江河中的鱼虾、公共牧场上的草等。

公共资源与公共物品不同，它在消费上没有排他性，但具有竞用性。不具有排他性说明某人对公共资源的消费不能阻止别人对于该资源的消费；具有竞用性说明任何人对资源的使用都会减少他人消费的数量，尤其是当使用者人数足够多时，公共资源的竞争性很大。公共资源的非排他性和竞用性会使得资源被过度消耗、破坏，这就是公地的悲剧。

对于公地的悲剧，其解决方法是采取一定的方法来限制公共资源的消费数量，如采取限制公地上放牧的牲畜数量等措施。

6. 逆向选择（中国人民大学 1999 年研；北京邮电大学 2004 年研；东北财经大学 2006 年研；中央财经大学 2008 年研；对外经济贸易大学 2009 年研；华南师范大学 2011 年研；武汉大学 2011 年研）

答：逆向选择是指在买卖双方信息非对称的情况下，差的商品总是将好的商品驱逐出市场；或者说拥有信息优势的一方，在交易中总是趋向于做出尽可能有利于自己而不利于别人的选择。逆向选择的存在使得市场价格不能真实地反映市场供求关系，导致市场资源配置的低效率。

美国经济学家阿克洛夫在论文《柠檬市场：质量的不确定与市场机制》中提出著名的旧车市场模型，开创了逆向选择理论的研究先河。他考察了一个次品充斥的旧车市场。假设有一批旧车，每辆车的好坏只有卖主知道，要让交易做成，最合理的办法是按平均质量水平定价。这就意味着其中有些好车的价格被低估了，从而卖方就不愿按照平均定价出售，或者卖方"理性"地抽走好车，让买主在剩下的差车中任意挑选。如果买方明白这一道理，就不会接受卖方的定价，而只愿出较低的价格。接着这将可能导致另一回合的出价和杀价，然后卖主再从中抽走一些较好的车，买主则再次降低意愿价格。最终的均衡可能使所有好车都卖不出去。显然，这是无效率的，因为最终成交量低于供求双方理想的成交量。

7. 道德风险（华南师范大学 2011 年研）

答：道德风险是指交易双方在签订交易合约后，信息占优势的一方为了最大化自己的收益而损坏另一方，同时也不承担后果的一种行为，即是市场的一方不能查知另一方行动的一种情形，又被称作隐藏行动问题。道德风险的存在不仅使得处于信息劣势的一方受到损失，而且会破坏原有的市场均衡，导致资源配置的低效率。

二、简答题

1. 什么是外部性？其解决的基本办法是什么？（武汉大学 2003 年研；东北师范大学 2007 年研；华中科技大学 2008 年研）

答：（1）外部性的含义及其分类

外部性是指一个人或一群人的行动或决策对另外一个人或一群人强加了成本或赋予利益的情况。外部性的影响方向和作用结果具有两面性，可以分为外部经济和外部不经济。那些能为社会和其他个人带来收益或能使社会和其他个人降低成本支出的外部影响被称为外部经济，它是对个人或社会有利的外部性；那些能够引起社会和其他个人成本增加或导致收益减少的外部影响被称为外部不经济，它对个人或社会是不利的。

（2）解决外部性的基本方法

就如何纠正由于外部性所造成的资源配置不当问题，微观经济学理论提出如下相应的政策建议：

①使用税收和津贴。对造成外部不经济的企业，国家应该征税，其数额应该等于该企业给社会其他成员造成的损失，从而使该企业的私人成本恰好等于社会成本；对造成外部经济的企业，国家则可以采取津贴的办法，使得企业的私人利益与社会利益相等。

②使用企业合并的方法。政府可以通过合并相关企业的方法使外部性得以"内部化"。例如，A 企业是输出负外部性的企业，而 B 企业则是其受害者，或者 A 企业是输出正外部性的企业，而 B 企业是免费受益者。在上述两种情况下，如果把 A、B 两个企业合并，负外部性或正外部性就会因此而消失。

③规定财产权。它的依据是科斯定理。科斯定理强调了明确所有权的重要性，认为只要财产权是明确的，并且其交易成本为零或者很小，则无论在开始时将财产权赋予谁，市场均衡的最终结果都是有效率的。根据这一理论，当某个厂商的生产活动危害到其他厂商的利益时，在谈判成本较小和每个企业具有明确的所有权的情况下，两个企业可以通过谈判或通过法律诉讼程序，来解决消极外部影响问题。

2. 在知道公共物品和私人物品的市场需求曲线的情况下，公共物品和私人物品的价格是怎么确定的？消费者是否认同公共物品定价方式？为什么？（东北财经大学2009年研；南开大学2011年研）

答：（1）私人物品的市场需求曲线是由个人需求曲线在水平（即数量）方向相加得到的，表示的是整个市场在各个价格水平下愿意且能够购买的数量，而供给曲线则是市场在各个价格水平下愿意向整个市场提供的数量，私人物品的定价方式就是市场供给曲线与市场需求曲线相交的地方，此时的价格是每个消费者愿意单独支付的价格，而数量则是所有消费者愿意消费的数量。图 8-1 展示的是只有两个消费者消费私人物品的情况。

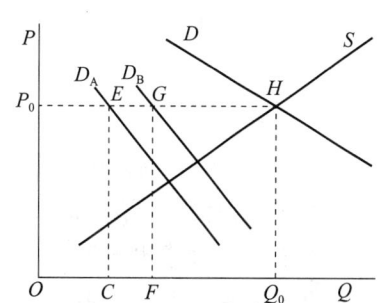

图 8-1 私有物品的市场需求曲线

（2）公共物品的市场需求曲线是所有消费者需求曲线沿纵向（即价格方向）相加得到的，而由于公共物品是政府投资提供的，所以政府在公共物品上的投资量就是该物品的价格。同样，公共物品的供给曲线与需求曲线的交点所决定的价格就是最优价格，显然此时的公共物品价格应该等于所有消费者愿意支付的价格之和。图 8-2 展示的是只有两个消费者消费公共物品的情况。

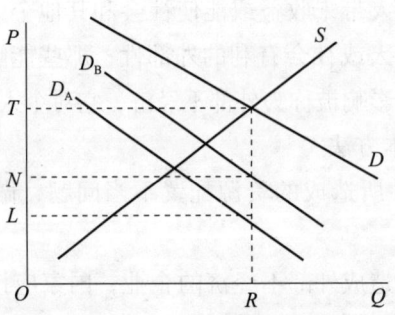

图 8-2 公共物品的市场需求曲线

消费者是不满意这种定价方式的。首先,单个消费者通常并不很清楚自己对公共物品的需求价格,更不用说去准确地陈述他对公共物品的需求与价格的关系。其次,即使单个消费者了解自己对公共物品的偏好程度,他们也不会如实地说出来。为了少支付或不支付价格,消费者会低报或隐瞒自己对公共物品的偏好。他们在享用公共物品时都想当"搭便车者",不支付成本就得到利益。由于单个消费者对公共物品的需求曲线不会自动显示出来,所以无法将它们加总得到公共物品的市场需求曲线并进而确定公共物品的最优数量,事实上如果按照这种方式定价的话,市场本身提供的公共物品通常将低于最优数量,因此这种定价方法不适用。

3. 微观经济学讨论市场失灵时,通常会举公共品供给的例子。请问:为什么通常经济学家会认为,类似国防等公共品不能通过市场来有效提供?如果经济学家的看法正确,那为什么社会上会经常出现做好事、见义勇为、献血、自愿者等公共品自愿供给现象?你如何用经济学理论来反驳经济学家?(中国人民大学 2011 年研)

答:(1)通常情况下,国防等公共品之所以不能由市场提供,根本上来说是由公共品的自身特点所决定的。公共品同一般的私人消费品关键区别在于:公共品不具有排他性,也就是说,那些没有支付价格的消费者,也可以消费同其他支付价格的消费者同样数量的商品。他们在享用公共品时都想当"免费乘车者"。即支付价格的消费者的行为对其他消费者具有正的外部性,这将导致公共品的提供低于社会最优的水平。

(2)社会上经常出现的个体自愿提供公共品的现象可以从行为人的偏好上加以解释。社会上某一类行为人对公共品的偏好远高于其他个体,那么这类对公共品具有特殊偏好的人群就具有足够的激励提供公共品。这种特殊的偏好可以通过渠道诱导出来:第一,某类行为人的效用函数中内嵌社会其他人的效用,这使得公共品的外部性经由效用函数内部化,令公共品的供给数量达到更有效率的水平;第二,经济中某类个体认为自己主动提供公共品的行为可以诱导其他个体进一步提供公共品,这种策略行为的互补性使得公共品的外部性内部化,也会使得公共品的供给更加有效率。

4. 分析说明为什么公共物品只能由政府来提供。(西南财经大学 2006 年研)

答:公共物品是指既不具有排他性也不具有竞用性的物品。公共物品只能由政府来提供,一个重要的原因在于市场本身提供的公共物品通常将低于最优数量,即市场机制分配给公共物品生产的资源常常会不足。

由于公共物品不具备消费的竞用性，任何一个消费者消费一单位公共物品的机会成本为零。这意味着，没有任何消费者要为他所消费的公共物品去与其他任何人竞争。因此，市场不再是竞争的。如果消费者认识到他自己消费的机会成本为零，他就会尽量少支付给生产者费用以换取消费公共物品的权利。如果所有消费者均这样行事，则消费者们支付的数量将不足以弥补公共物品的生产成本，结果便是生产者提供低于最优数量的产出，甚至是零产出。

从社会整体角度而言，公共物品由私人来提供，会造成社会整体帕累托低效率，不利于整个社会资源的配置。公共物品的生产和消费问题不能由市场上的个人决策来解决。因此，必须由政府来承担其提供公共物品的任务。

5. 信息不完全和信息不对称相同吗？请说明。（复旦大学 2008 年研）

答：信息不完全和信息不对称并不相同，两者是有区别的。

（1）不完全信息是指市场的供求双方对于所交换的商品不具有充分的信息。例如，消费者并不完全清楚要购买的商品的质量，生产者也并不完全清楚市场上究竟需要多少件企业的产品，也不完全知道可供给的数量，做出最有利选择的所有生产技术和所能使用的最合算的全部生产要素。这里的信息不完全不仅是指那种绝对意义上的不完全，即由于认识能力的限制，人们不可能知道在任何时候、任何地方发生的或将要发生的任何情况，而且还包括"相对"意义上的不完全，即市场经济本身不能够生产出足够的信息并有效地配置它们。

（2）不对称信息指市场上的某些参与者拥有信息，但另一些参与者不拥有信息。信息不对称可视为信息不完全中的一种情况，即一些人比另外一些人具有更多的有关经济的信息。例如，工人比雇主更清楚自己的生产能力和工作努力程度，厂商比消费者更了解自己产品的质量。需要说明的是，信息不对称不仅是指人们常常限于认识能力不可能知道在任何时候、任何地方发生的或将要发生的任何情况，更重要的是指行为主体为充分了解信息所花费的成本实在太大，不允许他们去掌握完全的信息。

综上所述，信息不完全是指经济行为主体在决策时面临信息不充分的约束；而信息不对称是指交易双方对于交易对象的信息掌握和了解的程度不同。信息不对称可以理解为一种特殊的信息不完全。

三、论述题

1. 试论市场失灵的主要表现及其矫正措施。（财政部财政科学研究所 2010 年研）

答：市场失灵是指由于完全竞争市场以及其他一系列理想化假定条件在现实中并不存在，导致现实的市场机制在很多场合下不能实现资源的有效配置，不能达到帕累托最优状态的情形。垄断、外部影响、公共物品以及不完全信息都是导致市场失灵的重要原因和主要表现。

（1）垄断及其矫正措施

实际上，只要市场不是完全竞争的（垄断、垄断竞争或寡头垄断），当价格大于边际成本时，就出现了低效率的资源配置状态。垄断的产生使得资源无法得到最优配置，从而导致市场失灵。由于垄断会导致资源配置缺乏效率，因此也就产生了对垄断进行公共管制的必要性。政府对垄断进行公共管制的方式或政策主要包括以下几种：

①控制市场结构，避免垄断的市场结构产生；

②对垄断企业的产品价格进行管制；

③对垄断企业进行税收调节；

④制定反垄断法或反托拉斯法；

⑤对自然垄断企业实行国有化。

(2) 外部影响及其矫正措施

外部影响是指一个经济活动的主体对他所处的经济环境的影响。外部影响会造成私人成本和社会成本之间，或私人收益和社会收益之间的不一致，因此容易造成市场失灵。外部影响的存在造成了一个严重后果：市场对资源的配置缺乏效率。换句话说，即使假定整个经济仍然是完全竞争的，由于存在着外部影响，整个经济的资源配置也不可能达到帕累托最优状态。就外部影响所造成的资源配置不当，微观经济学理论提出以下政策建议：

①使用税收和津贴；

②使用企业合并的方法；

③使用规定财产权的办法。

(3) 公共物品及其矫正措施

对于公共物品而言，市场机制作用不大或难以发挥作用。因为公共物品由于失去竞用性和排他性，增加消费并不会导致成本的增加，消费者对其支付的价格往往是不完全的，甚至根本无须付费。在此情况下，市场机制对公共物品的调节作用就是有限的，甚至是无效的。

由于公共物品的消费存在免费搭便车的问题，很难通过竞争的市场机制解决公共物品的有效生产问题。在此情况下，由政府来生产公共物品应是一种较好的选择。对于大多数有特殊意义的公共物品，由政府或政府通过组建国有企业来生产或向市场提供，是一种不错的选择，例如国防、公安等。

但问题是，政府应提供多少公共物品才能较好地满足社会需要，使资源得到有效利用呢？这就是问题的难点所在。现在更多地推荐采用非市场化的决策方式，例如投票，来表决公共物品的支出水平。显然，虽然用投票的方法决定公共物品的支出方案是调节公共物品生产的较好方法，但投票方式并不总能获得有效率的公共物品的支出水平。

(4) 不完全信息及其矫正措施

信息不完全是指经济当事人对信息不能全面地把握，不能完全利用交易有关的信息。在现实生活中，供求双方的信息通常具有不对称性或不完全性。一旦供求双方所掌握的信息不完全，就会对市场机制配置资源的有效性产生负面影响，造成市场失灵。由信息不完全导致的后果通常包括逆向选择、道德风险和委托—代理问题。

信息的不对称性和信息的不完全性会给经济运行带来很多问题，而市场机制又很难有效地解决这些问题，在此情况下，就需要政府在市场信息方面进行调控。政府解决信息不对称和委托—代理问题的方法主要有：

①针对由于信息不对称产生的逆向选择问题，可以通过有效的制度安排或采取适当的措施来消除信息不充分所造成的影响；

②解决委托—代理问题最有效的办法是实施一种最优合约，即委托人花费最低限度的成本而使得代理人采取有效率的行动实现委托人目标的合约。

2. 环境问题已成为制约中国经济可持续发展的重大问题，试利用相关经济学原理分析：

（1）为什么环境污染不能依靠市场，通常需要政府加以管理？

（2）试分析和比较下列解决环境污染的方法：

①关闭造成污染的工厂；

②制定排污标准并对超标企业实施惩罚；

③按照污染物排放量收费。（南开大学 2006 年研）

答：（1）环境污染不能依靠市场，通常需要政府加以管理的原因

环境污染问题不能单纯依靠市场来解决，原因是环境污染是外部性问题。外部性使得私人成本和社会成本之间，或私人收益和社会收益之间不一致，因此造成市场失灵，从而市场对资源的配置缺乏效率。

环境污染中存在着外部性影响，潜在的帕累托改进机会并不能得到实现，原因主要有：①存在巨大的交易费用。以生产的外部不经济如污染问题为例，由于交易费用足够大，污染者和受害者在如何分配"重新安排生产计划"所得到的好处问题上不能达成协议；②解决外部性存在"免费搭便车"的现象；③势力的不对称性。即使污染者与受害者有可能达成协议，但由于通常是一个污染者面对众多受害者，因而污染者在改变污染水平上的行为就像一个垄断者。在这种情况下，由外部影响产生的垄断行为也会破坏资源的最优配置。

（2）分析和比较解决环境污染的方法

①关闭造成污染的工厂这种做法虽然可以从根本上消除污染，实现零污染，但是由此造成的社会产量的损失可能远大于污染的成本，因此它实际上是一种不可取的做法。彻底关闭污染工厂反而有可能造成失业和社会产品供给的减少，从而降低整个经济的福利水平。

②制定排污标准并对超标企业实施惩罚，这种做法称为"限量法"。限量法是有关当局根据其评估，选择某一污染的程度为指标，限定厂商的污染程度不得高于此限量，否则给予重罚。限量法也存在着一定的操作难度：信息是非对称的，企业或许完全掌握其排污的成本等信息，而政府却未必掌握这些信息。因此，政府很难准确地根据企

业的污染成本等制定合理的排污标准，从而难以实现社会福利的最大化。

③按照污染物排放量收费。有关当局为了控制环境污染，往往对制造环境污染的厂商收取费用，以减少这些厂商滥造污染的现象。这种做法也存在着一定的操作难度：信息是非对称的，政府很难确切地了解企业的相关信息，从而难以制定合理的排污费用，使得既能实现最优排污量，同时又不会使企业大量减产。

3. 联系信息不对称中的逆向选择理论说明劳动力市场上的逆向选择，并分析教育信号在克服这种逆向选择中的重要作用。（西南财经大学 2004 年研）

答：（1）劳动力市场信息不对称问题

劳动力市场交易的对象是劳动这种特殊商品，劳动是劳动力在劳动过程中的体力和脑力的付出。在劳动的需求方（雇主）和供给方（劳动者）交易之前，双方要根据各自掌握的一系列信息来商定劳动合约。一般情况下，雇主对某一岗位的体力和脑力劳动强度、劳动环境与工作条件可能给劳动者造成的负效用以及自身遵守合约的概率等信息的掌握是确定和充分的，但对劳动者的劳动技能及劳动过程中努力的程度（即劳动的质量和数量）这类信息的掌握则是不确定和不充分的。对劳动者而言，情况正好相反。这便是劳动力市场信息不对称问题。

（2）劳动力市场上的逆向选择

劳动力市场信息不对称问题容易造成劳动力市场上的逆向选择。招聘者在招聘人员的时候，很难根据简单的信息（如应聘者受教育程度、工作经历等）和简短的交流来判断应聘者是否合格。在劳动力市场上，招聘者很难实行一个最优工资策略。

如果招聘者降低工资，应聘者数量肯定减少，并且由于低工资而减少的应聘者中，主要是那些工作效率较高的人，而不是工作效率较低的人。这样工资下降的结果是应聘队伍的结构变化，高效率应聘者所占比例不断降低，低效率应聘者所占比例不断上升，从而整个应聘者的平均效率下降。反过来，如果招聘者提高工资，应聘者的数量就会增加，而在这些增加的应聘者中主要的可能是一些工作效率较高的人才，这些人认为现在的高工资才值得他们应聘，结果整个应聘队伍的平均效率就上升了。

由此可见，在招聘者所出的工资水平与应聘者的平均效率之间存在一个同方向变化的关系，平均效率随着工资水平的下降而下降，反之亦然。

（3）教育信号在克服逆向选择中的重要作用

教育信号在解决劳动力市场信息不对称中有重要作用。雇主虽然无法事先知道劳动者的生产率，但是根据教育状况可以判断其生产能力，教育也因此成为标志潜在生产能力的信号。

教育状况的意义并不限于它可能成为传递潜在生产能力的信号。生产能力信号仅仅是社会地位符号的一个部分，后者还包括一些前者所没有的内容。见品位、社会关系网络这些影响社会地位评价的因素并不能简单地归于生产能力范畴。而有关这些因素的信息，通过学校经历是可以在一定程度上体现出来的。也就是说，教育状况通过比传递能力信号更广泛的途径影响着雇主决策。因此，教育信号在克服劳动力市场的逆向选择中作用巨大。

4. 信息不完全（或不对称）如何导致了市场失灵？如何解决信息不完全（或不对称）引起的市场失灵？（华中科技大学 2003 年研）

答：（1）信息不完全（或不对称）导致市场失灵

信息不完全是指经济行为主体在决策时面临信息不充分的约束；信息不对称是指交易双方对于交易对象的信息掌握和了解的程度不同。在信息不完全和不对称的情况下，市场机制有时就不能很好地起作用，易出现市场失灵。信息不完全（或不对称）易导致以下问题：

①逆向选择

逆向选择是指由于交易前交易双方信息不对称导致的劣质品驱逐优质品，进而出现市场交易产品平均质量下降的现象。逆向选择的存在使得市场价格不能真实地反映市场供求关系，导致市场资源配置的低效率。

②道德风险

道德风险是 20 世纪 80 年代经济学家提出的一个经济哲学范畴的概念，自即"从事经济活动的人在最大限度地增进自身效用的同时做出不利于他人的行动"。或者说，交易后当签约一方不完全承担风险后果时，所采取的自身效用最大化的自私行为。道德风险的存在不仅使得处于信息劣势的一方受到损失，而且会破坏原有的市场均衡，导致资源配置的低效率。

③委托—代理问题

委托—代理问题是指所有者（委托人）与经营者（代理人）的预期目标不一致，从而导致两者的行为准则、价值取向不和谐甚至相互冲突。由于信息的不完全性，委托人往往不知道代理人要采取什么行动或者即使知道代理人采取某种行动，也不能观察和测度代理人从事这一行动时的努力程度。同时两者之间存在的利益分割关系，通常会使得代理人不完全按照委托人的意图行事。

（2）解决信息不完全（或不对称）引起的市场失灵的方法

信息不完全（或不对称）会给经济运行带来很多问题，而市场机制又很难有效地解决这些问题，在此情况下，就需要政府在市场信息方面进行调控。政府解决信息不完全（或不对称）的方法主要有：

①做出有效的制度安排或采取适当的措施

针对由于信息不对称产生的逆向选择问题，可以通过有效的制度安排或适当的措施来消除信息不充分所造成的影响。例如，建立汽车、耐用消费品等产品的质量保证制度就可以在很大程度上消除产品的逆向选择问题；针对由于信息不对称产生的道德风险问题，同样可以通过有效的制度安排或适当的措施来消除信息不充分所造成的影响。例如，在保险市场上，保险公司并不对投保人实行全额财产保险，而是规定某些最低数量的免赔额，一旦投保人遭受财产损失，投保人自己也将负担一部分损失。

②设计合理的企业经营者激励机制

解决委托—代理问题最有效的办法是实施一种最优合约,即委托人花费最低限度的成本而使得代理人采取有效率的行动实现委托人目标的合约。最优合约是委托人花费最低限度的成本而使得代理人采取有效率的行动实现委托人目标的合约。

第十章 拓展知识

◇ 拓展知识一：西方经济学发展史
◇ 拓展知识二：古典经济学方法论
◇ 拓展知识三：西方经济学三次革命与新古典经济学

拓展知识一：西方经济学发展史

虽然人类在远古时代就已经存在经济活动，但是那时人们只有一些朴素的经济思想。在前资本主义时代，人们关注的是作为生产单位的家庭，如奴隶主庄园或封建主庄园的经营管理，那时的经济学可以称为家政经济学。

经济学是随着资本主义的兴起而逐渐发展成为一门科学的。要把握经济学发展的脉络，需要从三个方面对经济学理论加以考察：

（1）当时社会的经济政治状况；
（2）以往积累的经济理论；
（3）其他社会科学、自然科学和文化背景。

另外有两个问题需要关注：一是当时的经济学家所关注的问题，二是当时所用的经济学分析方法和分析工具。

此外，经济学作为一门社会科学，在同一时期，也必定是百家争鸣，有很多种理论学说，但一般会有得到认可的主流学派，这是经济学发展的主要线索和轨迹。我们的论述也将以主流学派的变迁为主，兼顾同时期有重要影响的非主流学派。就每一个学派来说，会有它的典型代表人物，弄清楚了代表人物的思想，也就能对该学派有一个大致的了解。

经济学发展的主要流派大致划分为五个阶段：

（1）启蒙阶段（重商主义、重农学派）；
（2）古典学派；
（3）新古典主义；
（4）凯恩斯主义；
（5）新古典综合派。

从古典主义出发，特别是根据李嘉图的理论，马克思、列宁等发展了有关社会主义的经济理论。经过将近一个多世纪的社会主义实践后，前苏联和东欧开始了激进的私有化改革，试图实行全面市场经济。中国则走了一条与之不同的渐进道路。

与新古典综合派相对应的其他现代经济学派有新自由主义、货币主义、理性预期学派、新剑桥学派、新制度主义等，这些学派都可以在以前的非主流经济学派中找到各自的影子，并或多或少吸取了主流经济学的观点，正日益成为新古典综合派的有力竞争者。

一、古希腊经济实践的思辨

伴随着商品交换，逐步形成了财富、分工、价格、供求、货币等概念，经济学作为一门科学，形成过程缓慢而流长。远在经济思想形成以前，伴随着文明的发源，在古希腊已开始对经济实践进行思辨。

古希腊最早研究经济的是苏格拉底的弟子色诺芬（约公元前430—前335年），他的著作《经济论》以对话的形式转述了苏格拉底的许多经济思想。《经济论》是论述奴隶主家庭经济的著作，其副标题是关于"财富管理的讨论"，成为古希腊关于经济的代表作，其主要思想包括从使用价值的角度认识财富，维护自然经济，高度重视农业等。其他的哲学家，如柏拉图也在其《理想国》中分析了分工、等级、公有财产等概念，而亚里士多德对经济的研究则已深入到简单的判断和推理，并第一次认识到货物有两种用途，一种是本身固有的，一种是交换产生的，这一思想被亚当·斯密发展成为"使用价值"和"交换价值"。即使是在西方哲学起源的古希腊，也没有以成熟的方法论研究经济现象，哲人仅仅是根据日常生活实践，提出一些关于经济的朴素推理和简单概念。

到了中世纪，经济学仍没有自己的独立位置，而是归属于神学，属于道德神学或伦理学的组成部分。进入16世纪，经济学归入经院法学体系，虽然没有作为一个整体被论述过，但关于利息、货币等问题的讨论已是司空见惯了。而此时西欧各国大多已步入资本主义社会，经济思想开始有了萌芽。

二、启蒙阶段

近代史的研究者谁都无法不注意到那些在1600年后两百年间足以促成法国大革命和工业革命的因素，而最深刻的变革出现在经济领域。始于16世纪，从西班牙征服者开始的杀人越货的海外扩展，使欧洲成为庞大的世界贸易体系的中心。正是这个时期，出现了配第等著名经济研究家，并形成了重商主义和重农主义两大经济思潮。

（一）配第创立早期古典政治经济学

威廉·配第（WilliamPetty，1623—1687年）是英国资产阶级古典政治经济学和统计学的创始人。马克思评价他为"现代政治经济学的创始者"和"最有天才和最有创造的经济研究家"。配第还留下了许多关于医学、数学、物理和统计方面的著作。

其代表作《赋税论》出版于1662年，共分十五章，所研究的中心问题是政府怎样征收和使用赋税，才能促进财富生产，增强国家的经济实力。

配第在《赋税论》中的第一个重要经济观点，是从生产过程来考察资本主义经济发展的过程，把劳动看作财富的源泉。配第有一句名言："土地为财富之母，而劳动则为财富之父和能动的要素。"配第在《赋税论》中的另一个重要经济观点，是把劳动时间看作衡量价值的尺度和基础。这是劳动价值论的一个基本观点。配第在创立劳动价值论上的贡献，不仅在于首先明确地用生产中所耗费的劳动时间来决定价值，而且在于他已经看到价值量的大小和所耗费的劳动时间成正比，却和劳动生产率成反比。配第在劳动价值论的基础上考察了地租的性质和来源，在《赋税论》中提出了第三个重要的经济观点：地租是从农产品中扣除生产费用（工资加种子）以后的余额。

他的另一名著《政治算术》（1672年出版）被马克思视为政治经济学作为一门独立科学分离出来的最初形式。在著作中，他广泛运用经验归纳和数学方法研究经济实践，使经济学开始有了自己的研究方法。

作为17世纪杰出的经济思想家，他的许多观点和研究方法开经济领域之先河，深深影响了后期的重商主义者和重农主义者。

（二）重商主义

重商主义是随17、18世纪英国海外贸易的增长兴旺起来的，其基本假设是出口为国家带来财富。这一学派的倡议者支持并主张政府采取措施保护贸易顺差。

重商主义者坚信，对外贸易是国家致富的唯一手段。在国际金融制度得到高度发展以前，对外收支逆差必须用现金弥补，而国际间唯一可接受的现金形式是金银，因此贸易赤字会导致国库空虚，反之则国库殷实。从中可得出结论，出超将带来国内经济增长，而入超会使国内经济萎缩。这种思想迎合了当时政治和经济环境的需求，并在事实上引导了17、18世纪的商业革命。

尽管西欧多数国家准备采纳重商主义，但其程度有所不同。西班牙尽管坚持向外国关闭其殖民地市场，积聚金锭和银锭，却从未达到重商主义者所要求的自给自足，从而必须以贵金属去交换英国或法国的其他制品。荷兰人反对重商主义所隐含的经济集权化，同时国土太小无法自给自足，因而一直信守自由贸易。正是法国人和英国人把政府中央集权化与独立的商业企业最有效地结合起来，奉行重商主义。英国早期的合营公司都是为商业贸易所建立的，并有不少特许公司，政府允许它们在某一地区进行贸易垄断，成为重商主义者与资本家利益吻合的实例。如英属东印度公司，在18世纪末之前一直是印度次大陆地区剥削开拓的实际统治者。

（三）重农主义

重农主义主导了法国17、18世纪的经济思想。法国在18世纪还保持着封建经济的结构，其工业变化、海外贸易的步伐并非那么快捷有力，为主的经济活动仍然是农业生产。地租连同向耕种者征收的赋税是法庭、军队和艺术文明的经济来源，农民只得用剩余部分来维持自己的生存和再生产。重农主义者以此为依据提出，产生地租的土地是纯产品依赖的唯一源泉。重农主义者将国民分为三个阶级，即生产阶级、土地所有者阶级和不生产阶级，最早运用社会阶级体系来说明社会经济结构。

弗兰斯瓦·魁奈（1694—1774年）是18世纪法国最著名的经济学家，重农主义学派的领袖和宗师。"自然秩序"是魁奈及其重农主义体系的精髓，成为重农主义者看待问题的基本出发点、根本标准及最终归宿。在魁奈重农主义体系中，自然秩序和自然权利紧密相连，自然权利包括财产所有权和自由，而在财产所有权中，土地所有权是基础，是国家统治的自然秩序的根本条件，是进行农业资本主义的根本条件。

魁奈的代表作是《经济表》。《经济表》以商品资本的循环为基础，把一年土地上生产出来的总产品作为分析的起点，抓住了社会资本再生产研究中最主要和最困难的问题，即社会产品在物质上如何得到替换和在价值上如何得到补偿的问题，第一次分析了社会总资本的再生产和流通过程，概括了重农主义的经济理论和政策。

随着资本主义向纵深发展，制造业日趋重要，重商主义和重农主义变得陈旧，这些学派的后继者——古典经济学派开始了经济学的又一轮革新。

三、古典经济学派

在深刻改变西方文明形态方面，英国工业革命（詹姆斯·瓦特于1763年发明蒸汽机）、美国独立战争（1775—1783年）和法国大革命（始于1789年）都发生在18世纪。而在经济学领域，亚当·斯密于1776年发表《国富论》，标志着古典经济学的诞生，经济学作为一门科学已形成了完整的研究方法和理论体系。

古典经济学派是自由竞争资本主义从起飞到昌盛时期的主流经济学派，它忠实地反映了那个时代产业资本的利益和要求，既是对封建旧制度以及资本原始积累时期国家干预主义经济思想的批判，也是对经济自由主义新时代的呼唤和论证。

古典经济学信奉经济自由主义。他们坚信，自由竞争市场势力的自发作用能够保证经济生活的协调和稳定增长，反对国家对经济生活的干预；他们不是无政府主义者，但他们认为，国家只需充当为自由竞争市场经济创造良好外部条件的"守夜人"。

古典经济学派关注经济增长。在他们看来，经济活动的首要任务就是增加生产，为此必须增加资本积累，改进生产方式，提高劳动生产率。他们还研究与此密切相关的分配和产品实现问题，研究生产、交换、分配和消费中的规律，以及相应的经济政策。

古典经济学的奠立者是亚当·斯密，大卫·李嘉图、马尔萨斯、萨伊对亚当·斯密的体系进行了扩展，而J.S.穆勒则是古典经济学的集大成者。

（一）亚当·斯密

亚当·斯密（1723—1790年，英国）是英国古典政治经济学的主要代表人物之一。《国民财富的性质和原因的研究》（以下简称《国富论》）是他的代表。在这本名著作里，斯密缔造了古典政治经济学的理论体系，概括了古典政治经济学在它的形成阶段的理论成就，最先系统地阐述了政治经济学的各个主要学说，对资产阶段政治经济的形成和发展起了极其重要的作用。

亚当·斯密1748年毕业于牛津大学，1751年返回格拉斯哥大学讲授逻辑学，第二年担任道德哲学讲座，并开始研究政治经济学。斯密在格拉斯哥一直居住到1764年，这使他有可能长期实地观察这个苏格兰工业中心的经济生活。斯密曾经积极当地的社会活动，特别是参加当地的经济学会活动，并和万能蒸汽机的发明者瓦特认识，曾经支持瓦特改进蒸气机的实验活动。1764 年，斯密辞了大学教授的职务，到欧洲大陆旅行。在巴黎，他认识了法国启蒙学派代表人物伏尔泰、重农学派主要代表魁奈和杜尔阁等名流，这对他的经济学说的形成有很大影响。1767 年他返回家乡专心致力于《国富论》的写作。经过十年的刻苦努力，终于在 1776 年完成了这部巨著。

《国富论》的内容极为丰富，涉及了许多方面的经济理论，但是对政治经济学的发展来说，最重要的贡献还在于斯密所论述的劳动价值论和三个阶级三种收入的学说。

斯密认为，政治经济学的目的在于：第一，给人民提供充足的收入或生计，或者更明确地说，使人民能给自己提供这样的收入或生计；第二，给国家或社会提供充足的收入，使公务得以进行。总之，其目的在于富国裕民。于是，研究国民财富的性质和原因就成为《国富论》的主题。

在斯密看来，国民财富的源泉是劳动，国民财富的增长取决于劳动生产力的增进，而后者又取决于分工。斯密进而以交换来解释分工产生的原因，指出分工的程度取决于交换的能力或市场范围，货币只是一种流通工具。斯密区分了商品的交换价值和使用价值，认为只有劳动才是价值的普遍尺度和正确尺度，然而他又认为商品的真实价格由工资、利润、地租三部分构成，由此他第一次将社会分为无产阶级、资产阶级和地主阶级。他认为，资本积累是发展生产的另一必备条件。

斯密从"经济人"观念出发，系统论述了经济自由主义的理论和政策，他认为，人们受"一只看不见的手"的支配，在追求个人利益时却使整个社会获得最大利益。在"自然秩序"下，能使个人利益与社会利益协调，促进社会财富增长。国家的职能是保护国家和个人的安全，建设并维护私人无力办或不愿办的公共事业，起"守夜人"的作用。

在《国富论》里，除了上面谈到的经济学说之外，斯密关于分工、交换和货币的学说，关于生产劳动和非生产劳动的学说，关于社会再生产的学说以及基于"国际分工"的自由贸易学说，都对后世有着深远的影响。对资产阶级经济学影响最大的主要是他所鼓吹的经济自由主义思想。

亚当·斯密将科学抽象法和经验归纳法系统运用于其著作中，这种二重研究方法是古典经济学方法论的第一个系统形式，它吸收了历史上经济学方法论领域几乎所有的科学因素，在经济学研究方法论中起着承前启后的作用。大卫·李嘉图和马克思继承和发扬了亚当·斯密的科学抽象法，使劳动价值论逐步完善，最终成为马克思分析资本主义生产方式和剥削本质的工具。马尔萨斯和萨伊则继承和发展了亚当·斯密的经验归纳法，直到今天还影响着西方经济学的研究。

（二）大卫·李嘉图

大卫·李嘉图（1772—1823 年，英国）是英国古典经济学的伟大代表。他生活于英国正发生产业革命，社会经济面貌发生巨大变化的年代。那时，工业资产阶级和资产阶级化的地主贵族之间的矛盾尖锐，资产阶级和无产阶级的矛盾和对立也开始发展和显露。李嘉图的主要经济思想反映在他 1817 年出版的著作《政治经济学及赋税原理》（简称《赋税原理》）之中。

李嘉图从人性出发研究分析社会经济现象，认为个人利益是人类行为的准则，社会完全属从于个人。他坚持使用抽象法。

在他的劳动价值论中，他指出，价值由劳动时间决定，但并不是个别生产者在生产商品时实际所耗费的劳动，而是必要劳动。商品的交换价值取决于它们的绝对价值。货币是一种特殊的商品，因为它是表现其他商品价值的媒介。在劳动价值论的基础上，他提出了分配理论。他认为，在既定的收入格局下，地租是主动的，首要的，最有保证的；工资有其固定不变的法则和水准，是发展生产不得不付出的代价；利润则是支付了地租和工资之后的余额，最容易受到损害。

对外贸易学说是他的理论体系的重要组成部分。他认为对外贸易的扩张虽然大大有助于一国商品总量的增长，从而使享用品总量增加，但却不会直接增加一国的价值总量，因为价值总量由本国商品所包含的劳动决定。但是，如果存在比较成本差别，则国际分工可以带来劳动节省和效率提高，因此，他主张贸易完全自由。

（三）马尔萨斯

托马斯·罗伯特·马尔萨斯（1766—1834 年，英国）是与李嘉图同时代的人，以其"人口论"而驰名于世。他的代表作有《人口原理》（1798 年）、《政治经济学原理》（1820 年）等。

在他的人口论中，马尔萨斯从两个前提出发：①事物为人类生存所必需；②两性间的性欲是必然的，且几乎会保持现状。在这两个前提下，他断言，人口以几何比率增加，而生活资料只能以算术比率增加，人口的增长必然超过生活资料的增长，因此，人口的增加会受到生产资料的限制。由于马尔萨斯试图证明劳动人民贫困和失业是因为人口增长过快，而与资本主义私有制无关，因此，他被马克思称为资产阶级庸俗经济学家的代表。

（四）萨伊

让·巴蒂斯特·萨伊（1767—1832 年，法国）是 19 世纪初期法国古典经济学的主要代表，亚当·斯密学说的系统化者，他的主要作品是《政治经济学概论》《政治经济学问答》和《政治经济学教程》等。

他认为政治经济学的研究对象是财富的生产、分配和消费，从而将经济学划分为生产、分配和消费三部分。他提出效用价值论，指出物品的效用是物品价值的基础，价值来源于物品的效用。物品效用由劳动、资本和土地（自然）共同创造出来，物品价值也是这三者共同作用的结果。于是，劳动、资本和土地的所有者工人、资本家、地主相应地得到各自的报酬：工资、利息和地租。

萨伊认为，供给创造需求，从全社会来看，总供给一定等于总需求，产品过剩的经济危机不可能出现。

（五）J.S. 穆勒

J.S. 穆勒（1806—1873年，英国）是古典经济学的集大成者，他所处的时代是英国资本主义比较繁荣发展的时期，工人运动和社会改良运动高涨，使他成为一个折衷主义者。他的《政治经济学原理及其在社会哲学上的应用》在很长时间内一直是大学经济学的初级教程。

穆勒认为政治经济学的研究对象是财富的生产和分配，同时也将社会经济繁荣与衰退的原因、精神、心理、社会关系和人类天性等也作为讨论范围。他的折衷主义理论体系建立在对生产规律与分配规律的分析之上。他将生产仅仅看作人和自然的关系，不依社会制度改变；而财富分配则取决于社会的法律和习惯，会依社会的变化而改变。他认为唯一的生产力是劳动生产力，但又强调资本是劳动产品的积蓄，来为利润辩解。

他规定了使用价值、价格、价值（交换价值）的定义。他将价值分为市场价值和自然价值。市场价值决定于需求和供给；自然价值决定于它的获取难度。他第一次提出了信用与物价的关系。

他完全接受李嘉图的比较成本论，但他的论证方法不同，他比较的是同量劳动的不同效率或产量。

他考察了社会进步对生产和分配的影响，批判了奴隶制和封建制，对资本主义进行了肯定，但认为需要进行改良，对经济自由主义和干涉保护主义采取折衷的方法，提出了适度干涉主义。

（六）马克思

卡尔·马克思（1818—1883年，德国）也诞生于古典经济学昌盛的时代。他是社会主义国家的精神领袖，国际无产阶级的导师。虽然他的影响力并不只限于经济领域，但他对经济学的贡献是不可磨灭的。一般认为马克思对经济学的贡献主要是发展了剩余价值学说，并分析了资本家剥削的本质。马克思是第一个充分利用历史唯物观和辩证法研究经济问题的学者，建立了一个全新的经济研究领域。他还在穆勒的基础上，解释了资本主义所固有的基本矛盾，分析了资本主义经济危机的必然性和周期性。客观上，后期的资本主义国家为解决自身矛盾所带来的危机，加强了经济调控，而经济学也进入了下一个时代——新古典时代。

四、新古典主义

19世纪末，资本主义国家出现了第二次工业革命，新技术特别是在金属、化学、电力领域出现的新技术，导致新产品的出现和效率的进一步提高，需求和产量的增加引发了工业领域的重大重组。同时，经济领域的竞争开始国际化，并导致频繁的经济危机，失业、通货膨胀使社会冲突的焦点从资本家和地主的对抗，转向工人和资本家的对立。此时推行经济自由主义，重视资本积累，同时强调社会各阶级的经济作用和

分配规律的古典经济学说，逐渐被新古典经济学说所替代。

新古典主义是19世纪末叶以来具有广泛影响和重要地位的经济理论。它的基本观点和古典主义相同，主张自由放任的经济思想；同时它也融合和吸收了其他一些学派的观点。它渊源于19世纪70年代的所谓"边际革命"。当时奥地利的门格尔、英国的杰文斯和法国的瓦尔拉斯几乎同时提出了以边际效用决定商品价值的理论。他们使用抽象演绎法、边际分析法、心理分析法和数理分析法建立了包括边际效用理论、时差利息论和一般均衡论等在内的理论体系。它把市场现象归结为个人选择的结果，着重解释在技术知识、社会习惯以及资源稀缺的约束下，个人在市场上进行的主观评价和选择，会导致市场过程的协调和均衡，进一步证明了自由放任的正确性。

新古典经济学的基本特点是：

新古典主义认为，经济体系的变动和发展是渐进的，而不是突变的；是和谐的，而不是冲突的；对经济刺激的反应是灵活的。边际分析是体现这种观点的分析工具。

供求力量决定价格的主观价值，新古典主义认为商品和要素的价格取决于市场上的供求力量。市场上的理性行为是，在需求一方，消费者寻求最大的满足；在供给一方，生产者追求最大利润，通过价格的变动，使供求量调整到双方相等时的均衡状态。

完全竞争的经济新古典主义的均衡价值理论建立在完全竞争的基础上，认为资本主义经济是一个完全竞争并趋于均衡状态的经济。

充分就业的经济新古典主义认为市场供求力量能使一国经济实现充分就业，一切生产要素在分配中所得到的份额取决于它的边际产品数量。

新古典主义的代表人物有瓦尔拉斯、马歇尔、凯恩斯以及20世纪的阿罗和德布鲁等。

（一）瓦尔拉斯

莱昂·瓦尔拉斯（1834—1910年，法国）是边际革命的奠基者之一，洛桑学派创始人。他的主要著作有《纯粹经济学纲要》《应用经济学研究》和《社会经济研究》。其主要贡献是建立了说明交换价值的一般均衡理论，并将数学方法第一次大规模引入经济学研究。

他从稀缺性出发，得到稀缺价值论，在此基础上，他由简到繁，从单纯的交换到引入生产、资本、交换媒介等，建立了一般均衡模型，并说明了它的存在、最优和稳定。

（二）马歇尔

阿尔弗雷德·马歇尔（1842—1924年，英国）对前人的工作进行了综合，是新古典主义的杰出和完整代表。他的《经济学原理》被看作是与斯密的《国富论》和李嘉图的《赋税原理》齐名的划时代著作。他的《经济学原理》对个别市场或商品分别从需求和供给进行研究，阐述了供给和需求决定均衡价格的理论体系，马歇尔也因此被认为是现代西方微观经济学的奠基者。

马歇尔认为经济学的研究对象是财富和人，注重对人的心理和动机进行分析。他利用连续原理、边际方法和局部均衡分析的方法，讨论了需求理论、供给理论以及二者的作用下的均衡价格理论，力求说明在市场上供给和需求两种相反作用如何作用、如何达到均衡，从而决定商品价格。在均衡基础上，他讨论了分配理论，指出存在四种生产要素——劳动、资本、土地和企业家才能对生产有贡献，并说明了这四种要素的价格决定。

马歇尔非常重视数学方法在经济学中的运用，大量使用几何图示表述经济学原理，注重时间因素对经济分析的重要意义，充分运用局部均衡的原理，这些研究方法至今仍然被经济学沿用。

五、社会主义

当资本主义社会进入它的成熟时期后，经济学也从古典经济学一分为二。马克思和恩格斯在对李嘉图理论的继承和批判基础上，提出了劳动价值论、剩余价值学说、资本积累以及社会总资本的再生产学说。他们分析了资本主义生产关系发生、发展和灭亡的规律，指出资本主义一定灭亡，并提出了有关社会主义的经济理论。他们的思想主要反映在《共产党宣言》《资本论》等著作中。

其后，列宁根据自己的实践，发展了关于帝国主义的理论和社会主义革命的理论。此后，苏联在其实践中逐步建立起以公有制为基础的计划经济体系，并在东欧和中国得到推广。

但是经过几十年的实践之后，人们发现这种计划体制存在着其固有的弱点和缺陷。于是，社会主义国家开始进行变革，引入市场机制。东欧和苏联走的是激进的私有化道路。中国则走了一条渐进的改革之路，先是有计划的市场经济，然后是市场经济。

六、凯恩斯主义

第一次世界大战后，国家垄断资本主义急剧发展，1923—1933年的经济大危机对资本主义经济发展造成极大破坏。资本主义经济实践与传统的经济理论所宣扬的自由竞争和自由放任产生了严重矛盾。在这种情况下，凯恩斯于1936年发表《就业、利息和货币通论》，提出有效需求理论体系和通过国家干预经济以求减少失业，这被称为"凯恩斯革命"。

约翰·梅纳德·凯恩斯（1883—1946年，英国）被认为是现代经济学最有影响的经济学家，自他以后至今无人能够超越。1911年起凯恩斯出任英国皇家经济学会《经济学杂志》主编。1930年任内阁经济顾问委员会主席，1941年担任英格兰银行董事，1944年以英国代表团主席身份出席在布雷顿森林召开的国际货币金融会议，并出任国际货币基金组织和国际复兴开发银行的董事。凯恩斯一生著述颇丰，主要有《印度的通货和财政》《货币改革论》《货币论》《如何筹措战费》《就业、利息和货币通论》等。

《货币改革论》和《货币论》两部著作基本上没有摆脱传统经济学的框架。凯恩斯向传统经济学发起挑战的是他的第三部著作：《就业、利息和货币通论》（以下简称《通论》）。这是凯恩斯经济学产生的标志。《通论》是在20世纪30年代大萧条爆发以后孕育的，于1936年问世。1929年，凯恩斯和亨德森合写的小册子《劳合·乔治能做到吗？》出版。英国自由党领袖劳合·乔治提倡举办公共工程以减少失业，凯恩斯对此表示大力支持，力图证明公共工程能有效地增加就业，赤字预算能减少失业而不至于引起通货膨胀。1930年，凯恩斯在《1930年的严重萧条》一文中流露出不相信"一只看不见的手"会引导经济健康运行的思想。

1933年，凯恩斯在《获致繁荣的方法》一文中说明了公共工程支出的作用。1934年夏，凯恩斯访问美国。罗斯福新政进一步推动了凯恩斯的理论研究。凯恩斯会见罗斯福时，强调了政府支出的作用。1935年，凯恩斯发表《一个自我调节的经济制度》一文，认为即使不存在磨擦因素，自由竞争的资本主义制度也不可能自我调节。1936年，凯恩斯的《就业、利息和货币通论》一书出版。这是凯恩斯的代表作。凯恩斯提出了总量分析、短期分析和比较静态分析的方法，建立了宏观经济学体系。

凯恩斯认为失业和危机不是资本主义制度的必然产物，它只是"有效需求"不足的结果。"有效需求"包括消费需求和投资需求两部分。它是由"消费倾向""对资本资产未来收益的预期"和对货币的"流动偏好"这三个基本心理因素及货币量决定的。凯恩斯在理论分析上采用了"总量分析"即"宏观分析"的方法。他研究了收入、需求、投资、储蓄、消费、货币、价格水平的总量及其相互关系，使"庸俗经济学"从微观分析进入了宏观分析。

依据凯恩斯的理论，他提出了一整套政策，这些政策的核心就是国家干预经济生活，借此刺激有效需求，即刺激消费和投资。在财政政策方面，在总需求小于总供给时，主张减税、增加财政支出，以扩大投资和消费；在总需求大于总供给时，主张增税、减少财政支出，以减少投资和消费。在货币政策方面，在萧条时期主张增加货币供应量，降低利息率以刺激投资；在高涨时期主张减少货币供应量，提高利息率以限制投资。

凯恩斯《通论》的出版对西方经济学界和西方国家政府的经济政策都产生了重大影响。一些西方经济学家把凯恩斯《通论》的出版称为"凯恩斯革命"，认为凯恩斯在西方经济学中进行了一次思想革命。凯恩斯理论是对西方国家已经并且正在奉行的政府干预经济政策的理论论证，这一理论论证反过来又成为西方国家实行政府干预的依据。美国新政和《通论》的关系说明了这一点。《通论》在某种意义上是对新政的实践所作的理论说明，这种理论又反过来为新政提供了依据，推动了新政的发展。

"二战"后20多年，各主要资本主义国家都大力推行凯恩斯理论，它对缓和资本主义的矛盾、实现经济增长起了一定的积极作用。20世纪60年代以来，发达资本主义国家出现的经济停滞与通货膨胀并发的现象，使凯恩斯理论出现了危机。凯恩斯理论遭到了货币主义、理性预期学派和供给学派的挑战。

七、凯恩斯以后

研究经济思想史的学者还未对凯恩斯以后的学术思想加以归纳,这并不意味着凯恩斯以后的经济学领域缺乏思想。实际上,在这个阶段出现了许多具有代表性的流派和经济学家,由于统计分析理论的发展,这个时期经济学术著作的特点是大量运用统计理论和数学模型。这时候出现了两个现象:一是1968年诺贝尔奖的设立,带来了经济学史上又一个百家争鸣的时代,经济巨著来自学院派的趋势也愈加明显;二是随着美国在全球经济霸主地位的确立,来自美国的经济学具有举足轻重的影响。

(一) 新古典综合派

新古典综合派又被称为当代凯恩斯主义正统派或主流派,它的主要代表人物有保罗·萨缪尔森、托宾、索洛等。"新古典"是指他们接受凯恩斯以前的新古典主义对于市场和一般均衡的分析,但同时应当"综合"凯恩斯主义。

这种综合体现在:①将凯恩斯理论本身综合成宏观一般均衡理论,但理论本身却和新古典理论有相似之处;②凯恩斯的宏观理论体系和新古典的微观理论体系相结合,注重寻找宏观经济理论的微观基础;三、强调财政政策与货币政策的相互配合。

他们认为,"二战"后的经济是一种"混合经济"①,既存在市场机制的调节,又有国家对经济生活的干预。一方面,经济中的基本问题,即生产什么、如何生产和为谁生产的问题仍然由市场机制,即"看不见的手"来解决;另一方面,政府在经济生活中的作用越来越重要,政府要运用各种经济政策来纠正市场调节不可避免的缺陷,对经济进行宏观调控,以保证经济长期稳定地发展,并实现社会公正。

他们用 IS-LM 模型完善了总需求分析,并用总供给分析来补充总需求分析,建立了总需求总供给模型,发展了凯恩斯的消费理论、投资理论和货币理论,并且将经济增长理论进行了长期化和动态化。

(二) 当代经济学的其他主要流派

当代经济学除了新古典综合派外,其他具有重要影响的学派主要有:新自由主义、货币主义、理性预期学派、新剑桥学派、新制度主义。

新自由主义以哈耶克为主要代表。它从个人主义出发,强调维护个人自由。而自由的基础是经济自由,其核心是私有制,在这一基础上生产者有经营自由,消费者有消费自由。实现经济自由的途径是让市场机制充分发挥调节作用,让人们在市场上自由竞争。

货币主义又称为现代芝加哥学派,其代表人物是弗里德曼。其基本观点是坚持经

---

① 混合经济:混合经济是指既有市场调节,又有政府干预的经济。最早是由美国著名经济学家阿尔文·汉森(Alvin Hansen,1887—1975年)提出来的,他认为,从19世纪末期以后,大多数资本主义国家的经济就开始逐渐变为私人经济和社会化经济并存的"公私混合经济"或者"双重经济"。汉森认为,这种"混合经济"具有双重的意义,即生产领域的"公私混合经济"(国有企业与私人企业并存)和收入与消费方面的"公私混合经济"(公共卫生,社会安全和福利开支与私人收入和消费的并存)。

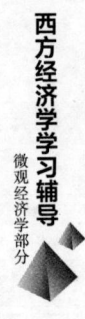

济中最重要的因素是货币,即货币量是说明产量、就业和价格变化的最重要因素;在政策上基本主张坚持市场调节的完善,反对国家直接干预。

理性预期学派的代表人物是卢卡斯和萨金特。该学派认为,经济主体在做出任何决策时,除了考虑到有关经济变量的情况外,还要考虑这些变量的未来变化,这种有根据的、合理的预期被称为"理性预期"。它认为市场机制本身是完善的,依靠价格的调节作用,市场在正常情况下总是处于供求相等的出清状态。由于理性预期的作用,宏观经济政策无论在短期长期都无效,且会破坏市场机制。

新剑桥学派又称为凯恩斯左派,与新古典综合派一样,号称是现代凯恩斯主义。其代表人物有罗宾逊、卡尔多。他们认为新古典综合派将收入支出模型作为凯恩斯主义的核心是一种歪曲;核心问题应是收入分配问题,资本主义社会的收入分配不合理,分配应以价值理论作为基础;经济增长是以加剧收入分配的不平等为前提的。因此他们主张国家干预经济,实现收入分配平等化。

新制度主义属于经济学的"异端",其代表人物是加尔布雷斯、缪尔达尔等。他们将经济学研究的对象确定为制度;重视经济伦理问题的价值判断;用演进的整体的方法研究制度的变迁。

拓展知识二:古典经济学方法论

自数学进入经济学,提高了经济分析水平以来,古典经济学经历了三个重要的历史发展高级阶段:边际分析阶段、集论与线性经济分析阶段、方法汇合阶段。从方法上看,这三个阶段的分析方法水平是不断提高的。本节从时间上对这三个阶段提出建议性的划分。时间划分并不意味着研究工作的终结,直到目前这些研究仍然是非常重要的。经过这三个历史阶段的研究,经济学的分析水平上升到了一个新台阶,经济学进入了一个新时代。

一、边际分析阶段(1838—1947年)

1838年到1947年,是经济学向数学借用武器的一个历史发展阶段,借用的基本武器是微积分,尤其是偏导数、全微分和拉格朗日乘数法。边际分析法是这一时期产生的一种经济分析方法,同时形成了经济学的边际效用学派,代表人物有瓦尔拉(L. Walras)、杰文斯(W. S. Jevons)、戈森(H. H. Gossen)、门格尔(C. Menger)、埃奇沃斯(F. Y. Edgeworth)、马歇尔(A. Marshall)、费希尔(I. Fisher)、克拉克(J. B. Clark)以及庞巴维克(E. von Bohm-Bawerk)等人。边际效用学派对边际概念做出了解释和定义,当时瓦尔拉斯把边际效用叫作稀缺性,杰文斯把它叫作最后效用,但不管叫法如何,说的都是微积分中的"导数"和"偏导数"。数理经济学的创始人古诺的主要贡献是他提出了企业理论和单一市场上企业与消费者的相互作用论。古诺的企业理论的基本假定是企业追求利润最大化,他对完全竞争和寡头垄断作了严格定义和研究。古诺的企业与消费者相互作用论,提出了完全竞争市场上供给与需求相等的思想,他还研究了垄断竞争问题。这一研究至今仍被当作一种标准的方式，并且推广应用于对策论之中。

边际分析阶段，高级微观经济学研究取得的成就可概括为三个方面：形成和发展了一套完整的微观经济活动者行为理论；提出了一般经济均衡问题，建立了一般经济均衡的理论框架；创立了当今的消费者理论、生产者理论、垄断竞争理论、及一般经济均衡理论的数学基础。下面来介绍边际分析阶段形成和发展的一些理论。

（一）企业理论

企业理论研究企业在按一定的价格投入生产要素来提供产品的过程中的行为。19世纪后半叶，生产函数概念的产生，使古诺的利润最大化假设得到了很大发展，形成了一套研究投入需求与产出供给的丰富理论，即企业理论。对此做出重要贡献的学者有瓦尔拉、维克斯弟（P. H. Wicksteed）、维克赛尔（K. Wicksell）以及克拉克（J. B. Clark）。霍特灵（H. Hotelling）首次详细总结了企业理论方面的研究成果。

（二）消费者理论

消费者理论主要研究消费者行为准则与目的对可见需求的影响。戈森、杰文斯和瓦尔拉从效用最大化出发，定义了消费者需求，首次发展了消费者理论，其后由马歇尔做出了进一步的详细论述。斯勒茨基（E. Slutsky）在1915年提出了效用最大化需求的一系列性质，希克斯（J. R. Hicks）、艾伦（R. G. D. Allen）、霍特灵、沃尔德（A. Wald）等人在1934—1944年又对斯勒茨基的工作进行了深入研究。效用论的基础在几个方面得到了深化：费希尔（I. Fisher, 1892）与帕累托（V. Pareto, 1909）用序数效用替代了基数效用；弗里希（R. Frisch, 1932）与阿尔特（F. Alt, 1936）提出了基数效用的公理化处理；萨缪尔森（1938）提出了显示性偏好。

（三）一般均衡

市场是相互联系的，经济均衡的特征必然是所有市场上供给与需求的相等，这是瓦尔拉在1874年提出的一般均衡的基本概念。瓦尔拉不但这样提出问题，而且还把它以联立方程组的形式加以表达，然后声称由于方程组中方程的个数与未知量的个数相等而方程组有解，从而一般经济均衡问题有解。他还提出了一个寻找解的"探索过程"，对解的存在性给出了一个经济意义下的证明。瓦尔拉与帕累托还研究了竞争均衡的最优境界问题。后来人们发现，瓦尔拉给出的一般经济均衡存在性的数学证明是不成立的，但由于一般经济均衡思想的重要性，人们花费了八十年的工夫来研究它，最后才于1954年由阿罗和德布罗真正解决。

（四）均衡的稳定性

均衡的稳定性是指让经济系统实现均衡的一个内部操作过程。瓦尔拉在对他的一般均衡解的存在性进行经济意义下的证明时，虽然没有明确指出，但实际上已提出了均衡的稳定性问题，即他所说的探索过程。古诺在1838年以及马歇尔在1890年都分别讨论过单一市场上均衡的稳定性问题，希克斯（1939）和萨缪尔森（1941）属于第一

次严格地提出并研究稳定性问题的人。1958年以后，关于一般均衡稳定性的研究论文才逐渐增多。

（五）资源最优配置

资源最优配置是微观经济学的核心研究内容。首次使用当今称作消费者剩余和生产者剩余的概念来系统研究收益与成本的人是杜普伊特（J. Dupuit, 1844），帕累托在1901年对多个经济活动者的最优性概念给出了明确的定义，此后最优性与次优性便成为福利经济学中的重要概念，1938—1941年霍特灵、伯格森（A. Bergson）、希克斯对这方面的研究作了综合和总结。

（六）一般交易理论

一般交易理论研究讨价还价式的"面对面"交易。埃奇沃斯在1881年首次研究了这样的问题：如果经济系统中不仅仅是等价交换，而是任何类型的商品交易都可以做成的话，经济系统会出现什么后果？埃奇沃斯提出了"合同曲线"的概念，并提出了一个猜想：当交易者的人数无限增加时，合同曲线收缩成竞争均衡集合；他还发明了刻画合同曲线的一个矩形图，当今称其为埃奇沃斯盒状图。埃奇沃斯盒状图的合同曲线在对策论中得到了深入推广，转变成为"核"（Core）概念，后来"核"又返回到经济系统中，成为"经济核"。

希克斯1946年的著作《价值与资本》和萨缪尔森1947年的著作《经济分析基础》，全面总结和发展了边际分析阶段的研究工作，尤其是希克斯发展了时际均衡理论，萨缪尔森则把显示性偏好与均衡稳定性结合起来研究。这两部著作使边际分析达到了顶点，从而成为经济学史上的两部名著。

二、集论与线性模型阶段（1948—1960年）

第二次世界大战以后，国际社会面临着大战带来的经济萧条与危机，出现了许多不能为当时的经济理论所解释的现象，以往的边际分析法已不能适应新问题的需要，迫使经济学家不得不去开创新的经济分析法，集合论与线性模型就是在这样的情况下进入经济学大门，替代原来的微积分手段。以集合论为基础建立的经济理论，更具有广泛性和一般性，原来的"光滑性"要求现在可以去掉；线性模型也是用来研究光滑性所不能解释的经济现象。集论方法的主要工具是数学分析、凸分析和拓扑学，线性模型的主要工具是线性代数和线性规划。这个时期内，高级微观经济学的研究内容集中在一般经济均衡研究上，连冯诺伊曼（J. von Neumann）这样的大数学家也投身进来为它砌上一块基石，研究成果表现为以下两个方面。

（一）一般经济均衡的严格理论体系

瓦尔拉虽然在1874年提出了一般经济均衡问题，但却对一般经济均衡的存在性给出了一个不正确的证明——仅仅依据方程个数与未知数个数相等就断言方程组有解。其实在瓦尔拉时代，是不可能证明一般经济均衡的存在性的，因为证明中必需的关于集值映射的角谷静夫不动点定理是 1941 才问世的。后人倒是应该感谢瓦尔拉的数学修养，如果他当时发现自己的证明是错误的，那么就会因为理论无根据而不会公然提出一般经济均衡问题，从而这一光辉思想可能就会被埋没。熊彼特评价道，由于瓦尔拉提出一般经济均衡问题，使得他成为最伟大的经济学家。

沃尔德（1933，1934）首次严格分析了一般经济均衡问题，而突破性的进展则是由阿罗和德布罗于 1954 年取得的，他们二人用集合论方法，通过公理化分析，重建了瓦尔拉一般经济均衡理论大厦，给出了一般经济均衡存在性的令人满意的严格数学证明。这一光辉成就，为经济学的发展树立了一块里程碑，尤其是 1959 年德布罗的《价值理论》一书的出版，正式宣布了公理化经济学的诞生。这部著作分七章详细论述了基于集合论基础之上的经济理论体系，展示了公理化分析的巨大威力，用德布罗的话说：

"经济理论公理化的好处不胜枚举。公理化对理论假设的完全明确化，可用来稳当地判断理论对具体情况的适用范围。公理化还可以在发现了原始概念的新解释时，对新问题轻松地做出回答。……经济理论公理化还以另一方式帮助经济工作者们，它向经济工作者提供了能够接受的高度有效的数学语言，使得他们可以相互交流，并以非常经济的方式进行思考。"与一般均衡相联系的许多问题在这一时期都得到了深入研究。首先是阿罗和德布罗（1951，1954）用集论和凸分析重新研究了竞争均衡的最优境界问题，阿罗还用集论方法研究了社会选择问题，得到了令人吃惊的社会选择不可能性定理。其次是对效用理论的重新研究，提出了两套公理体系，一套是德布罗 1954 年提出的确定环境下的效用函数公理体系，另一套是不确定环境下的效用函数公理体系，归功于拉姆齐（F. P. Ramsey，1926）、冯罗伊曼与摩根斯顿（O. Morgenstern，1947）、马歇尔（1950）、赫斯坦（I. N. Herstein）与米尔诺（J. Milnor，1953）等人。然后是不确定环境下一般均衡的研究，论述于德布罗的《价值理论》第七章中。

（二）线性经济模型

线性模型分析法用线性方程组或者线性不等式组，替代边际分析中的"导数"与"偏导数"，最典型的是列昂惕夫（W. W. Leontief，1941）发明的投入产出分析法。投入产出分析的实质是依据一般经济均衡理论来研究各种经济活动在数量上的相互关系，用一套线性方程组来描述经济系统内部复杂的结构关系。投入产出分析在 1948—1960 年得到了重大发展。

多尔夫曼（R. Dorfman）、萨缪尔森和索洛（R. M. Solow）1958 年合著的《线性规划与经济分析》及盖尔（D. Gale）1960 年所著的《线性经济模型理论》两部书，把线性规划、线性一般经济均衡理论和线性经济增长理论发展到了顶峰。与此同时，对策论的研究也在前进。纳什（J. F. Nash，1950）对于 n 人对策均衡的研究，成为基础性工作；卢斯（R. D. Luce）和雷法（H. Raiffa）在 1957 年出版的《对策与决策》一书中又发展了动态对策论。

三、方法汇合阶段（1961年至今）

公理化经济学的创立，使得经济学家与数学家之间的对话也变得更加频繁。象冯诺伊曼那样，把他的精力的相当一部分放在经济学问题上，这种一流数学家的例子已经不是独一无二的了。同样，经济学也开始影响数学，其典型的例子就是角谷定理、集值映射的积分理论、近似不动点计算的算法以及方程组的近似解的算法。数学思想开始全面向经济学渗透，经济学也在不断地为自己铸造新的武器，各种经济分析方法汇聚一堂，出现了经济学发展史上的大汇合时期。下面介绍自20世纪60年代以来，高级微观经济学的一些主要研究课题。

（一）不确定性与信息

现实经济活动常常与许多不确定因素有关，如何认识经济学中的不确定性？这是研究带有不确定性的经济活动规律时首先要解决的问题。普拉特（J. W. Pratt）在1964年提出了"风险规避理论"，他假定在带有不确定因素的环境中，不确定事件在客观上存在着一定的概率，即所谓的"客观概率"。客观概率虽然在一定程度上刻画了不确定性，但仍不是真正意义上的不确定性。既然客观概率已定，就足以说明事件发生是可以把握的，并非真正不确定。于是，戴蒙德（P. A. Diamond，1967）和拉德纳（R. Radner，1968）提出用"主观概率"刻画事先无法充分估计概率的不确定性。

主观概率使人们对经济学中的不确定性的认识深刻了一步，它与具体的人所掌握的信息多少及对事件的认识有关，各人有各人的判断，有人信息灵通，对事件发生的概率估计较准，有人消息闭塞，对事件发生的概率估计较差。拉德纳还用它来解释市场是怎样起消息传递作用的。主观概率加深了人们对证券市场、保险市场、市场信息及搜集行为的认识，尤其是在经济系统中考虑了信息结构。

（二）大范围经济分析

大范围经济分析把微积分与拓扑学结合在一起，来研究经济均衡的性质及均衡随经济体来变化的规律。在大范围经济分析中，依据微积分和Sard定理，一般经济均衡的存在性有了一个构造性证明，取代了不动点方法，并具有实践意义。"正则经济"概念的提出，抓住了均衡价格体系的决定性实质，对于研究均衡的局部唯一性、均衡价格的连续性及比较静态的可能性，都是十分有利的。德布罗在1970年对均衡的有限性及正则经济的研究，还使他成为经济大范围分析的先驱。

（三）对偶理论

对偶理论主要研究经济学中的相互确定关系，涉及经济学的诸多方面。产出与成本的对偶、效用与支出的对偶，是经济学中典型的对偶关系。经济系统中还有许多其他这样的对偶关系。利用对偶性来进行经济分析的这种方法，就叫作对偶方法。

（四）总需求函数

消费者理论中，依据效用最大化所确定的消费者需求函数必然符合一些严格条件。

这些条件或类似的条件对总需求函数是否适用，适用程度有多大？索嫩塞因（H. Sonnenschein）对此作了研究，指出总需求函数并不受个人需求函数那样的条件限制。此后在 1974 年，曼特尔（R. Mantel）与德布罗又作了进一步研究，提出了市场需求理论。像消费者需求理论那样，市场需求理论研究市场需求函数所共有的性质。另外，市场需求是可观察的。观察市场需求如何受效用假设的制约，也是市场需求理论中的重要问题。

（五）经济核心与连续统经济

埃奇沃斯 1881 年提出的合同曲线与猜想，促进了对策论的研究，出现了对策论中的"核"概念。1962 年，德布罗和斯卡夫（H. E. Scarf）反过来又把"核"概念用到经济学中，研究埃奇沃斯猜想，提出了"经济核（Economic Core）"概念。奥曼（R. J. Aumann，1964）提出了经济连续统，并在经济连续统中证明了埃奇沃斯猜想。1974 年，布朗（D. J. Brwon）与罗宾逊（A. Ronbinson）用非标准分析方法把德布罗、斯卡夫及奥曼的模型，综合在一种超有限框架之下，并证明了埃奇沃斯猜想。美国经济学家安德逊（R. M. Anderson）研读了布朗与罗宾逊的论文后，于 1978 年提出了一个标准模型下经济核心配置接近瓦尔拉均衡集的基本不等式。人们对这个不等式似乎更感兴趣。

近年来对于经济核的研究，又拓展到动态与无限维经济学中来。动态方面涉及价格调整、最优计划过程及均衡的稳定性等问题。无限维经济学方面涉及不确定性、信息及市场的不完全性等问题。

（六）时际均衡

时际均衡是希克斯 1939 年提出的，在 1946 年出版的《价值与资本》著作中得到发展。时际均衡观点认为，交易活动是分期进行的，为了做出决策，经济活动者要根据自己掌握的关于经济目前与过去的信息，来预测未来的经济环境和状态，各短期内价格能迅速变化或至少能够做到价格的局部调整，以实现短期内的均衡。

与时际均衡相对照的是非均衡。二者虽然都认为交易活动分期进行，但前者假定经济活动者能正确地预测未来，短期内能实现均衡，而后者则允许不能正确预测未来，未来的计划可以不协调，短期内可以不实现均衡。不论二者的分歧如何，它们都使得一般经济均衡理论更加接近了现实经济情况。时际均衡与非均衡都是凯恩斯主义宏观经济学思想的体现。1964 年莫利什玛（M. Morishima）在《均衡、稳定性与增长》一书中以耐用商品为重点，深入研究了时际竞争均衡。1966 年德兰大基斯（E. M. Drandakis）在"论货币经济的竞争均衡"一文中把货币理论置于价值理论体系之中。1971 年阿罗与翰恩（F. H. Hahn）在《一般竞争分析》一书中研究了确定性下的时际竞争均衡。史蒂格姆（G. Stigum，1972）和格兰德蒙特（J. M. Grandmont，1974）首次研究了不确定环境下的时际竞争均衡。另外，由于凯恩斯主义的影响，掀起了对配给制经济时际均衡的研究热潮。格拉斯托夫（E. Glustoff，1968）、尤纳斯

(Y. Younes, 1975) 以及贝纳西 (J. P. Benassy, 1973) 等人又把配给制时际均衡置于一般均衡框架之中,并作了系统研究。前人对时际均衡的这些研究工作,引起了后人对这一理论的极大兴趣。

(七) 均衡的计算

斯卡夫在1969年发表的论文"论均衡价格的计算",开创了均衡计算的理论与方法。均衡的计算是作为映射的不动点计算的特殊情况来对待的,只不过不动点被解释为均衡价格向量,计算出来的解向量所决定的配置是一种可行的市场结清配置。

当代微观经济学比以往更加重视一般经济均衡的计算。瓦尔拉的均衡模型广泛应用于发展经济学、国际贸易学、宏观经济学、财政金融学等领域,但不幸的是,均衡一般只是不动点,而不是凸优化问题的解。这就带来了两个麻烦:一个是均衡可能难以计算,另一个是均衡可能不止一种。围绕这两个问题,微观经济学发展出了一套均衡计算理论。

(八) 社会选择理论

社会选择问题属于福利经济学的论题,含义是如何通过个人选择来确定社会选择,或者说,如何通过个人的意愿来决定社会的意愿。具体地讨论社会选择问题,就会涉及人们的价值判断问题,但高级微观经济学把此问题抽象化,使其变成制定出一套规则,按照这套规则并依据社会上各人的偏好来定出社会的偏好。高级微观经济学不讨论这套规则对谁有利、是否符合道德规范等价值判断问题,因而所作的社会选择问题研究属于实证经济学的范畴。投票悖论是社会选择问题的原型,它假定某选区有三名候选人甲、乙和丙,要求选民按照自己心目中的顺序对他们进行排序,最后按照得票多少排出三位候选人的名次。投票的结果是:1/3选民的排序为:甲、乙、丙;1/3选民的排序为:乙、丙、甲;1/3选民的排序为:丙、甲、乙。于是出现了这样的情况:2/3的选民认为甲比乙好,2/3的选民认为乙比丙好,还有2/3的选民认为丙比甲好。结果,按照少数服从多数的原则,社会就无法在甲、乙、丙之间排出先后名次来。

阿罗在1951年对此问题进行了深刻研究,证明了社会选择的不可能性定理。自阿罗以后20世纪60年代以来,出现了许多这方面的新成果,集中研究怎样给出社会选择原则、在什么条件下社会选择是可能的、又在什么条件下社会选择是不可能的。至今,社会选择问题仍是公众所关注的。

(九) 不完全资产市场理论

不完全市场理论研究证券与商品的定价原理,以及完全竞争的资产市场与商品市场在确定消费与投资中的相互作用。由于金融经济学关心的主要是证券定价,而宏观经济学关心的是货币资产的实际效应,因此,不完全资产市场均衡论提供了一种涉及众多领域的微观经济分析框架。

证券定价理论主要强调金融资产的定价问题,把金融市场理论与一般均衡理论结合起来共同研究价格的形成过程,便引起了人们对证券市场微观结构的极大关注。另外，信息的不对称又可能导致经纪人之间的勾结，出现战略性投资行为问题，这也是要加以研究的。

不完全市场理论还关注经济效率问题，对效率含义做出了新解释，支持了反对帕累托市场过程有效性的论断。但它保留了与阿罗—德布罗理论相同的方法论：经纪人要进行行为优化，他们的期望是合理的，完全有条件进行预见，市场结清，一切市场交易都是在完全竞争的条件下进行。按照不完全资产市场理论，均衡是不定的，也不是帕累托最优的，仅是帕累托次优的，而且连现有的资产都没有得到有效利用，从而需要政府干预。

现代不完全资产市场理论源于冯诺伊曼—摩根斯顿的风险期望效用和萨维奇（L. J. Savage）的不确定期望效用，讨论的基本问题是期望效用的表示以及如何测量决策者对风险的态度问题，其焦点是独立性公理与绝对事件原理之间的关系。

（十）无限维经济分析

德布罗通过扩充商品空间维数的办法，把带有不确定性的一般经济均衡问题纳入到他所建立的理论框架之中。扩充维数也成为研究动态经济问题的一种有效手段。然而当所考虑的随机因素无限或者时间因素无限时，维数将被扩充到无限，此时原有的结论就完全失效了，无法把问题轻而易举地纳入到原来的框架之中，一切问题都必须重新研究。

贝利（T. F. Bewley）在1972年用扩充维数法把商品空间变成了泛函空间。此后在经济学中涌现出了诸如等各种各样的商品空间，这些空间用来建立无限时间模型、产品差别模型、不确定决策模型。1983年，阿里普兰蒂斯（C. D. Aliprantis）、布朗（D. J. Brown）和伯金少（O. Burkinshaw）三人创造性地把出现的这些商品空间统一在黎斯（Riesz）空间的框架之下，进行一般性研究，开创了一般商品空间上的经济学研究新领域。一般商品空间上的经济学也称为无限维经济学，而以前在有限维商品空间中分析讨论的经济学，称为有限维经济学。

阿罗—德布罗模型在20世纪80年代被成功地推广到无限维经济系统中，无限维竞争均衡的存在性与帕累托最优性得到了证明，但不定性问题仍未解决。世代交替模型是一种特殊的无限维经济模型，其一般均衡的存在性已经在很一般的条件下得到证明，但均衡不是有效的，而且可能是不定的。总之，无限维经济学在很大程度上不同于有限维经济学，虽然无限维继承了有限维的一些结论，但无限维问题的难度颇大，情况十分复杂。由于无限维经济学把不确定性、风险、金融、动态问题等都纳入到一个统一的分析框架之中，因而引起了众多经济学家和数学家的关注与兴趣，成为近十多来在国际上十分活跃的研究领域。

（十一）不完全竞争理论

不完全竞争分为垄断竞争（Monopolistic Competition）、寡头垄断（Oligopoly）和完全垄断（Perfect Monopoly）三种。完全竞争与完全垄断是两种极端情形，实际中极为少见，仅仅是理论上的抽象，就如同"真空"一样。同消费者日常生活关系最密切的是垄断竞争，微观经济学对此给予了充分的重视。垄断竞争理论强调产品差别，制造产品差别是厂商竞争的重要手段。产品差别越大，垄断程度越高，厂商在市场上就越处于有利地位。但制造产品差别会提高产品的成本，因此必须研究垄断与竞争的关系问题，以使厂商能够取得最大利润。产品差别与无限维经济相联系，如果把同行业的产品无限细分加以区别，那么就得到无限维商品空间，因此无限维经济分析是研究不完全竞争的很好的基础。

（十二）非标准经济学

经济学中的无穷小分析，是经济学家布朗（D. J. Brown）与非标准分析学家罗宾逊（A. Robinson）所引入的一种经济分析方法，迄今已有40多年的历史。1974年他们二人用无穷小刻画了完全竞争的特征，通过精确的计算与论证，证明了经济系统中的"背对背"交易与"面对面"交易的均衡状态是一致的，即瓦尔拉均衡集与经济核心一致。安德逊（R. M. Anderson, 1978）研读了这一结果后又给出了核心配置接近瓦尔拉均衡的不等式，人们似乎对这个不等式更感兴趣。艾利侃（M. Ali Khan, 1980）应用洛伊布（P. A. Loeb）测度，进一步推广了布朗的非标准交换经济模型。安德逊（1985, 1988）用非标准分析方法证明了非凸偏好下的强核定理及第二福利定理。拉希德（S. Rashid, 1987）总结了非标准方法对大经济的应用，并讨论了把非标准证明转换为标准证明的问题。基斯勒（H. J. Keisler, 1986, 1990）用洛伊布测度建立了随机经济的价格调整机制，并讨论了快速调整下的市场分散化问题。斯大策（M. J. Stutzer, 1987）用非标准分析观点，研究了总体无不确定性的个人风险问题。笔者在国家自然科学基金的资助下，用超有限经济模型研究"双无限"经济问题，取得了可喜结果。

（十三）非线性动态经济学

浑沌（Chaos）现象在经济系统中的出现，影响到现有的经济理论与经济实践经验，人们必须予以重视。于是自20世纪80年代以来，非线性动力系统理论在经济学中的应用研究得到了较大发展，初步形成了非线性动态经济学。这个主题关心浑沌对经济的影响，目前发现的主要结果是，浑沌对世代交替经济有影响，还对最优经济增长有影响。由于目前还缺乏对经济浑沌现象的深刻认识，许多经济学家表现出"这又怎样"的态度。因此，大力开展动态经济均衡研究，对于探索浑沌对经济的影响具有重要意义。

（十四）经济计量学

20世纪60~70年代，经济计量学在理论和应用方面都取得了许多重要进展。经济计量学理论得到了精确化和多种方式的扩展，特别引人入胜的是贝叶斯（Bayes）经济计量方法和经济计量模型特点的研究，比如有限的因变量、潜在变量及非线性模型，时间序列统计分析也取得了重大进展。另外，电子计算机的发展、计算能力的大幅度增强以及经济计量软件包的发展，使得人们可以施展更加远大和宏伟的数据分析计划。

取得的这一切进展，极大地拓宽了经济计量学的应用领域，远远超出了原来的应用范围：家庭消费支出、需求函数、生产函数、成本函数及宏观经济计量模型。如今，经济计量学已经在经济学的各个领域中都得到了应用，包括公共财政、货币经济学、劳动经济学、国际经济学、经济学说史、医疗经济学、生育研究、犯罪行为研究等。在所有这些领域中，随着可用数据的不断增多和估计工具的越来越先进，经济计量方法的应用得到了不断加强，基于经济数据的经济模型的具体化、估计和检验的准确程度也得到了极大提高。

自从20世纪80年代初期经济计量学引入到我国以后，已在我国开花结果，在社会主义经济建设中发挥重要作用。我国学术界涌现出了一批优秀的经济计量学家，经济学、数学、统计学和我国经济建设实践之间的结合也越来越紧密。目前在我们面临金融体制迫切需要改革的情况下，金融经济计量模型研究又应运而起，成为大家所关注的问题。我们深信，随着我国改革开放的不断深入，经济计量学对于社会主义市场经济建设将发挥愈来愈重要的作用。

（十五）博弈论

博弈论也叫作对策论，英文名称是 Game Theory。严格地讲，博弈论是一个数学分支，而不是一个经济学分支。博弈论的应用范围甚广，尤其是在经济学中的应用最广泛、最成功。博弈论的许多结果是借助经济学的例子发展起来的，经济学家对博弈论的贡献也越来越大。博弈论与经济学能够走到一起，一个最根本的原因是二者的研究模式相同，都强调个人理性，强调个人在服从既定约束下追求效用最大化。

20世纪50年代，美国数学家纳什（J. F. Nash）接连发表了多篇关于博弈论的研究论文，为现代博弈论的形成和发展奠定了坚实的基础。纳什将矩阵博弈推广到多人情形，对多人非合作博弈做出了明确界定，提出了多人非合作博弈的纳什均衡概念，并于1950年应用日本数学家角谷静夫（S. Kakutani）提出的集值映射不动点定理，证明了纳什均衡的存在性。纳什定理是重要的，其结论可以直接向经济系统推广，而且这种推广是阿罗（K. J. Arrow）和德布罗（G. Debreu）重建瓦尔拉一般均衡理论大厦的关键所在。由于纳什均衡是矩阵博弈的古诺均衡概念的推广，因此后人也常常把纳什均衡称作古诺—纳什均衡。1953年，纳什又研究了合作博弈，在《经济计量学》（Econometrica）杂志上发表了题为"二人合作博弈"的论文。塔克（Tucker）1950年发表的"囚徒困境"，描述了囚徒博弈，成为当今博弈论的经典事例。可以说，20世纪50年代是博弈论巨人出现的年代，他们的创造性工作，奠定了现代博弈论的基础。

到了60年代，泽尔滕（Selten，1965年）又对纳什均衡进行了动态分析，提出了"精化纳什均衡"的概念；海萨尼（Harsanyi，1967，1968年）又把不完全信息引入博弈论的研究之中。80年代，克瑞普斯（Kreps）和威而逊（Wilson）（1982年）二人共同研究了动态不完全信息博弈，发表了重要文章。动态分析与不完全信息进入博弈论，这是经济学家在推动博弈论发展方面做出的巨大贡献。

然而，博弈论真正融入经济学只不过是70年代中期以后的事情。从80年代开始，博弈论才逐渐成为主流经济学的一部分，成为微观经济学的组成部分之一。20世纪70年代中期以后，经济学家开始关心和强调个人理性问题，他们在对效用函数进行深入研究的基础上，发现信息是经济学中的一个非常重要的问题，从而信息问题开始成为经济学家关注的焦点。另外，个人决策有一个时序问题，也就是说，当你做出某项决策时，你必须对在你之前的别人的决策有所了解。你的决策受到你之前的别人决策的影响，你的决策又影响你之后的别人的行为。于是，时序问题在经济学研究中变得极为重要。博弈论正好为信息问题和时序问题提供了有力的研究工具，于是70年代中期以后应用博弈论的经济模型得到了大力发展。到了80年代，博弈论与经济学之间的关系发展到了"你中有我、我中有你"的程度，经济学家开始注意到了博弈论应用于复杂经济问题研究所得到的新发现。理论和应用方面的这些新发现对于研究不对称信息和动态经济行为问题极为有用，从而博弈论成为微观经济学基础的组成部分。

拓展知识三：西方经济学三次革命与新古典经济学

一部西方经济学说史向我们展示的是源自古希腊以来的经济思想、经济学说和经济理论，不断涌流与分化，不断否定与前进，不断创新与发展，形成了一条奔腾不息的智慧长河与信息洪流，形形色色的流派和交错延绵的学说，彰显着学术的勃勃生机与活力。新兴古典经济学的产生和发展，也许是西方经济学这条智慧长河中最新的泉流、很有希望的一股信息流。作为前沿新学派，新兴古典经济学产生的时间虽然不长，但从一开始它就受到广泛的关注和积极的评价，产生了热烈反响。当然，从学科性质、理论体系与思想渊源上讲，新兴古典经济学仍属西方经济学的范畴，但由于以下两方面的原因：第一，它的首创者之一是以杨小凯（Yang）、黄有光（Ng）等为代表的华人或华裔学者，因此，新兴古典经济学被认为是一个有中国背景的新兴经济学前沿学科；第二，更重要的是，它注重对现实经济事实的研究和解释，包括对中国改革开放和经济转型与发展的研究分析，因此，新兴古典经济学有别于某些在抽象和模型化走过了头，一股脑儿钻进阴冷书斋而远离火热现实的纯理论性或数理化的逻辑推演。

一、新古典经济学的困境直接构成新兴古典经济学产生与发展的逻辑起点

现代西方经济学的系统性发展源自亚当·斯密，经大卫·李嘉图、西斯蒙第、穆勒、萨伊等，逐渐形成了一个经典的经济学理论体系，这就是古典经济学（Classical Economics）。在20世纪以后，现代西方经济学历经了"张伯伦革命""凯恩斯革命"和"预期革命"等所谓三次大的革命，形成了包括微观经济学和宏观经济学的基本理论框架，这个框架被称为新古典经济学（Neoclassical Economics），以区别于先前的古典经济学。新古典经济学集中而充分地反映了现代西方主流经济学过去100年间的研究成果和发展特征，它在研究方法上更注重证伪主义的普遍化、假定条件的多样化、分析工具的数理化、研究领域的非经济化、案例使用的经典化、学科交叉的边缘化。"张伯伦革命"摈弃了古典经济学把竞争作为普遍现象，把垄断看作个别例外的传统假定，

认为完全竞争与完全垄断是两种极端情况，更多的是处在两种极端之间的"垄断竞争"或"不完全竞争"的市场模式。他们运用边际分析法，分析了"垄断竞争"的成因、均衡条件、福利效应等，从而完成了微观经济的革命。"凯恩斯革命"使得西方经济学在分析方法上实现了微观分析与宏观分析的分野，从而在理论体系上划分为微观经济学和宏观经济学，而凯恩斯则成为现代宏观经济学的开山鼻祖。凯恩斯完成的理论创新包括：否定了古典经济学关于充分就业均衡的假定及其理论基础"萨伊定律"，认为在通常情况下，总供给与总需求的均衡是小于充分就业的均衡，导致非自愿失业和小于充分就业均衡的根源在于有效需求不足，而有效需求不足的原因又在于"消费倾向、灵活偏好和对资本未来收益的预期这三个基本心理因素"。据此凯恩斯提出的政策建议强调，政府须采取财政政策增加投资，刺激经济，弥补私人市场的有效需求不足，从而实现充分就业，消除产生失业与危机的基础。"预期革命"的演绎逻辑是，货币对产量等经济变量具有重要影响：一方面货币供给的变化可以导致货币存量的随机变动，并由此引起经济波动；另一方面由于经济的这种波动是通过总需求曲线完成的，所以，货币供给的变化将导致总需求的变化，而总需求的变化又将导致经济波动。所以他们认为，从货币政策的角度看，政府干预经济的宏观经济政策是无效的，因而不仅存在"市场失灵"，也存在"政府失灵"。此外，西方主流经济学在20世纪末，以美国经济学家斯蒂格利茨1993年出版新的《经济学》教科书为代表和标志，又开始了第四次"整合"。斯蒂格利茨完成的理论创新在于：一是将宏观经济学的表述直接奠定于扎实的微观经济学基础之上，从而实现对萨缪尔森《经济学》的超越；二是加强对信息问题、激励问题、道德问题、逆向选择问题等新课题的研究并取得新成果和新发展；三是进一步注重政府干预经济的积极作用，认为依靠政府的依法调控，就能实现资源的市场有效配置。

上述西方主流经济学的"革命"或"整合"的实质，是后者对前者的批判、修正、补充和发展。尽管如此，历经多次"革命"和"整合"的新古典经济学，仍然无法摆脱其固有的理论思想和理论体系上的致命缺陷。这些缺陷主要表现在：

（1）对分工和专业化问题的漠视或做外生假设。新古典经济学只是假定分工与专业化的问题已经解决，并把给定的消费者与厂商作为最基本的既定前提，把二者的对立交换关系作为最基础的分析模型，在此基础上仅作产品之间的边际选择分析。

（2）经济增长模型存在严重缺陷。新古典经济学的经济增长理论及其模型，始终不能解释经济的长期增长与发展，不能从理论上阐明穷国越穷、富国越富的原因，未能找到经济增长的微观机制，从而无法建立起经济增长的微观模型。

（3）对经济规模的错误定义。新古典经济学对经济规模无止境的定义，无法解释许多国家（包括发达国家和发展中国家）厂商平均规模并不存在越来越大的趋势。经验数据表明，有的越来越大而有的越来越小，总体呈倒U形变化趋势。

（4）对企业成因的回避。在新古典经济学的模型中，企业和企业制度都被预先假定为外生给定，他们不能解释或回避对企业和企业制度的解释，更无法解释诸如生产外包、特许连锁经营、电子商务等现代商业社会中的种种新现象。

总之，新古典经济学在理论框架、分析范式和分析工具等方面存在的缺陷，既限制了经济学的发展，同时又成为催生新的理论的恰当条件。正是在这样的理论基础前提和思想渊源背景下，自20世纪80年代以后，以澳大利亚华人经济学家杨小凯为代表的一批经济学家，用非线性规划和其他非古典数学规划方法，将被新古典经济学遗弃的古典经济学中关于分工和专业化的精彩经济思想，变成决策和均衡模型，掀起一股用现代分析工具复活古典经济学的思潮。比如，他们以个人专业化水平的决策以及均衡分工水平的演进为基础，重新阐述斯密的分工理论及其对国际贸易原因的论述。他们的研究旨在重新科学地寻找经济增长的微观机制，建立起宏观经济增长的微观模型；他们将新古典经济学关于"经济学是研究稀缺资源在多种经济用途之间进行合理配置的学问"的定义，改变为"经济学是研究经济活动中的各种两难冲突的学问"，其主要任务是对技术与经济组织的互动关系及其演进过程的研究。杨小凯等人提出的新学说得到了越来越广泛的认可，并逐渐形成一个新的经济学流派，这个流派被称为"新兴古典经济学"（New Classical Economics），以区别于新古典经济学（Neoclassical Economics）。

二、新兴古典经济学实现理论创新和研究方法的超越

（1）纠正新古典经济学在研究对象和研究方向上的偏离，重新定义了经济学的研究对象，建立起"消费—生产者"的基本概念，奠定了分析框架的新基础。他们认为，新古典经济学在研究对象和研究方向上偏离了古典经济学，使经济学的研究从专业化和分工问题转向了给定组织下的资源分配问题，使专业化经济被规模经济所取代，使资源配置的Pareto最优总是与外生给定的最高总产量可能性边界相联系。他们认为，这种偏离是导致新古典经济学理论体系致命缺陷的根本原因。所以，必须纠正这种偏离，把经济学的研究重新拉回到正轨上来。因此，新兴古典经济学重新定义了研究对象和研究方向，重新强调了"分工"和"专业化"的概念，改变了新古典经济学关于消费者与生产者对立的基本假定，建立起"消费—生产者"的概念，将分析框架建立在以个人自利决策交互作用的基础之上，同时在模型中引入交易费用，又内生出企业制度、经济增长、递增报酬、厂商规模等现象。新兴古典经济学的增长模型将企业制度在分工中内生，在企业理论中直接注入了经济增长的含义，从而克服了新古典增长理论中的缺陷。

（2）在研究方法上实现了扬弃和超越。新古典经济学惯用的分析方法是边际分析方法，而新兴古典经济学不仅运用边际分析方法，而且运用超边际分析方法（Inframarginal Analysis），实现了研究方法上的创新。在新兴古典经济学的基础模型中，通常假定社会由2个人组成，每个人必须消费食物和衣服2种产品，同时每个人在每种产品上有3个变量可选择：一是自给自足量，二是购买量，三是销售量。这样，2种产品就有6个变量。每个变量的取值既可为正也可为零，由此，全社会成员（2个人）对所有

产品（2种产品）的最优决策，共计有 23 ×2 =64 个可能的角点解和内点解。所谓角点解是指当一个决策变量的最优值取其最大值或最小值（为0）时的点解，而内点解则是指当决策变量最优值的取值均在其最大值和最小值（不为0）之间时的点解。在上例64个解中，有1个内点解和63个角点解。如果产品数量增加，其可能的角点解将变成一个天文数字。然而，杨小凯运用库恩—塔克定理排除了一些非优化的角点解和内点解，使可能的最优解范围大大缩小，而后文玫（Wen，1996）将这一方法推广到一般准凹效用函数和非常一般的生产条件，形成的方法被称为"文氏定理"（Wen Theory）。根据文氏定理，可能成为最优决策解的数目要比所有可能的角点解和内点解之和少得多。在上例中，实际上只有基于3种选择组合的3个角点解为最优解：第一种组合是食物和衣物都自给自足，没有专业分工，也没有交易和交易成本；第二种组合是专业生产食物，用卖出食物的钱购买衣物；第三种组合是专业生产衣物，用卖出衣物的钱购买食物。除此以外，其他的组合都不是最优解。以文氏定理为基础，超边际分析分为三个步骤：第一步，利用文氏定理排除那些不可能成为最优的角点解；第二步，对剩下的每一个组合（角点解）用"边际分析"方法求解，求出每一个局部最优值；第三步，比较各组合之间的局部最大目标函数值，整体最优解就是一般均衡最优解。由此可见，超边际分析方法既脱胎于边际分析，包含边际分析，更超越了它。由于新兴古典经济学假定人们既是消费者又是生产者，所以根据超边际分析，他们不但在消费各种产品之间作边际选择，更要在专业生产何种产品上作超边际选择。实际上，他们的选择还要涉及出售多少产品、是否雇用工人等，这些就是多项超边际选择了。

（3）重新定义重要基本范畴，为建立新的理论框架和分析范式铸成了所必需的理论基石。这些基本范畴包括：分工，专业化，两难冲突，交易费用，交易效率（与交易费用成反比），内生和外生等。新兴古典经济学运用这些基本概念对经济现象和经济过程提出新的解释，并由此发展出新的理论学派。例如关于交易费用的研究。新兴古典经济学认为，应将交易费用区分为外生的交易费用和内生的交易费用，并由此建立其新的产权理论。他们认为，新古典经济学只是研究了外生的交易费用，而未涉及内生的交易费用。外生交易费用是交易过程中直接或间接发生的、并非由于决策者利益冲突导致的交易费用，包括运输过程中的资源消耗以及用于生产、通信、运输及交易过程中的交易设施等。新兴古典经济学着重研究和定义了内生交易费用的新概念，提出内生交易费用可分为广义和狭义，广义内生交易费用是指只有在所有参与者都已做出决策之后才能确定的交易费用；狭义内生交易费用则是指市场均衡与Pareto最优之间的差别，即人们在交易中争夺分工好处的机会主义行为引起的交易费用，包括外部性、垄断权以及扭曲等，它与个体的决策、制度及合约的安排有关。他们认为，研究内生交易费用的意义在于：可根据两难冲突将垄断和外部性程度内生化，有助于研究道德风险和信息不对称引起的交易费用，可用博弈模型直接研究策略行为之间的交互作用等。再例如关于贸易（包括国际贸易）的解释。新兴古典经济学认为，专业化生产与多样化消费造成贸易的两难冲突。因为，专业化生产意味着高效率，多样化消费则意味着高效用,而消费的效用越高实现消费的交易费用也越高。因此,由专业化生产带来的比较优势效益就与交易费用形成了冲突。如果交易费用很大,超过了专业化生产带来的效益,则均衡结果就只能取消分工,选择自给自足的方式;这时效用最大,生产水平处于可能性边界之内,水平较低。反之,如果专业化生产带来的效益超过了交易费用,则必然出现分工,而且随着交易费用的逐渐降低,分工呈现跳跃式发展趋势,从局部的分工到全面的分工;这时生产水平得以提高,处于可能性边界上。这一均衡结构是由交易双方的相对人数、相对偏好和相对生产率所决定的。交易效率的提高带来了劳动分工的演进,进而伴随着诸如经济发展、贸易增长、市场结构变化等拓扑性质的变化。

(4) 构建起新的理论体系。新兴古典经济学沿着如下主线实现理论创新,发展并建立起新的理论框架体系:产权界定、合约执行——(内生、外生)交易费用——专业化和分工——市场化、竞争程度与协调失灵的风险。他们认为,为了减少交易中的不确定性,避免高分工的协调失灵风险,可以采用三种办法:一是构筑保险市场。二是明确界定产权。他们认为,合理的产权制度选择,在相当程度上是一个自发的内生过程,国家政府对于公共资产的产权设置,基本上决定于最终的内生和外生交易效率的替代选择。当然,明确产权可能产生较高的外生交易费用,同时还带来竞争程度与分工水平及协调可靠性之间难以兼顾的两难冲突。三是加强同行竞争,包括纵向和横向的竞争。他们认为,竞争会大大推动分工和市场的发育,增强消费者对生产者的控制能力,催生和促进私有产权制度。新兴古典经济学的理论构架和分析范式,可以将很多经济发展和贸易现象解释为分工演进的不同侧面,可以解释企业的出现和企业内部组织的均衡意义,可以解释交易费用和制度对分工和生产力演进的意义,可以解释货币出现、景气循环等宏观现象,因此,它突破了新古典经济学的局限和缺陷。

(5) 突破新古典经济学的分析框架,在新的基础上探索出"宏""微"有机联系的全面均衡分析框架。新兴古典经济学认为,经济学的分析框架不外乎四个层次:第一个层次是人们做决策前的经济环境。经济学家通常用一些数学函数来描述这一基础层次,比如,用效用函数描述人的嗜好和欲求,用生产函数描述生产条件,用预算约束描述制度环境,用博弈论中的游戏规则描述经济制度等。第二个层次是用数学中的最优决策理论分析个体的自利行为,用自然及制度环境来解释人的自利行为。这一层次的分析一般被称为决策的比较静态分析,即环境变化时最优决策会如何做出反应。第三个层次是用均衡概念分析不同个体的自利行为交互作用所产生的结局,用自然及制度环境解释不同人自利行为交互作用的后果。这一层次的分析一般被称为均衡的比较静态分析,即当环境变化时,对自利行为交互作用所产生的结局会如何变化的分析。如果在第二个、第三个层次的分析中,加入时间因素,就可实现对动态决策和动态均衡的比较动态分析。新兴古典经济学认为,第一个、二个、三个层次的分析都是实证分析。在实证分析中,经济学家一般运用思想实验的方法,探究在什么条件下什么事会发生这类实证性问题。第四个层次则是与价值判断有关的所谓福利分析或规范分析。

在这个层次上，经济学家会提出什么是对全社会最好的经济状况这类涉及价值判断的问题。通过对自利行为交互作用所产生的后果进行福利分析，他们会得出这种后果对全社会是否有利的价值判断。新兴古典经济学认为，新古典经济学主要是在第一个、二个、三个层次上进行分析，局限在全面均衡框架内的静态或动态竞争均衡，并且由于存在规模收益递减，难以达到 Pareto 最优，因此其理论对现实的解释力被大大削弱了。新兴古典经济学则在此基础上进行了基于多个两难冲突的均衡分析，突破了原有框架，使全面均衡得以建立；并且，这种全面均衡是建立在微观的角点均衡和资源的 Pareto 最优配置的基础上的，这种整体 Pareto 最优既涵盖了最优资源配置又涵盖了最优分工结构，所以它可以更好地解释宏观经济增长。这样，新兴古典经济学就将微观基础与宏观增长有机联系起来，从而为回归经济学"大一统"的框架做出了具有重要意义的探索。

（6）找到了解释企业产生的原因和条件的依据，对企业成因做出了全新的解释。新兴古典经济学认为，新古典经济学无法解释企业产生的原因，只好把它作为建立基本经济模型的既定前提，由此分析推演出的理论学说，对现实经济现象和经济过程的解释力遭到很大削弱。新兴古典经济学的创新在于，用劳动的交易效率来解释企业的产生。他们认为，劳动的交易效率与中间产品交易效率的比较是关键。若劳动的交易效率大于中间产品的交易效率，则分工会通过劳动市场和厂商来组织，从而促使企业产生，以体现分工的要求和效率。若生产中间产品的劳动交易效率小于生产最终产品的劳动交易效率，则中间产品专家会成为企业的老板；反之则由最终产品专家充当企业老板。他们认为，作为一种巧妙的间接定价方式，企业家享有的剩余权促进了分工，催生了企业，因而是经济增长的原动力。此外，新兴古典经济学还提出了对城市化、工业化和层级结构等现象进行解释的思路。

（7）建立起新的经济增长动态模型。新兴古典经济学认为，对专业化和分工的忽视回避，是导致新古典经济学经济增长模型缺乏微观基础、缺乏解释力的根源；又由于其经济增长模型是在全面均衡分析的框架内发展的，模型中只有动态竞争均衡而不存在 Pareto 最优，是新古典经济学增长模型的重大缺陷。正是这种理论缺憾，促成了新兴古典经济学构建新增长模型的创新空间。新兴古典经济学重点研究了经济增长的微观动态模型，并取得了理论创新的突破。他们认为，作为经济增长内在原动力的专业化和分工水平，应当是内生的而不是外生的，也就是说，即使外界技术、环境、制度等因素均保持恒定，在社会生产的条件下，分工水平也会自发地提高，从而推动经济持续增长。由此，新兴古典经济学构建起分工的内生演进模型，其内生增长理论研究的动态决策包括两个冲突：一是专业化生产加速学习过程的动态效果与交易费用的冲突，二是当前消费与未来消费之间难以兼顾的冲突。但他们强调，演进的过程是一个良性循环：起点是自给自足的生产，由于很低的生产率，负担不起交易费用；随着生产经验的积累，生产率的稍微提高，能够负担起一定的交易费用，这时可以选择稍高的专业化水平；进一步地通过市场的自由择业和自由价格机制，使得整个社会的分工水平得以提高；随着生产经验积累和生产技术改进的进一步加速，生产率也加速提高，使得承担交易费用的能力增强，从而推动更高水平专业化的实现。这个循环累进过程的持续，最终必然会导致一国经济的起飞。新兴古典经济学的这一增长模型有两个重要突破：一是研究了经济增长的微观机制，摒弃了新古典经济学将生产与消费绝对分开的做法；二是体现了竞争均衡和 Pareto 最优的一致性。综上所述，新兴古典经济学针对新古典经济学的缺陷与困境，运用现代分析工具，对经济学的研究发展进行了古典回归，建立起新的学派，创制出新的分析框架和研究范式，对经济现象和经济过程提出新的解释。这个学派正受到广泛的关注和越来越多的认可。当然，作为一个新学派，新兴古典经济学尚有一个发展完善的过程，尚存在一些缺陷与不足，一些有待商榷的偏颇和失当。比如，他们忽视预测、计划、制度和政府的作用，否认规模经济的存在，热衷于运用学说作广泛的解释，力图创制出一种可以解释一切现象和过程的全能学说。对这些缺陷或不足，与其看成是其本身所固有的，不如看成是这个新兴学派的发展空间。无论如何，在研究起点、研究方法、分析范式、分析工具、理论创新、经济解释和政策建议等方面的重大突破与跨越，对新兴古典经济学来说，是尤为重要和关键的。

三、新兴古典经济学的时代特征与创新机制

新兴古典经济学的兴起不是偶然的。20 世纪 80 年代，西方经济发展加速，信息及网络技术冲击原有的经济格局和发展路径，经济结构不断更新，经济制度创新活跃，新经济成分和因素不断涌现。而随着新经济时代的到来，新古典经济学却日渐失去其光芒，对经济发展现状及其过程中不断涌现的新情况、不断呈现出的新特征日渐解释乏力，甚至不知所措。这是新兴古典经济学产生的历史背景。现代西方经济学历经 200 年延续、分化和发展，成长为一门蔚为壮观的学科门类，在它的庞大体系中，实证分析与规范研究相得益彰，思辨推演与案例解说交相辉映，逻辑的演绎和历史的归纳并行不悖，正是自古典经济学到新古典经济学源远流长的思想源泉、丰厚肥沃的理论土壤和一代又一代经济学家勤奋探索取得的辉煌研究成果，为新兴古典经济学的产生和兴起奠定了基础。这个新学派产生的时间不长，人们对它的理论框架、研究范式和分析方法，以及它呈现出的理论特色，它对经济学发展的贡献等，也还需要一个认识过程。但可以肯定的是，新兴古典经济学的产生，特别是它所反映出的对现实经济现象及其特征的不凡解释力，对于经济学的发展是一大幸事，对经济学研究者是一大鞭策和鼓舞。我们有必要关注这一新流派的产生和发展。紧随社会经济发展的脚步研究时代提出的现实和理论问题，由各种学说充分而自由地争辩交锋，是西方经济学 200 多年来保持活力与生机，不断取得进步发展的动力和特色。在学术研究上，成长起来的是"大家"而不是权威，更少有迷信和盲崇。在理论发展上，后者对先人既有继承和发展，更有修正和批判，从而营造出经济学发展的勃勃生机，开创出突破性发展的崭新空间。新兴古典经济学的产生和兴起，是西方经济学说发展史上的新进展，是上述

理论创新机制的新体现，是对新古典经济学的批判，对古典经济学的传承。从这批判与传承中，我们看到了新兴古典经济学闪烁着创新的智慧之光。亚当·斯密的古典经济学是研究财富增长的学说，他在《国富论》中强调分工和专业化是经济增长的源泉与途径，而分工和专业化则是一个经济组织问题。因此，古典经济学主要研究的问题就是如何改变经济组织，使分工得以扩大，专业化得以加深，从而可以生产更多的产品，或以更低的成本生产产品。以对分工和专业化的深刻研究为基点，在分工理论的基础上斯密提出了一系列经济学说：分工效率与交易费用的比较差别，决定了工农业生产率的差别；分工水平由市场大小决定；市场可以自发协调分工，因而不需要政府干预；分工使产量大增，从而使每一个劳动者都有大量的产品可以充分地出售，而自己所需要的产品其他人也可以充分地供给，这种由分工导致的产品逐渐充裕的过程，也就是整个社会逐步富裕的过程。李嘉图把斯密的分工理论运用到国际贸易，提出了比较成本学说。马歇尔的《经济学原理》被认为是新古典经济学形成的代表作，但它仍然继承了古典经济学的衣钵。因为《经济学原理》在关注资源配置问题的同时，仍然关注分工与专业化问题，并提出了新的见解。只是囿于当时数学工具的缺乏，马歇尔未能将他的新见解加以数学化。这一缺失，无论对马歇尔还是对其后的经济学的演化发展，都产生了重大影响。其后的经济学家在运用数学工具对资源配置问题进行边际分析时感到的得心应手，牵引着他们逐渐遗弃对分工和专业化问题的研究，专注于资源配置问题和理论研究范式的数理化、模型化，从而走向了新古典经济学。凯恩斯的《通论》将经济学的基本模型从两部门模型扩大至三部门模型，把政府作为与消费者和企业并行的经济行为主体，提出了政府干预。

四、西方经济学三次革命的深刻影响

（一）张伯伦革命的影响

亚当·斯密以后的两百多年里是自由资本主义发展的鼎盛时期，那时垄断还是个别现象。当资本主义进入垄断阶段之后，经济学理论已无法对其进行解释，现实世界中的普遍垄断现象开始引起经济学家的关注。从19世纪初的西斯蒙第、穆勒、麦克库洛赫，到19世纪末和20世纪初的马歇尔、古诺、埃奇沃斯、西奇威克，尤其是庇古和斯拉法，他们早已对垄断理论和市场的不完全性作了大量的研究。但问题在于，他们始终沿袭着"斯密传统"，即将自由竞争作为普遍现象而把垄断作为例外来构造他们的理论框架。

一直到20世纪30年代中期，美国哈佛大学的张伯伦和英国剑桥的罗宾逊夫人分别出版了《垄断竞争理论》和《不完全竞争经济学》，才正式宣告"斯密传统"的彻底结束。

始于张、罗二人的"张伯伦革命"的主要贡献在于：他们摈弃了长期以来以马歇尔为代表的新古典经济学把"完全竞争"作为普遍的而把垄断看作个别例外情况的传统假定，认为完全竞争与完全垄断是两种极端情况，提出了一套在经济学教科书中沿用至今的用以说明处在两种极端之间的"垄断竞争"的市场模式，并在其成因比较、均衡条件、福利效应等方面运用边际分析的方法完成了微观经济的革命，将市场结构分成了更加符合资本主义进入垄断阶段实际情况的四种类型。

"张伯伦革命"的经济学意义就在于，20世纪中期宏观经济学之所以能够得到长足的发展，其天然逻辑的发展起点就是对垄断的分析，从这个起点出发，恰恰使得西方经济学比较正确地描述和表达了百年经济历史的本质和现状。

（二）预期革命的影响

"预期革命"是从20世纪70年代发展起来以美国罗·卢卡斯、托·萨金特、罗·巴罗、尼·华莱士等学者为代表的新古典宏观经济学，因使用"理性预期"这一重要经济学概念并以此建立起其理论体系而被普遍称为"理性预期学派"。

他们认为，虽然凯恩斯也曾反复讲到预期，但他的预期只是适应性预期，具有随机性，没有理性的解释，即属于"后向预期"，这是因为凯恩斯主义是一个充满矛盾的体系，其假设前提是错误的：

1. 凯恩斯主义中的当事人不以追求最大化为目标。

2. 同一经济人在不同函数和方程中具有不同的行为。新古典宏观经济学提出的假定条件正好与上述两个假定相反。

3. "理性预期"假定市场是连续出清的，即通过工资和价格的不断调整，供给总是等于需求，处于均衡状态。

从这三个假定出发，卢卡斯的演绎逻辑是，货币对产量等其他经济变量具有重要影响：一方面货币供给的冲击导致货币存量的随机变动，由此引起经济波动；另一方面由于货币供给的冲击引起经济波动是通过总需求曲线完成的，所以，货币供给的冲击将导致需求的变化；这样，总需求的干扰将导致经济波动。既然从货币政策的角度来看政府赖以干预经济的宏观经济政策无效，因而不仅存在"市场失灵"，也存在"政府失灵"（"政策无效性"可以被一般化，即"政府失灵论"）。

"理性预期"被称为20世纪西方经济学的"预期革命"，对20世纪经济学产生了重大影响，"理性预期"作为一种宏观分析工具在西方经济学中已被广泛采用，甚至被它的论敌使用，并且在股票、债券、外汇市场的运行分析中也得到了广泛应用。虽然总体上讲"理性预期"已进入西方主流经济学工具箱之中，但也有许多经济学家指出用任何"预期失误"或信息不完善性来解释经济周期都是缺乏说服力的，认为"理性预期"有许多局限性和本身不可克服的缺陷。例如，20世纪80年代开始斯蒂格利茨等新凯恩斯主义经济学家对合理预期提出了批判，对政府干预的思想重新作了表述：市场出清还是非市场出清，政府失灵还是市场失灵，政策无效还是政策有效，这是新古典宏观经济学和新凯恩斯主义经济学的理论观点和政策主张分歧的关键所在。

此外，"理性预期学派"作为新自由主义思潮的一个重要流派，其"政府失灵论"的逻辑演绎结果与公共选择等学派一起共同向凯恩斯主义提出了严重挑战。1956年美国麻省理工学院巴托教授首次创造并使用了"市场失灵"这一概念，并将市场垄断视为"市场失灵"的现象之一,"市场失灵"一词随即便风靡半个世纪;到70年代"滞胀"时期,以布坎南为首的公共选择学派针锋相对地提出了"政府失灵";在20世纪的最后十几年里,人们可以发现,"市场失灵"与"政府失灵"的概念充斥于经济学文献,它们针锋相对,难分胜负,没有赢家,形成了独特的20世纪末没有经济学"主流"的理论"真空"状态。

(三) 凯恩斯革命的影响

20世纪30年代的大危机无论在西方经济史还是在经济学说史上都是一个重大的转折。长期处于支配地位的经济自由主义由此退潮,经济学家纷纷转变立场,鼓吹政府干预。大危机以后,早在1926年就发表了《自由放任主义的终结》的英国经济学家凯恩斯,在"罗斯福新政"的背景下,于1936年发表了《就业、利息和货币通论》一书,批判传统理论,系统提出了国家干预经济的理论和政策,并立即在西方世界产生了巨大影响,本书的出现被称为"凯恩斯革命"。凯恩斯否定了传统理论的重要基础,即"供给自行创造需求"的萨伊定律,认为在自由放任的条件下,有效需求(即社会总需求)通常都是不足的,所以市场不能自动实现充分就业的均衡。按照凯恩斯的观点,总就业量决定于总供给价格与总需求价格均衡时的总需求量,即决定于有效需求(也就是有支付能力的社会总需求,它包括消费需求和投资需求两部分)。在通常情况下,有效需求总是不足的,其根源在于三个"心理规律":一是边际消费倾向递减,即增加的收入中用于消费的部分减少,这就造成消费需求不足;二是资本边际效率递减,即增加投资时的预期利润率降低,这会造成投资需求不足;三是流动偏好,即人们出于多种动机总是要把一定数量的货币保持在手里。因此,为了吸引这些货币,利息率就不能太低,这样,当投资的预期利润率低于或接近利息率时,人们就不愿投资,从而导致投资需求不足。凯恩斯认为,市场机制不能解决由这些原因引起的有效需求不足问题,所以不能自动地使经济达到充分就业时的均衡,就是说由于有效需求不足,社会上总会存在"非自愿失业"。因此,凯恩斯理论的政策含义就是要通过政府干预措施来扩大有效需求。这种干预被称为"需求管理"。凯恩斯所特别强调的是运用财政政策,而且是赤字财政政策来干预经济。由此,凯恩斯否定了传统的国家不干预政策,力主扩大政府机能,通过政府干预来弥补有效需求的不足,实现充分就业。"凯恩斯革命"为政府的反危机措施提供了理论根据,标志着国家干预主义的兴起。不过,西方世界走出20世纪30年代的大萧条,并不是运用凯恩斯理论和政策主张的结果,而主要是由于第二次世界大战。战争的爆发使严重的失业问题迅速消失,使萧条的经济迅速转入战时的高涨。凯恩斯理论真正对各国政府的经济政策产生巨大影响,是"二战"以后的事。"二战"后,鉴于30年代大危机的教训,西方各国政府均把维持经济的稳定增长,促进充分就业作为重要的施政目标。在这种情况下,凯恩斯理论遂成为各国政府推行经济政策的指导思想,在凯恩斯理论的基础上进一步扩充、发展起来的凯恩斯主义经济学也成为宏观经济学的标准理论,凯恩斯主义按照"逆经济风向行事"和"相机抉择"的原则,运用财政政策和货币政策进行"需求管理"的方式亦成为政府宏观调控的基本方式。"二战"后直至20世纪70年代初，普遍推行凯恩斯主义的西方世界的经济增长相当快速，且未出现过严重的经济危机。在此期间，凯恩斯主义盛极一时。凯恩斯主义主要倡导政府以财政政策和金融政策对经济进行干涉，而新古典学派则倡导经济的市场自由化，反对政府从中进行干涉。

凯恩斯革命的重要意义还在于取得如下五方面的重大突破：

1. 否定了传统经济学萨伊定律即"供给会自动创造需求"，因而不存在经济危机，明确承认经济危机的存在及严重破坏性。

2. 摒弃了传统经济学的亚当·斯密"看不见的手"的机理，不相信市场机制的完善性和协调性，认为经济危机不可能通过市场机制的自动调节而恢复均衡，坚决主张：采用强有力的政府干预，对严重的经济危机进行紧急抢救。

3. 否定了传统经济学在经济危机病因探索方面的"外因论"，转而寻找不稳定的内在结构，认为"有效需求不足"是主要原因，从考察生产就业和收入的决定因素入手，创立了有效需求原理及三大心理定律。

4. 开创了现代宏观经济分析，研究总就业量、总生产量和国民收入及其变动的原因，以区别于单个商品、单个厂商、单个消费家庭之经济行为的微观经济分析。

5. 摈弃传统的健全财政原则，主张膨胀性财政政策，主张扩大政府开支，赤字预算和举债支出。

附录

练习题参考答案

- 练习题参考答案（一）
- 练习题参考答案（二）
- 练习题参考答案（三）
- 练习题参考答案（四）
- 练习题参考答案（五）
- 练习题参考答案（六）
- 练习题参考答案（七）
- 练习题参考答案（八）

练习题参考答案（一）

（一）单项选择题

1. D 2. B 3. C 4. B 5. C 6. B 7. C 8. C 9. A 10. D 11. C 12. D 13. B 14. B 15. A

（二）判断题

1. × 2. × 3. √ 4. × 5. × 6. √ 7. × 8. × 9. √ 10. √ 11. √ 12. × 13. × 14. √

（三）简答题

1. 答：西方经济学的研究对象是经济资源的配置和利用。西方经济学认为经济学是研究人与社会寻找满足他们的物质需要与欲望的方法的科学，是研究如何利用稀缺的资源最大限度地满足人们需要的科学，是研究稀缺资源在各种可供选择的用途中间进行合理配置的科学。

2. 答：微观经济学是研究家庭、厂商和市场合理配置经济资源的科学，以单个经济单位的经济行为为对象，以资源的合理配置为要解决的主要问题，以价格理论为中心理论，以个量分析为方法，其基本假定是市场出清、完全理性、信息充分。宏观经济学是研究国民经济的整体运行中充分利用经济资源的科学，以国民经济整体的运行为对象，以资源的充分利用为要解决的主要问题，以国民收入理论为中心理论，以总量分析为方法，其基本假定为市场失灵、政府有效。

3. 答：稀缺性是指人们的欲望总是超过了能用于满足欲望的资源的状态。这里的稀缺不是指这种资源是不可再生的或者可以消耗尽的，也不是指这种资源的绝对量是稀少的，而是指在给定的时间内，与人类需要相比，其供给量总是不足的。稀缺性是客观存在的，人类之所以有经济行为，之所以要从事生产、分配、交换、消费的经济活动，是由于人类的欲望和由此引起的对物品和劳务的需求是无限多样且永不停止的。可是，用来满足这些无限需求的手段即用来提供这些物品和劳务的生产资源是稀缺的。稀缺性是任何社会和任何时期人们都会面临的一个基本事实，它反映了欲望的无限性和资源的有限性的矛盾，正是这种矛盾引起了人类各种各样的经济活动，并产生了大量的经济问题。由稀缺性产生的经济问题主要有三个方面：第一，生产什么。面对稀缺的经济资源，人们需要权衡各种需要的轻重缓急，确定生产什么物品，生产多少，何时生产，以满足比较强烈的需要。第二，如何生产。由于各种生产要素一般都有多种用途，各种生产要素之间也大多存在着一定的技术替代关系，所以同一种产品的生产往往可以采用多种方法，经济社会必须在各种可供选择的资源组合中，选择一种使得成本最低、效率最高的组合。第三，为谁生产。因为存在稀缺性，没有人能获得他想要的一切，每个社会都必须建立某种机制来为其成员分配产品。以上三个问题构成了资源配置问题，正是为了解决这些问题，才产生了经济学。

4. 答：所谓理性人假设是指作为经济决策的主体都是充满理智的，既不会感情用事，也不会盲从，而是精于判断和计算，其行为是理性的。在经济活动中，主体所追求的唯一目标是自身经济利益的最大化。比如消费者追求的是效用的最大化，生产者追求的是利润的最大化。这个假设是由经济学家亚当·斯密的经济人假设被继承和发展得来的，犹如哲学一般是一个由具体的现象所抽象出来的概念。这个被抽象出来的基本特征就是：每一个从事经济活动的人都是利己的。也可以说，每一个从事经济活动的人所采取的经济行为都是力图以自己的最小经济代价去获得自己的最大经济利益。理性人也就是经济人的特征被概括为两点：一是在经济活动中，无论人们做什么事，其动机都是趋利避害，是利己的；二是理性人所做的事情都是完全理性的，也就是每个人都能通过趋利避害原则来对其所面临的一切机会和目标及实现目标的手段进行优化选择。

5. 答：在微观经济学中实证分析回答的主要是是什么的问题，这其中不涉及价值判断，而规范分析回答的则是应该是什么的问题，一般以一定的价值判断为基础。这两种方法都可以研究选择问题，但有三点不同：第一，对价值判断的态度不同。实证方法为使具有客观性而强烈排斥价值判断；规范方法要评价或规范经济行为则以一定的价值判断为基础。第二，要解决的问题不同。实证分析要解决"是什么"的问题，即确认事实本身，研究经济现象的客观规律和内在逻辑。规范分析要解决"应该是什么"的问题，即经济现象的社会意义。第三，实证分析得出的结论是客观的，可以用事实进行检验；规范分析由于带有强烈的主观色彩，牵扯到个人道德准则和好恶的价值判断，是无法证明其正误、真伪的。

6. 答：第一，重商主义阶段（15世纪至17世纪中期）。

主要理论：认为财富的产生源于流通，唯有金银才是财富的唯一形态，除开采金银矿，对外贸易是增加财富的源泉，因为内部贸易只会改变一国内部财富分配，而不会增加这个国家的财富总量，只有通过在对外贸易中外贸出超，使大量金银输入，才能增加本国财富。

第二，古典经济学阶段（17世纪中期至19世纪70年代）。

主要理论：①将研究眼光从流通领域转向生产领域；②第一次系统提出劳动价值

论，提出商品的价值由生产该商品所耗的劳动时间决定；③提出较系统的分工理论，认为分工可以提高劳动生产率；④提出经济人的假设；⑤提出"看不见的手"原理，经济人在追求自己利益的同时，往往更有效地促进社会的利益。⑥比较优势学说。主张各国根据自己资源的比较优势从事生产，然后再通过国际分工和自由贸易实现自身比较利益。⑦主张自由放任的政策，反对政府干预。

第三，新古典经济学阶段（19世纪70年代至20世纪30年代）。

主要理论：①用效用价值论（主观价值论）取代马克思的劳动价值论；②边际分析方法；③对微观经济主体的经济行为和市场机制运行过程和调节机理作更为精密的分析阐述。④资本主义市场价格调节能够自行实行社会资源的有效配置，保证资本主义经济在充分就业的条件下均衡地发展。因此，政府不必干预经济，应该信守自由放任的原则。

第四，凯恩斯主义阶段（20世纪30年代至70年代）。

主要理论：将视角又放回宏观领域，从国民收入决定分析出发，提出资本主义经济危机是由"有效需求不足"引起的。在"边际消费倾向递减规律""资本边际效率递减规律"和"灵活偏好规律"作用下，社会对消费品和投资品的需求是不足的，所以总需求往往不是等于总供给而是小于总供给。总需求的不足是资本主义经济危机的主要原因，政府必须干预以刺激总需求。

第五，后凯恩斯主义阶段（兴起于20世纪70年代）。

主要理论：①将凯恩斯的短期、比较静态分析拓展为长期、动态化分析；②后凯恩斯主义反对新古典综合派恢复传统经济学均衡分析方法；③强调收入分配理论；④批判边际生产力分配论；⑤强调货币会导致资本主义经济不稳定；⑥重视规范分析的方法。

练习题参考答案（二）

（一）单项选择题

1. A　2. B　3. B　4. A　5. B　6. B　7. D　8. C　9. B　10. B　11. B　12. A　13. D　14. C　15. A　16. B　17. B　18. A

（二）判断题

1. ×　2. ×　3. √　4. ×　5. ×　6. ×　7. ×　8. √　9. ×　10. √　11. √　12. ×　13. ×　14. √　15. ×　16. √　17. √　18. ×　19. √　20. ×

（三）计算题

1. 解：（1）由 $50-5P=-10+5P$，得到 $P=6$，$Q=20$

（2）由 $60-5P=-10+5P$，得到 $P=7$，$Q=25$

（3）由 $50-5P=-5+5P$，得到 $P=5.5$，$Q=22.5$

2. 解：由已知条件 $Q=MP^{-N}$，可得：

$$E_d = -\frac{d_Q}{d_P} \cdot \frac{P}{Q} = -(-MNP^{-N-1}) \cdot \frac{P}{Q} = \frac{MNP^{-N}}{Q} = \frac{MNP^{-N}}{MP^{-N}} = N$$

$$E_M = \frac{d_Q}{d_M} \cdot \frac{M}{Q} = P^{-N} \cdot \frac{M}{MP^{-N}} = 1$$

3. 解：(1) 关于 A 厂商：由于 $P_A = 200 - Q_A = 150$，且 A 厂商的需求函数可以写成 $Q_A = 200 - P_A$，于是，A 厂商的需求的价格弹性为：

$$E_{dA} = -\frac{d_{QA}}{d_{PA}} \cdot \frac{P_A}{Q_A} = -(-1) \cdot \frac{150}{50} = 3$$

关于 B 厂商：由于 $P_A = 300 - 0.5Q_B = 250$，且 B 厂商的需求函数可以写成 $Q_B = 600 - P_B$，于是，B 厂商的需求的价格弹性为：

$$E_{dB} = -\frac{d_{QB}}{d_{PB}} \cdot \frac{P_B}{Q_B} = -(-2) \cdot \frac{250}{100} = 5$$

(2) 因为 $\Delta Q_A = 40 - 50$，所以 $\Delta P_B = (300 - 0.5 \cdot 160) - (300 - 0.5 \cdot 100) = 220 - 250$

$$E_{AB} = \frac{\Delta Q_A}{\Delta P_B} \cdot \frac{P_B}{Q_A} = \frac{40-50}{220-250} \cdot \frac{250}{50} = \frac{5}{3}$$

(3) B 厂商生产的产品是富有弹性的，其销售收入从降价前的 $TR_B = 250 \cdot 100 = 25\,000$，增加到降价后的 $TR'_B = 220 \cdot 160 = 35\,200$，所以降价行为对其而言，是个正确的选择。

4. 解：(1) 由于 $E_d = -\dfrac{\dfrac{\Delta Q}{Q}}{\dfrac{\Delta P}{P}}$，于是有：

$$\frac{\Delta Q}{Q} = -E_d \cdot \frac{\Delta P}{P} = -(1.3) \cdot (-2\%) = 2.6\%$$

所以当价格下降 2% 时，商品需求量会上升 2.6%。

(2) 由于 $E_M = -\dfrac{\dfrac{\Delta Q}{Q}}{\dfrac{\Delta M}{M}}$，于是有：

$$\frac{\Delta Q}{Q} = -E_m \cdot \frac{\Delta M}{M} = (2.2) \cdot (5\%) = 11\%$$

即消费者收入提高 5% 时，消费者对该商品的需求数量会上升 11%。

5. 解：由 $E = \dfrac{-10\%}{\dfrac{\Delta P}{P}} = -0.15$，得 $\dfrac{\Delta P}{P} = \dfrac{10}{15}$，由 $P = 1.25$，故 $\Delta P = 0.83$

所以汽油价格上涨 0.83 美元才能使其消费量减少 10%。

(四) 简答题

1. 答：需求是指居民在某一特定时期内，在每一价格水平下愿意并且能够购买的某种商品量。影响需求的因素：商品本身的价格、相关商品的价格、消费者的收入水平和社会收入分配的平均程度、消费者的偏好、消费者对价格的预期、人口数量与结构的变动、政府的宏观经济政策。

2. 答：供给是指在一定的时期，在一个既定的价格水平下，生产者愿意并且能够生产的商品数量。影响供给的因素：供给商品的价格、厂商的经营战略、相关商品的价格、生产技术的变动、生产要素的价格、政府的政策、生产者的预期。

3. 答：需求量是在某一时期内，在某一价格水平上，居民户（消费者）购买的商品数量。商品价格的变动引起购买量的变动，我们称之为需求量的变动。它表现为该曲线上的点的变动。需求是在一系列价格水平下的一组购买量，在商品价格不变的条件下，非价格因素的变动（如收入变动等）所引起的购买量变动称为需求的变动。它表现为需求曲线的移动。

4. 答：供给量是指某一时期内，在某一价格水平时，厂商提供的商品数量。商品价格变动引起生产能力的扩大或缩小，称之为供给量的变动，它表现为沿供给曲线变动。供给是在一系列价格水平时的一组产量，在商品价格不变的条件下，非价格因素的变动（如技术进步、生产要素价格变动）所引起的产量变动，称为供给的变动，它表现为供给曲线的移动。

5. 答：均衡价格是指需求曲线与供给曲线交点上的价格，此时需求价格等于供给价格，需求数量等于供给数量。均衡价格由市场上对立而又变动着的供求关系决定，在市场机制对供求进行自发调节的过程中形成。当需求量大于供给量时，价格上升，从而导致需求量减少，供给量增加；当供给量大于需求量时，价格下降，从而导致供给量减少，需求量增加。最终形成需求曲线与供给曲线相交的价格。

6. 答：影响商品供求关系的非价格因素的变动对价格和产量的影响我们称之为供求定理。第一，需求的增加引起均衡价格上升，需求的减少引起均衡价格下降；第二，需求的增加引起均衡数量增加，需求的减少引起均衡数量减少；第三，供给的增加引起均衡价格下降，供给的减少引起均衡价格上升；第四，供给的增加引起均衡数量增加，供给的减少引起均衡数量减少。

7. 答：在丰收的情况下，由于粮价下跌，农民的收入减少了。因为农产品属于需求缺乏弹性，丰收造成粮价下跌，并不会使需求同比例增加，从而总收益减少，农民受损失。

8. 答：影响需求价格弹性的因素有：商品的可替代性、商品用途的广泛性、商品对消费者生活的重要程度、商品支出在消费者预算总支出中占的比重、所考察的消费者调节需求量的时间

9. 答：这类商品属于缺乏弹性的商品，价格的下降幅度要大于因降低价格所导致的需求量上升的幅度，从而使销售收入减少。

10. 答：①对于富有弹性的商品，降低价格会增加厂商的销售收入，反之，提高价格会减少厂商的销售收入，即销售收入与价格呈反方向变动；②对于缺乏弹性的商品，降低价格会减少厂商的销售收入，反之，提高价格会增加厂商的销售收入，即销售收

入与价格呈同方向变动；③当商品的价格弹性为 1 时，提高价格和降低价格对销售收入没有影响。

练习题参考答案（三）

（一）单项选择题

1. B 2. A 3. B 4. C 5. D 6. D 7. C 8. D 9. B 10. B 11. D 12. D 13. D
14. A 15. A 16. C 17. A 18. A 19. B 20. C 21. A 22. D 23. A 24. A 25. D
26. B 27. C 28. C 29. A 30. D 31. A 32. C 33. B 34. C 35. B

（二）判断题

1. √ 2. × 3. √ 4. √ 5. × 6. √ 7. × 8. √ 9. × 10. √ 11. × 12. √
13. √ 14. × 15. √ 16. √ 17. × 18. √ 19. × 20. √ 21. √ 22. × 23. ×
24. √ 25. √ 26. √ 27. √ 28. × 29. × 30. √ 31. × 32. √ 33. √ 34. ×
35. √

（三）计算题

1. 解：先求出边际效用

$$MU_1 = \frac{1}{2}X_1^{-\frac{1}{2}}X_2^{\frac{1}{2}}, \quad MU_2 = \frac{1}{2}X_1^{\frac{1}{2}}X_2^{-\frac{1}{2}}$$

消费者均衡条件是：$\dfrac{MU_1}{P_1} = \dfrac{MU_2}{P_2}$

由此得：

$$\frac{\frac{1}{2}X_1^{-\frac{1}{2}}X_2^{\frac{1}{2}}}{4} = \frac{\frac{1}{2}X_1^{\frac{1}{2}}X_2^{-\frac{1}{2}}}{5}$$

化简为： $4X_1 = 5X_2$ (1)

根据收入限制条件：$P_1X_1 + P_2X_2 = I$

将已知条件代入方程： $4X_1 + 5X_2 = 1000$ (2)

联立（1）和（2），可得消费者最优选择为：

$X_1 = 125$，$X_2 = 100$

2. 解：

商品种类	单价（元）	边际效用					最大效用原则 $MU/P = 1$	消费数量	货币支出（元）
		1	2	3	4	5			
大米	2	6	5	4	3	2	2/2 = 1	5	10
猪肉	15	20	15	10	5	0	15/15 = 1	2	30
梨	5	7	5	3	1	0	5/5 = 1	2	10
衬衣	50	50	40	20	0		50/50 = 1	1	50
龙虾	80	80	70	65	60	55	80/80 = 1	1	80

由于消费者收入为 100 元，所以，他是不能购买龙虾的。

3.（1）根据消费者效用最大化的均衡条件：$\dfrac{MU_X}{MU_Y} = \dfrac{P_X}{P_Y}$

其中：$U = XY$，可得：$MU_X = \dfrac{dTU}{dx} = y$

$$MU_Y = \dfrac{dTU}{dy} = x$$

于是：$\dfrac{MU_X}{MU_Y} = \dfrac{y}{x} = \dfrac{P_X}{P_Y}$，有 $x = 2y$ \hfill (1)

将（1）式代入预算的束条件：$P_x X + P_y Y = I$，

即：$2x + 4y = 120$，解得：$x = 30$，$y = 15$

因此，消费者每年购买这两种商品的数量应该为：x 商品 30 单位，y 商品 15 单位。

（2）将以上最优商品组合代入货币边际效用和总效用函数，结果分别为：

货币的边际效用：$\lambda = \dfrac{MU_X}{P_X} = \dfrac{15}{2} = \dfrac{MU_Y}{P_Y} = \dfrac{30}{4} = 7.5$，

总效用：$U = xy = 30 \times 15 = 450$

它表明：该消费者的最优商品购买组合给他带来的最大效用水平为 450。

（3）由 $\dfrac{MU_X}{MU_Y} = \dfrac{Y}{X} = \dfrac{P_X}{P_Y} = \dfrac{2 \times 1.44}{4}$，

整理得：$Y = 0.72X$ \hfill (2)

由于原来的总效用 $U = XY = 450$ \hfill (3)

将（2）式代入总效用（3）式，得：$x = 18$，$y = 25$

所以，收入水平为 $I = 2.88x + 4y = 151.84$，增加量应为 $\triangle I = 151.84 - 120 = 31.84$。

4. 解：由于在消费者均衡条件下，商品的边际替代率等于两种商品的价格之比。

所以假设 Px 表示旅游产品的价格，Py 表示冰箱的价格。则依据公式 $MRS_{xy} = \dfrac{P_x}{P_y}$，即有

$MRS_{xy} = \dfrac{3\,000}{4500} = \dfrac{2}{3}$；表明在效用最大化的均衡点上，该消费者关于一次旅游对一台冰箱的边际替代率 MRS 为 0.67。

5. 解：消费者的均衡条件为

$$-\dfrac{dY}{dX} = MRS_{XY} = \dfrac{P_X}{P_Y}$$

所以 $-(-20/Y) = 2/5$

$$Y = 50$$

根据收入 $I = XP_X + YP_Y$，可以得出：$2X + 5Y = 270$

$$270 = X \times 2 + 50 \times 5 \quad X = 10$$

（四）简答题

1. 答：效用指商品满足人的欲望的能力，或指消费者在消费商品时所感受到的满

足程度，是消费者对商品满足自己欲望的能力的主观心理评价。它表示商品或劳务同消费者的愉快与痛苦之间的关系。一种商品或劳务对消费者是否有效用，取决于消费者对这种商品是否有欲望以及这种商品或劳务满足消费者欲望能力的大小。效用论又称为选择论，是对消费者行为的说明，所以也称为消费者行为理论。在效用理论中，效用有基数和序数之分，因此，消费者行为理论相应地分为以基数效用为基础的消费者行为理论和以序数效用为基础的消费者行为理论。

2. 答：TU 曲线是以递减的速率先上升后下降。当边际效用为正值时，总效用曲线呈上升趋势；当边际效用递减为零时，总效用曲线达最高点；当边际效用继续递减为负值时，总效用曲线呈下降趋势。

3. 答：边际效用递减规律是指某消费者在消费某种商品时，随着消费量的增加，新增加的一单位该商品所带给该消费者的效用的增加量，即边际效用将递减。多数商品具有这一规律，但也有例外。边际效用递减规律是基数效用论的一个重要假设。

4. 答：消费者均衡是研究单个消费者如何把有限的货币收入分配在各种商品的购买中以获得最大的效用。这里的均衡是指消费者实现最大效用时既不想再增加，也不想再减少任何商品购买数量的一种相对静止的状态。

消费者均衡的条件：如果消费者的货币收入是一定的，并且每单位货币收入的边际效用是相等的，市场上各种商品的价格是已知的，那么，消费者在购买商品时一定要使所购买的各种商品的边际效用都与其价格之比相等，等于货币的边际效用。或者说每一单位货币所得到的边际效用都相等。用公式表示为：

$$P_1 X_1 \cdot P_2 X_2 = I$$

$$\lambda = \frac{MU_1}{P_1} = \frac{MU_2}{P_2}$$

5. 答：序数效用论认为，商品的效用是无法具体衡量的，商品的效用只能用顺序或等级来表示。序数效用论对消费者偏好有以下三个基本假定：①完全性：能明确表示自己的偏好。对于任何两个商品组合 A 和 B，消费者总是可以做出，而且也仅仅只能做出以下三种判断中的一种：对 A 的偏好大于对 B 的偏好，对 A 的偏好小于对 B 的偏好，对 A 和 B 的偏好相同（A 和 B 是无差异的）。②传递性：符合递推逻辑。对于任何三个商品组合 A、B 和 C，如果某消费者已经做出判断：对 A 的偏好大于（或小于、或等于）对 B 的偏好，对 B 的偏好大于（或小于、或等于）对 C 的偏好。那么，该消费者必须做出对 A 的偏好大于（或小于、或等于）对 C 的偏好的判断。③非饱和性：人的欲望是无止境的，消费多多益善。

6. 答：无差异曲线表示消费者对某两种商品的组合的偏好情况，其上任意一点都表示相应的商品组合对该消费者而言具有相同的效用水平，是没有差异的根据偏好的一些假设，可得出无差异曲线具有以下特征：具有负斜率；位置越高的无差异曲线表示的效用水平越高；任意两条无差异曲线都不相交；无差异曲线族具有密集性；无差异曲线斜率的相反数即边际替代率 MRS 是递减的。无差异曲线作为消费者偏好的体现，在消费者行为分析中起着重要的作用。

7. 答：在维持效用水平不变的前提下，消费者增加一单位某种商品的消费数量时所需要放弃的另一种商品的消费数量，被称为商品的边际替代率。商品 1 对商品 2 的边际替代率的公式为：$MRS_{12} = \dfrac{\Delta X_2}{\Delta X_1}$，商品的边际替代率递减规律是指：在维持效用水平不变的前提下，随着一种商品的消费数量的连续增加，消费者为得到每一单位的这种商品所需要放弃的另一种商品的消费数量是递减的。会普遍发生商品的边际替代率递减现象的原因为：随着一种商品的消费数量的逐渐增加，消费者想要获得更多的这种商品的愿望就会递减，从而，他为了多获得一单位的这种商品而愿意放弃的另一种商品的数量就会越来越少。

（五）讨论题

1. 答：基数效用论和序数效用论是解释消费者行为的两种不同理论。二者在分析消费者行为时有着明显的区别。具体表现在：①假设不同。基数效用论假设消费者消费商品所获得的效用是可以度量的，即效用的大小可以用基数大小来表示，并且每增加一个单位商品消费所带来的效用增加量具有递减规律；序数效用论则认为，消费者消费商品所获得的效用水平只可以进行排序，用序数来表示效用的高低，而效用的大小及特征表示在无差异曲线中。②使用的分析工具不同。基数效用论使用 MU 以及预算约束条件来分析效用最大化条件。而序数效用论则以无差异曲线和预算约束线为工具来分析消费者均衡。所以，二者所表述的消费者均衡的实现条件是不一样的。其中前者表述为 $MU_X/P_X = \lambda$，后者表述为 $MRS_{XY} = P_X/P_Y$。以上分析方法上的区别，只是以不同的方式表达了消费者行为的一般规律。除此以外，二者又有许多相同之处：①它们都是从市场的需求着手，通过推导需求曲线来说明怎样表达消费者实现效用最大化规律。②它们都是在假定收入水平和价格水平一定的基础上来分析效用最大化过程。③边际效用价值论是二者分析问题的基础，商品价格的高低是由边际效用大小决定的，而边际效用是递减的。所以，二者在反映需求特征上是完全一样的。

2. 答：消费者剩余是由以下两种因素造成的。一方面，消费者购买商品是来自于货币的边际效用，由于边际效用递减规律的作用，随着消费者购买的数量增加，他愿意支付的价格就会越来越低；另一方面，在市场上总是存在着一种现实的价格，而消费者实际支付的市场价格一般反映了他对所拥有的最后一单位商品的边际效用的估价。因此，除了消费者购买的最后一单位商品外，消费者从以前购买的商品中所获得的满足都超过他为之付出的单位货币的边际效用。换句话说，他先前购买的每单位商品给他带来的边际效用都高于他从最后一单位商品中获得的边际效用，超出部分就是消费者剩余。

3. 答：可用提高自来水使用价格的方法来缓解或消除这个问题，因为自来水价格提高，一方面，用户会减少（节约）用水；另一方面，可刺激厂商增加自来水的生产或供给。其结果是将使自来水供应紧张的局面得到缓解或消除。

(1) 自来水使用价格提高后，用户实际支付的货币数额增加，反映消费者愿意支付的货币总额与实际支付的货币总额之间差额的消费剩余将会减少。

(2) 对生产资源配置的有利影响是节约了用水，可使之用于人们更需要的用途上，从而使水资源得到更合理更有效的利用。

(3) 如果城市居民收入不变，因自来水价格提高所引起支出的增加必然会降低居民的实际收入。若要补救，可选择给居民增加货币工资或给予价格补贴。

4. 答：(1) "x 是正常商品"，不正确。因为正常商品的价格下降时，其替代效应可大于收入效应，也可等于或小于收入效应。

(2) "x 是劣质商品"，正确。因为非吉芬商品的劣质商品的价格下降时，替代效应大于收入效应。

(3) "x 不是吉芬商品"，不正确。因为商品 x 不是吉芬商品，可能是正常商品，也可能是劣质商品。如果是正常商品，当价格下降时，其替代效应可能会等于或小于收入效应。

(3) "y 是正常商品"，不正确。因为商品 x 价格下降时，对 x 消费的替代效应的绝对值是否大于收入效应的绝对值与商品 y 是否是正常商品无关。

(4) "y 是劣质商品"，不正确。因为商品 x 价格下降时，对 x 消费替代效应的绝对值是否大于收入效应的绝对值与商品 y 是否是劣质商品无关。

6. 答：牛肉价格的下降会增加人们对它的需求量，这是替代效应和收入效应共同发生作用的结果。因为当牛肉的价格下降而其他商品（如猪肉）的价格不变时，人们在一定限度内就会少买些猪肉，而把原来用于购买猪肉的钱转而购买牛肉。也就是说，牛肉价格下降会促使人们用牛肉去替代猪肉等其他商品，从而引起对牛肉需求量的增加。这就是价格变化的替代效应。另外，由于需求是以人们的购买力为前提的，而人们的购买力主要来自他们的货币收入。其他商品价格不变而牛肉的价格下降，这意味着同样的货币收入在不减少其他商品消费量的情况下，可以购买更多的牛肉。因为牛肉的价格下降实际上表示人们的实际收入提高了。这就是收入效应。因此，当作为正常品的牛肉的价格下降时，由于替代效应和收入效应的共同作用，人们对它的需求量会比价格变化前增加。

练习题参考答案（四）

（一）选择题

1. D 2. B 3. D 4. B 5. D 6. A 7. C 8. C 9. C 10. B 11. A 12. D 13. A 14. B 15. C 16. D 17. A 18. D

（二）判断题

1. × 2. × 3. √ 4. √ 5. √ 6. × 7. √ 8. × 9. √ 10. × 11. × 12. √ 13. √ 14. × 15. ×

（三）计算题

1. 解（1）对于生产函数 $Q = L^{\frac{3}{8}} K^{\frac{5}{8}}$，可得 $MP_L = \frac{3}{8} K^{\frac{5}{8}} L^{-\frac{5}{8}}$ 和 $MP_K = \frac{5}{8} L^{\frac{3}{8}} K^{-\frac{3}{8}}$，将 MP_L、MP_K 代入厂商均衡条件 $\frac{MP_L}{MP_K} = \frac{P_L}{P_K}$，得

$$\frac{3K^{\frac{5}{8}} L^{-\frac{5}{8}}}{5L^{\frac{3}{8}} K^{-\frac{3}{8}}} = \frac{3}{5} \Rightarrow K = 2$$

将 $L = K$ 代入产量 $Q = 10$ 时生产函数 $L^{\frac{3}{8}} K^{\frac{5}{8}} = 10$，得 $L = K = 10$。

则 $TC = 3L + 5K = 30 + 50 = 80$

所以，当产量 $Q = 10$ 时的最低成本支出为 80 元，使用的 L 与 K 的数量均为 10。

（2）由（1）可知，当厂商均衡时，$L = K$。将 $L = K$ 代入产量 $Q = 25$ 时的生产函数 $L^{\frac{3}{8}} K^{\frac{5}{8}} = 25$，得 $K = L = 25$，那么

$$TC = 3L + 5K = 3 \times 25 + 5 \times 25 = 200$$

所以，当产量 $Q = 25$ 时的最低成本支出为 200 元，使用的 L 与 K 的数量均为 25。

（3）同理，由（1）可知，当厂商均衡时，$L = K$。将 $L = K$ 代入总成本为 160 元的成本函数 $3L + 5K = 160$，得：$K = L = 20$

则 $Q = L^{\frac{3}{8}} K^{\frac{5}{8}} = 20$

所以，当成本为 160 元时厂商的均衡产量为 20，使用的 L 与 K 的数量均为 20。

2. 解：（1）平均产量 $AP = \frac{TP}{L} = -0.1L^2 + 6L + 12$

边际产量 $MP = (TP)' = -0.3L^2 + 12L + 12$

（2）企业应在平均产量递减，边际产量为正的生产阶段组成生产，因此雇用工人的数量也应在 $\frac{dAP}{dL} < 0$，$MP > 0$ 范围内。

对 AP 求导，得 $\frac{dAP}{dL} = 0.2L + 6 = 0$，即 $L = 30$。

当 $L = 30$ 时，AP 取得最大值，$L > 30$，AP 开始递减。

令 $MP = -0.3L^2 + 12L + 12 = 0$，得 $L = 40.98 \approx 41$，

所以企业雇用工人的合理范围为 $30 \leq L \leq 41$。

（3）利润 $\pi = PQ - WL = 40(-0.1L^3 + 6L^2 + 12L) - 480L = -4L^3 + 240L^2 + 480L - 480L$

$$\pi' = -12L^2 + 480L,$$

当 $\pi' = 0$ 时，$L = 0$（舍去）或 $L = 40$。

当 $L = 40$ 时，$\pi'' < 0$，所以 $L = 40$ 时，利润 π 最大。

此时，产量 $Q = 0.1 \times 40^3 + 6 \times 40^2 + 12 \times 40 = 3680$

3. 解：（1）$K = 10$ 代入短期生产函数可得：$TP = 20L - 0.5L^2 - 50$，则 $AP = TP/L =$

$20-0.5L-50/L$，$MP=dTP/dL=20-L$。

(2) TP 达到最大值时，$MP=20-L=0$，因此 $L=20$；对 AP 求导 $-0.5+50/(L^2)$ $=0$，因此 $L=10$；由于 $L \geq 0$，所以 $L=0$ 时，MP 达到最大值。

(3) 当 AP 达到最大值时 $MP=AP$，所以，$L=10$。

4. 解：(1) AP_L 最大的时候 $AP_L=MP_L$

得出：$12+6L-0.1L^2=12+12L-0.3L^2$

解得：$L=30$

(2) 若使 MP_L 最大，则短期生产函数的二阶导 $=0$

所以 $-0.6L+12=0$

解得 $L=20$

5. 解：因为边际成本函数为：$MC=3Q^2-8Q+100$

通过积分可得成本函数 $C=Q^3-4Q^2+100Q+A$（A 为常数）

又因为当生产 5 单位产品时，总成本为 595，所以把 $Q=5$ 代入可求得 $A=70$

所以：总成本函数为 $C=Q^3-4Q^2+100Q+70$

平均成本函数为 $AC=Q^2-4Q+100+70/Q$

可变成本函数为 $TVC=Q^3-4Q^2+100Q$

（四）简答题

1. 答：一个企业主在考虑再雇用一个工人时，在劳动的边际产量和平均产量中更关注边际产量。厂商的理性决策在第二区域，在此区域，劳动的边际产量和平均产量都是递减的，但其中却可能存在着使利润极大化的点，右界点上劳动的边际产量等于零。因此，只要增雇的这名工人的边际产量大于零，就能够带来总产量的增加，企业主就可能雇用他。

2. 答：规模报酬与边际技术替代率是两个不同的概念。规模报酬指的是企业本身的规模发生变化时所带来的产量变化情况，而要素的边际技术替代率是研究在企业的规模一定时，所投入要素之间的相互替代关系。当生产函数具有规模报酬不变的特征时，要素的边际技术替代率可能不变，也可能递减，所以，规模报酬不变与边际技术替代率不变没有因果联系。

3. 答：规模收益变动规律是指在技术水平不变的条件下，当两种生产要素按同一比例同时增加时，最初这种生产规模的扩大会使得产量增加超过生产规模的扩大，但当规模扩大超过一定限度时，产量的增加会小于生产规模的扩大，甚至会出现产量的绝对减少。

之所以出现这种情况，一方面，厂商规模的扩大使得厂商的生产由内在经济逐渐转向内在不经济。在规模扩大的初期，厂商可以购置到大型的先进机器设备，这是小规模生产所无法解决的。随着规模的扩大，厂商可以在内部进一步实行专业分工，提高生产率。同时，企业的管理人员也可以发挥管理才能，提高管理效率，并且大规模的生产有利于副产品的综合利用。另一方面，大厂商在购买生产要素方面往往拥有某些优厚的条件，从而使得成本支出减少。因此，随着厂商规模的扩大，收益的增加量会超过投入的增加量，从而出现规模收益递增。

但是，厂商的规模并不是越大越好。当产商的规模扩大到一定程度之后，由于管理机构越来越庞大，信息不畅，从而出现管理效率下降的现象。此外，一方面，厂商规模的扩大使得信息处理费用和销售费用增加，可能抵消规模经济带来的利益。另一方面，当厂商的规模扩大到只有提高价格才能购买到足够的生产要素时，厂商的成本势必增加。这些因素最终会导致生产出现规模收益递减。

当然，在规模收益递增和递减阶段中会出现规模收益不变阶段，这一阶段的长短在不同的生产过程中表现不同。

4. 答：对于一种可变生产要素的情况，其最优生产投入量应在第二阶段，即在该可变要素的平均产量下降且边际产量大于零的阶段。因为，在第一阶段，平均产量递增，若继续增加该要素的投入量，总产量和平均产量会相应增加，因而，理性的生产者将不会处于该阶段；在第三阶段，边际产量小于零，若减少该要素的投入量，总产量会相应增加，因而，理性的生产者也不会处于该阶段。至于生产者究竟在第二阶段内的哪一点为最佳，则取决于该要素投入所能带来的收益与其花费的成本的比较。若它带来的边际收益等于它带来的边际成本，则它的最佳投入数量就达到了。否则，需要增加或减少投入量。

对于两种及两种以上的生产要素，其投入比例取决于边际技术替代率 MRTS 和各要素的价格，当 $MRTS_{LK} = w/r$ 时，要素的投入比例为最佳。如此确定的比例有无数个，表现为等产量线和等成本线有无数个切点，这些切点构成生产的扩展线。那么，理性的生产者应选择生产扩展线上的哪一点，取决于产品价格和要素的规模收益情况。

生产规模的确定需由收益情况来定。如果规模收益呈递增趋势，则生产规模应继续扩大，增加使用各要素的数量；如果呈递减趋势，则生产规模应缩小，直到处于规模收益不变的阶段。

（五）讨论题

【解析】：企业的行为取决于其目标。在现实中，企业可能有各种目标，但是，如同消费者行为理论中假定一个理性消费者是以效用最大化为目标一样，在分析企业行为时，从企业在社会经济活动中所起的作用和承担的经济责任出发，微观经济学假定厂商是以利润最大化为目标的。利润最大化就是要获得最大可能的利润。它是稀缺性的直接结果，是为了是稀缺资源得到最好的使用。所以，使稀缺资源得到最好使用与追求利润最大化是同一回事。

在现实中，企业可能还有其他目标，如销售量最大化、为社会谋福利等等。但利润最大化仍不失为一个合理的假设。就绝大多数企业而言，利润最大化是基本目标。因此，利润最大化是基本目标。因此，利润最大化目标符合现实。

以利润最大化作为追求目标，有利于企业实现资源的有效配置。所谓资源的有效配置，也就是在产量既定的条件下实现成本尽可能的小，或在成本既定的条件下达到产量尽可能的大。企业把利润最大化作为追求目标，其直接结果能够达到微观层次上的资源有效配置，进而也给宏观层次上的资源的有效利用提供了基础条件。从这点上讲，追求利润最大化是企业的理性行为。

本案例分析了报社作为生产厂商的赠报行为，通过生动形象的例子阐述了报社是如何追求利润最大化的目标的，看似非理性，实则理性，可以引发我们对生活中很多类似的现象进行思考，试用西方经济学生产者行为理论和方法对上述现象进行评述。

练习题参考答案（五）

（一）选择题

1. C 2. D 3. D 4. B 5. B 6. B 7. D 8. D 9. A 10. D 11. C 12. B 13. C 14. B 15. C 16. B 17. D 18. B

（二）判断题

1. √ 2. √ 3. × 4. √ 5. × 6. × 7. × 8. √ 9. × 10. × 11. × 12. × 13. √ 14. × 15. √

（三）计算题

1. 解：（1）$\prod = 600Q - Q^3 + 20Q^2 - 200Q = -Q^3 + 20Q^2 + 400Q$，求导得 $-3Q^2 + 40Q + 400 = 0$，得厂商利润最大化的产量 $Q = 20$，平均成本 $= 200$，利润 $= 8\ 000$

（2）该行业没有处于长期均衡，因为存在超额利润。

（3）该行业处于长期均衡时，每个厂商的利润 $=0$，平均成本 $= Q^2 - 20Q + 200$ 应该最低，求导得 $Q = 10$，$LAC = 100$。

（4）在（1）中，$LAC = 200 > 100$，厂商处于规模不经济阶段。因为其产量处于成本最低点右边。

2. 解：$SMC = 0.3Q^2 - 12Q + 140$

$TR = PQ = 150Q - 3.25Q^2$

$MR = 150 + 6.5Q$

$MR = SMC$，$0.3Q^2 - 12Q + 140 = 150 - 6.5Q$

解得 $Q = 20$，$P = 85$

3. 解：（1）利润最大时，$P = MC = MR$

$MC = 240 - 40Q + 3Q^2 = 640$ $Q = 20$

$AC = 240 - 20Q + Q^2 = 240$（元）

利润 $= TR - TC = 640 \times 20 - 240 \times 20 = 8\ 000$（元）

（2）是否处于长期均衡状态需要看价格是否等于平均成本的最低值。$AC = 240 - 20Q + Q^2$，则令 AC 的导数为零，得 $Q = 10$，$AC = 140$（元），且 140 不等于 640（元），说明此时不处于长期均衡状态。

（3）长期均衡时，$P = AC$ 为最低值，此时产量为 10，平均成本为 140 元，价格为

140元。

4. 解：$MR_1 = MR_2 = MC$，解：在两个市场实施差别定价的原则为：

由已知条件可得：
$$MR_1 = 80 - 5Q_1 \quad MR_2 = 180 - 20Q_2$$
$$MC = 2Q + 10 = 2(Q_1 + Q_2) + 10$$

求解方程组可得：
$$Q_1 = 8 Q_2 = 7 P_1 = 60 P_2 = 110$$

则 $\prod_1 = P_1 \times Q_1 + P_2 \times Q_2 = 60 \times 8 + 110 \times 7 = 1\,250$

如果不能实施差别定价，则有：$P_1 = P_2 = P$
$$Q = Q_1 + Q_2 = 32 - 0.4P_1 + 18 - 0.1P_2 = 50 - 0.5P$$
$$MR = 100 - 4Q$$

由 $MR = MC$，可得：$P = 70$，$Q = 15$

则 $\prod_2 = 70 \times 15 = 1050$，由此得出在此例中实施差别定价比统一定价所获得的利润多。

（四）简答题

1. 答：（1）四个特征：一是市场上有大量的买者和卖者；二是产品同质；三是资源自由流动；四是信息充分。

（2）瓶装水。

（3）自来水市场一般没有大量卖者，可乐和啤酒市场虽然符合第一个特征，但各个卖者所提供的产品有差别。

2. 如下图：从短期看，棉花的价格将从 P_0 提高到 P_1，产量从 Q_0 增加到 Q_1。但从长期看（即考虑随着棉花需求的增加，新的生产者会进入，生产者数目会增加），它的行业供给曲线是一条水平线 S'，表明从长期看，棉花的价格不会变，但产量将从 Q_0 增加到 Q_2。

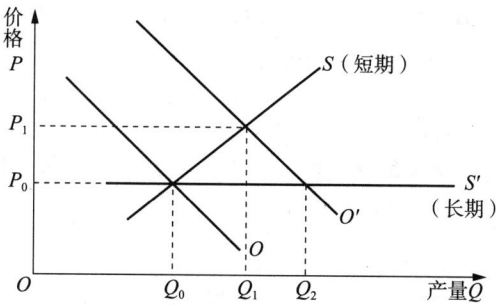

3. 答：在完全竞争条件下，单个厂商面对的需求曲线是一条水平线，即不管产销量如何变动，单位产品的价格始终不变，因此 $MR = P$。利润最大化原则是 $MC = MR$，所以利润最大化原则 $MC = MR$ 在完全竞争条件下可表达为 $MC = P$。

4. 答：广告的目的是借助于非价格竞争手段来改变厂商自己的主观需求曲线，因为形成了品牌特色以后，别的企业就不可能用价格手段来掠夺已经属于自己的客户了。

5. 答：价格领导是指一个行业的价格通常由一家企业率先制定，其余厂商也就跟着确定自己的价格，这个充当价格领导的寡头企业如果调整自己的价格，其余的企业也跟着调整价格。

（五）论述题

1. 答：（1）差别定价即企业对同一种产品在不同的市场或向不同的顾客索取不同的价格。

（2）目的是获得更多消费者剩余，从而获得更多利润。

（3）实现差别定价的前提条件：第一，企业对价格有一定的控制能力。市场组织形式是垄断性的，即只有一家企业提供产品，因而它可以控制价格。第二，企业能够了解不同层次购买者购买商品的愿望和能力。即知道不同的购买者对商品所具有的不同需求弹性。第三，不同市场之间必须是相互分离的。即能够阻止卖主的产品从一个细分市场转卖到另一个细分市场。

2. 答：（1）完全竞争、垄断竞争、寡头、垄断。

（2）第一，卖者和买者的集中程度或数目。数目越多，集中程度越低，竞争程度就越高。第二，不同卖者之间各自提供的产品的差别程度。各厂商提供的产品愈是相似，可以预料，竞争就愈激烈。第三，单个厂商对市场价格控制的程度。单个厂商若无法控制价格，表明市场竞争激烈。第四，厂商进入或退出一个行业的难易程度。如果存在进入市场的障碍，意味着原有厂商拥有了一些新加入者不具备的有利条件。

（3）第一，资源利用效率较低。不能以最低平均成本生产。

第二，价格高且产量低。价格高于边际成本，没有在长期平均成本的最低点生产。

练习题参考答案（六）

（一）选择题

1. A 2. C 3. B 4. B 5. A 6. C 7. C 8. A 9. C 10. A 11. B 12. B 13. B 14. B 15. A 16. C 17. D 18. C 19. A 20. A

（二）判断题

1. × 2. √ 3. × 4. × 5. × 6. √ 7. × 8. × 9. × 10. √ 11. × 12. √ 13. √ 14. ×

（三）计算题

1. （1）均衡时 $D_L = S_L$，即 $-10W + 150 = 20W$，所以，$W = 5$，$Q_L = D_L = S_L = 20 \times 5 = 100$。

（2）当均衡工资提高到 6 元/日时，新的就业水平 $Q_L = D_L = S_L = 20 \times 6 = 120$。

设政府给企业的单位劳动补贴为 S 元，则补贴后的劳动需求曲线为

$D_L = -10(W - S) + 150$

所以，$S=3$。

因此，政府付给企业的补贴额为 $3 \times 120 = 360$（元），企业付给职工的补贴额为 $(6-5) \times 120 = 120$（元）。

2. 解：(1) 当厂商利润最大化时有：$W = P \times MPP$，$MPP = dQ/dL = -0.03L^2 + 2L + 36$，因此 $4.80 = 0.10 \times (-0.03L^2 + 2L + 36)$，解得 $L = 60$（其中 $L = 20/3$ 舍去，因 $dMPP/dL > 0$）。

(2) $\pi = TR - TC = PQ - (TFC + TVC) = PQ - (TFC + WL) = 22$，即每天获得的纯利润为 22 美元。

3. 准租金为：$(10-5) \times 100 = 500$；

经济利润为：$(10-5-4) \times 100 = 100$；

两者不相等，这是因为准租金指总收益扣去可变总成本后的余额，而经济利润又是准租金扣去固定总成本后的余额。

4. 解：由题意，可求出该厂商的边际物质产品（MPP）和边际产品价值（MRP）数列，如下表。

劳动日数 L	产量 Q	MPP	P	$VMP = P \cdot MPP$	W
3	6	—	10	—	20
4	11	5	10	50	20
5	15	4	10	40	20
6	18	3	10	30	20
7	20	2	10	20	20
8	21	1	10	10	20

对于追求最大利润的完全竞争厂商来说，只有当 $VMP = W$ 时，才能达到均衡，厂商获得最大利润。因此，厂商应雇用 7 个劳动日，此时 $VMP = W = 20$。

(四) 简答题

1. 答：生产要素的市场需求曲线是将所有厂商的要素需求曲线横向相加而得到的，由于单个厂商的要素需求曲线是向右下方倾斜的，所以市场需求曲线也是向右下方倾斜的。

2. 答：垂直的土地供给曲线表示就整个经济体系而言，除特殊情况（如围湖造田），一般来说，土地的数量不变动，因而土地的供给完全是缺乏弹性的，表现为垂直的供给曲线。但是从个别行业或产品生产部门来说，土地的供给仍然具有一定弹性，表现为供给曲线向右上方倾斜。例如，某生产部门由于其产品的需求上涨，收益增加，愿意以更高的价格获得土地使用权。那么该部门就会吸引更多的土地供给，土地的供给曲线表现为向右上方倾斜。

3. 答：厂商组织生产的一般原则是利润最大化，在生产要素市场上，厂商使用生产要素的一般原则是：使用要素的"边际成本"即要素价格，与使用要素的"边际收益"即边际产品价值相等，可以用公式表示为：

$$VMP = w$$

或者,

$$MP \cdot p = w$$

当上式被满足时,完全竞争厂商实现了利润最大化,此时使用的要素数量为最优要素数量。因为,如果 $VMP \neq w$,如 $VMP > w$,厂商使用一单位要素所增加的收益大于所引起的成本,厂商会增加对要素的使用量以获得更多的利润。而随着要素使用量的增加,要素的边际产品价值将下降,并最终使 $VMP = w$。相反,如果 $VMP < w$,厂商使用一单位要素所增加的收益小于所引起的成本,厂商会减少对要素的使用量以减少利润的损失。随着要素使用量的减少,要素的边际产品价值将上升,并最终使 $VMP = w$。只有当 $VMP = w$ 时,厂商既不会增加要素的使用量,也不会减少要素的使用量,此时,厂商获得的最大利润。

4. 答:厂商没有实现最大利润。对竞争性厂商来说,若其最后雇用的那个工人所创造的产值大于其雇用的全部工人的平均产值,即 $VMP > VAP$ 时,则他必定可通过增雇工人使其总利润增加。

5. 答:(1) 生产要素使用的一般原则:$MFC = MRP$

完全竞争条件下厂商使用要素的原则:$VMP = MP \cdot P$

(2) 完全竞争条件下厂商和市场的要素需求曲线。

不存在行业调整的情况下(单要素投入):厂商的要素需求曲线就是 VMP 曲线。

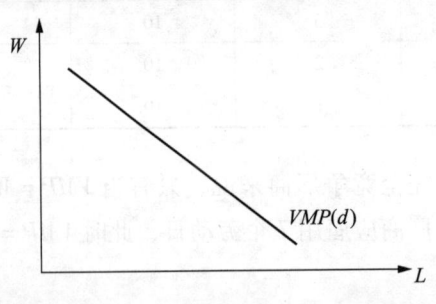

图 6-1

在存在行业调整的情况下:当要素价格变化时,单个厂商的 VMP 曲线也会随之移动。因此,厂商的要素需求曲线 d 是一条行业调整曲线,如图中 AB 线所示。

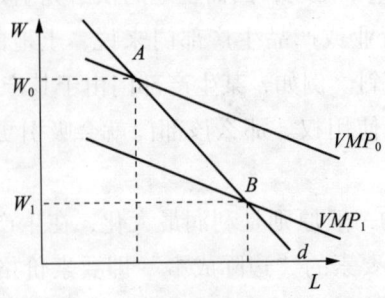

图 6-2

市场的要素需求曲线 D 是所有厂商的要素需求曲线 d 的水平加总。

（3）垄断条件下厂商和市场的要素需求曲线。

卖方垄断条件下厂商和市场的要素需求曲线：

不存在行业调整的情况下：厂商的要素需求曲线就是 MRP 曲线。

存在行业调整的情况下：类似地，当要素价格变化时，单个厂商的 MRP 曲线也会随之移动。因此，厂商的要素需求曲线 d 是一条行业调整曲线。

市场的要素需求曲线 D 是所有厂商的要素需求曲线 d 的水平加总。

买方垄断条件下厂商和市场的要素需求曲线：

在买方垄断条件下，厂商的要素需求就是整个市场的要素需求。因此，厂商和市场的要素需求曲线都是 MRP（VMP）曲线。

（五）讨论题

1. 答：

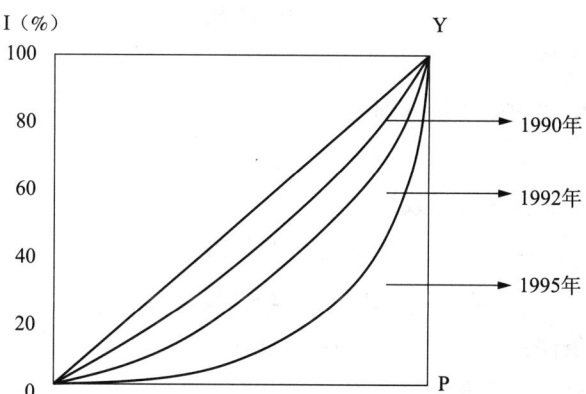

（1）从上图可以看出，1990 年、1992 年、1995 年的洛伦兹曲线与绝对平等线 OY 越来越远，说明这三年，收入分配越来越不平等。

（2）如果把洛伦兹曲线与绝对平等线 OY 之间的面积用 A 来表示，把洛伦兹曲线与绝对不平等线 OPY 之间的面积用 B 来表示，基尼数用 G 来表示，则 $G=A/(A+B)$。这三年，A 越来越大，说明 G 越来越大，即收入分配越来越不平等。

2. 答：劳动供给曲线表明的是劳动供给量与劳动价格之间的关系，而劳动供给可看成是闲暇需求的反面。劳动供给增加就是闲暇需求减少，并且劳动价格（工资）就是闲暇的机会成本或价格。从替代效应看，工资上升总会导致闲暇需求量减少，但从收入效应看，工资上升时对闲暇需求会增加。当工资较低时，替代效应大于收入效应，故闲暇需求量会随工资上升而下降，即劳动供给量会增加；但工资较高时，则工资上涨引起的整个劳动收入增量就很大，收入效应可能大于替代效应，因而劳动供给会减少，引起劳动供给曲线后弯。

3. 答：不对。某一块地现在是劣等地，没有级差地租，但随着经济发展，人口增加，可能更劣等地会被开发利用，这时候本来劣等地上就会产生级差地租。

练习题参考答案（七）

（一）选择题

1. B　2. C　3. C　4. D　5. D　6. A　7. D　8. C　9. C　10. A　11. C　12. B　13. C　14. C　15. B

（二）判断题

1. √　2. √　3. √　4. ×　5. √　6. √　7. ×　8. ×　9. √　10. √　11. √　12. ×　13. ×　14. √

（三）计算题

1. 解：（1）a 市场的需求和供给函数为

$$Q_{da} = 19 - 3P_a + P_b$$

$$Q_{sa} = -10 + 7P_a$$

根据市场均衡条件：　　　　$Q_{da} = Q_{sa}$

解之得均衡价格和均衡产量分别为

$$P_a = 3，Q_a = 11$$

（2）b 市场的需求和供给函数为

$$Q_{db} = 17 + P_a - 2P_b$$

$$Q_{sb} = -12 + 8P_b$$

根据市场均衡条件：　　　　$Q_{db} = Q_{sb}$

解之得均衡价格和均衡产量分别为

$$P_b = 3，Q_b = 12$$

（3）为了求得 a、b 两个市场的一般均衡，首先令 a 市场的需求和供给相等，即 $Q_{da} = Q_{sa}$，有：$P_b = 10P_a - 29$

再令 b 市场的需求和供给相等，即 $Q_{db} = Q_{sb}$，有：$P_b = 2.9 + 0.1P_a$

于是得到关于 P_a 和 P_b 的两个新方程

$$P_b = 10P_a - 29$$

$$P_b = 2.9 + 0.1P_a$$

由此可解得：$P_a = 319/99$，$P_b = 319/99$

此即为 a、b 两个市场的一般均衡价格（读者可以将它们代入题中所给的需求和供给函数加以验证）。

将一般均衡价格 $P_a = 319/99$ 和 $P_b = 319/99$ 代入 a、b 两个市场的需求或供给函数可以求得

$$Q_a = 1243/99，Q_b = 1364/99$$

此即为 a、b 两个市场的一般均衡产量。

(四）简答题

1. 答：福利经济学属于规范经济学范畴，它是在一定价值判断的前提下，提出经济行为的标准，并探讨怎样才能使经济活动符合这个标准。它从生产资源有效配置和国民收入在社会成员之间的分配这两个方面研究一个国家实现最大社会经济福利所须具备的条件和国家为增进社会福利应采取的政策措施。换言之，福利经济学研究社会应该如何配置资源与分配收入，以便最大化整个社会福利。

2. 答：局部均衡分析是指假定其他市场的情况不变，单独分析某一市场（或经济单位）的价格和供求变动的一种分析方法。在局部均衡分析中，一种商品的价格变动仅仅受该商品的需求和供给的影响，它的价格是由市场的供求共分析决定的，不考虑其他市场对此的影响。一般均衡分析是指经济中所有经济单位及其市场同时处于均衡的一种状态的分析方法。在一般均衡分析中，不仅要分析影响该商品价格变动的供求关系，还要分析影响该商品生产的生产要素市场、消费者收入等多种因素的影响，即把经济中的所有经济单位和所有市场联系起来加以考虑和分析。

3. 答：帕累托最优状态是指不可能通过资源的重新配置使得经济社会在不影响其他成员境况的条件下改善某些人的情况。换言之，如果资源在某种配置下不可能由重新组全生产和分配来使一个人或多个人的福利增加，而不使其他人的福利减少，那么这种配置就达到了帕累托最优状态。

4. 答：(1) 交换最优的边际条件：任意两种商品之间的边际替代率，对于所有消费者来说都必须是相等的。即：$MRS_{XY}^A = MRS_{XY}^B$。

(2) 生产最优的边际条件：任意两种生产要素之间的边际技术替代率，对于所有生产者来说都必须是相等的。即：$MRTS_{LK}^X = MRTS_{LK}^Y$。

(3) 生产与交换最优的边际条件：对于不同消费者来说，任意两种商品之间的边际替代率都相等；对于不同生产者来说，生产任意两种产品的边际产品转换率都相等；且边际替代率等于边际产品转换率。即：$MRS_{XY} = MRT_{XY}$。

5. 答：(1) 税收：个人所得税。根据收入的高低确定不同的税率，对高收入者按高税率征税，对低收入者按低税率征税。对高收入者征收遗产税、赠与税、财产税、消费税等，纠正财产分配的不平等。

(2) 社会福利政策。给穷人提供补助以实现分配的均等化，完善社会保障与社会保险制度，保护劳动者的各种立法，包括最低工资法和最高工时法以及环境保护、食品和医药卫生等法，加强对各种福利设施和公共工程的建设规模。

(五）讨论题

1. 答：(1) 在完全竞争条件下，每种商品的价格对所有消费者都是相同的，消费者为了追求效用最大化，会使消费的任何两种商品的边际替代率等于其价格比率。每一个消费者消费的任何两种商品的数量必使其边际替代率等于全体消费者所面对的共同的价格比率。因此，就所有消费者来说，任何两种商品的边际替代率必相等。

（2）在完全竞争条件下，任何一种生产要素的价格对任何一种产品的生产者都是相同的，生产者为了追求最大利润，会使其使用的任何一组生产要素的边际技术替代率等于它们的价格比率。每一个生产者购买的任何两种要素的数量必使其边际替代率等于全体生产者所面对的共同的要素价格比率。因此，就所有产品的生产者来说，任何一组要素的边际技术替代率必相等。

（3）任何两种产品生产的边际转换率都等于这两种产品的边际成本之比；每一个消费者对于任何两种商品的边际替代率等于其价格之比。而在完全竞争条件下，任何产品胡价格等于其边际成本。因此，对任何两种产品来说，其生产的边际转换率必等于任何消费者对这两种商品的边际替代率。

2. 答：（1）效率与公平的关系

①效率与公平的对立性：

效率要求按要素的边际产品价值（或要素的边际生产力）来分配收入（或产量）。公平要求收入分配的结果均等。由于个人所拥有的要素量不同，各要素的边际生产力也不同，因此，按要素的边际产品价值来分配收入，必然导致不公平。

另外，如果政府通过收入的再分配（将富人的一部分收入转移给穷人）来实现公平，必然降低人们工作（主要是穷人）、储蓄与投资的积极性，损害效率（任何税收都会损害效率），而且存在"奥肯漏桶"：将富人的 1 美元（所得税）转移到穷人时，往往存在漏失，使得穷人实际所得到的收入总是小于 1 美元。这是因为征税与进行转移支付，需要一定的机构与人员去办理，从而会耗费一定的税收收入。而且办理这种转移支付的人员本来能够生产出对社会更加有用的产品。因此，更加降低了效率。

②效率与公平的统一性：

第一，效率与公平都是实现社会福利最大化所必需的条件。

效率使国民收入增加，在收入分配方式既定条件下，必然增加每个人的效用，从而增加整个社会福利；而比较公平的收入分配将使收入从效用较低的领域转向效用较高的领域，最终也会增加社会福利。

第二，效率与公平相互促进。

一方面，效率越高，收入就越多，在税率既定条件下，政府可以获得更多的税收收入，进行收入的再分配，以增进公平；另一方面，与收入分配很不公平的制度相比，在收入分配较为公平的制度下，人们的生产积极性更高，从而生产效率也更高。

（2）处理效率与公平关系的原则

处理效率与公平关系的原则就是坚持效率优先，兼顾公平。必须在合理配置资源，提高经济效率，持续稳定地增加国民收入的基础上，再来兼顾公平。如果公平优先，实行平均主义分配，必然挫伤人们工作、储蓄和投资的积极性，降低经济效率，延缓经济增长，导致共同贫穷，而不是共同富裕。我国经济体制改革前后的经验已经证明了这一点。因此，邓小平同志在 1992 年，胡锦涛主席在 2005 年，旗帜鲜明地坚持市场经济体制改革的决策，得到了绝大多数民众的拥护。

练习题参考答案（八）

（一）选择题

1. A 2. B 3. A 4. C 5. D 6. A 7. B 8. D 9. D 10. A

（二）判断题

1. × 2. √ 3. √ 4. × 5. × 6. √ 7. × 8. √ 9. × 10. × 11. × 12. √

（三）简答题

1. 答：能。著名品牌的厂商为了保持自己的信誉，保持自己的市场份额，绝不肯把质量不合格或质量低下的产品推向市场，总要把自己的品牌当作质量的信号，使消费者相信它并愿为之多付钱。

2. 答：保险市场上的逆向选择与道德风险虽然都由交易双方（投保人和保险公司）信息不对称引起，但逆向选择是发生于保险合同成立之前，投保人故意隐瞒一些情况导致保险公司选择保户时做出了错误抉择进而利益受到了损害的情况，而道德风险是发生于保险合同成立之后，投保人由于可推卸责任而导致损害保险公司利益的不谨慎或故意行为。既然二者有区别，因此，逆向选择和道德风险二者中的一种完全有可能在另一种不存在的情况下存在。

3. 答：纯公共物品必须具备消费上的非排他性和非竞争性这两个特点或者说条件。满足这两个条件的纯公共物品较少，有不少公共物品虽有非竞争性，却并不一定有非排他性，例如公路、桥梁及电视广播可以设法收费才允许通行或收看收听，因此，它们是非纯公共物品。

4. 答：科斯定理有多种说法，一般认为可表述为：只要交易成本为零，产权分配不影响经济运行的效率。例如，汤姆养了一条喜欢叫的狗，作为邻居杰瑞认为狗的叫声严重影响了他的安静生活。这表明汤姆养狗存在着外部成本。如何解决？按照科斯的思路解决的办法有如下几种：如果汤姆养狗的收益是 500 美元，而杰瑞因狗叫的损害（成本）是 800 美元，那么有效的解决办法应该是杰瑞向汤姆支付 500 美元以上、800 美元以下的费用，让汤姆放弃养狗。如果汤姆接受的话，那么这是在承认私人产权的前提下有市场效率的解决方法。如果汤姆养狗的收益是 800 美元，杰瑞维持安静生活的成本是 500 美元，那么维持现状是有市场效率的。

（四）论述题

答：按照科斯定理，只要交易成本足够小，产权的初始界定无关紧要，也就是说，给予企业污染权或者给予受害者免受污染权都不影响社会资源的有效配置。但是，在他讨论的案例里，受害者往往只有一个，在现实里，比如本案例里的二氧化硫污染的受害者可不是一家两家，这种情况下，交易费用非常大，就需要政府站出来，对企业的生产进行一定程度的管制，即给它一定的污染权限，来保护环境免受污染。企业只

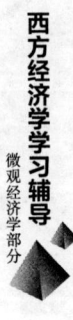
能在给定的污染权限里进行生产活动,如果超过给定的污染权限,政府将干预它的生产活动。但是这种政府管制会产生新的问题,污染权的限制将使企业的发展受到严格的制约。因此,通过市场公开交易企业污染权可使资源实现有效配置,而政府在其中也发挥了一定的作用。

后 记

本书是 2015 年度青海省高等学校教研创新团队"西方经济学与青海民族地区社会经济发展教研创新团队"项目建设成果之一，该书的出版，既突出了教研创新团队建设"以服务教学和地方社会经济发展为中心"的思想导向，又彰显了团队负责人王健教授和全体团队建设成员的教研智慧，是全体参编人员教学成果的结晶。本书的总体编写框架由编委会负责设计，本书参编人员及分工如下（按参编内容先后排序）：

赵海荣编写第一至八章概要、学习目标和基本概念；

莫乃兴编写第一至八章知识脉络图，并对全书统纂定稿；

姚红义编写第一至八章重点、难点及疑难解析；

殷颂葵编写第一至八章案例与思考；

刘光明编写第一、二章练习题、第九章考研真题（一）、（二），附录，练习题及参考答案（一）、（二）；

张源编写第三、七章练习题，第九章考研真题（三）、（七），附录，练习题及参考答案（三）、（七）；

石鹏娟、孙立霞编写第四、五、六、八章练习题，第九章考研真题（四）、（五）、（六）、（八），附录，练习题及参考答案（四）、（五）、（六）、（八）；

王健、曲波负责编写第十章。

"西方经济学与青海民族地区社会经济发展教研创新团队"负责人王健教授和本书主编莫乃兴教授多次组织全体参编人员对本书内容和章节进行讨论，形成了较为合理的章节体系；建设团队为本书出版提供了资金支持。

本书出版得到了青海省教育厅、青海大学和财经学院领导的大力支持，在此表示真诚的谢意！

本书在编写过程中，参考了国内外流行的微观经济学优秀教材的配套习题集及其他有关著作，借鉴了其成熟的思想体系，从中汲取了丰富的营养，对此，编委会表示诚挚的谢意！

中国经济出版社及责任编辑丁楠对本书的出版予以大力支持，并付出辛勤劳动，谨此致谢！

编者

参 考 文 献

[1] 高鸿业. 西方经济学（微观部分·第六版）（普通高等教育"十一五"国家级规划教材，21世纪经济学系列教材）[M]. 北京：中国人民大学出版社，2014.

[2] 叶德磊. 微观经济学（第四版）（上海市普通高校优秀教材，上海市精品课程教材）[M]. 北京：高等教育出版社，2013.

[3] 黄亚钧. 微观经济学（第三版）（面向21世纪课程教材）[M]. 北京：高等教育出版社，2009.

[4] 刘凤良，周业安. 中级微观经济学（中国人民大学经济学系列教材）[M]. 北京：中国人民大学出版社，2012.

[5] 高鸿业. 经济学原理（第一版）（21世纪经济学系列教材）[M]. 北京：中国人民大学出版社，2012.

[6] （美）曼昆（N. Gregory Mankiw）. 经济学原理：微观经济学分册（第六版），梁小民，梁砾，译 [M]. 北京：北京大学出版社，2012.

[7] （美）保罗·萨谬尔森，（美）威廉·诺德毫斯. 经济学（第十九版）[M]. 萧琛，译，北京：商务印书馆，2013.

[8] 高鸿业. 西方经济学（微观部分）名校考研真题详解（第2版）[M]. 北京：中国石化出版社.